프로 유튜버에 딱 맞는 목소리 만들기

프로 유튜버에 딱 맞는 목소리 만들기

초판 1쇄 인쇄일 2019년 4월 22일 ● 초판 1쇄 발행일 2019년 4월 29일
지은이 김나연·선호제
펴낸곳 (주)도서출판 예문 ● 펴낸이 이주현
등록번호 제307-2009-48호 ● 등록일 1995년 3월 22일 ● 전화 02-765-2306
팩스 02-765-9306 ● 홈페이지 www.yemun.co.kr

주소 서울시 강북구 솔샘로67길 62 코리아나빌딩 904호

구 독 자 1 0 0 만 유 튜 버 의 남 다 른 비 밀

프로 유튜버에 딱 맞는
목소리
만들기

김나연, 선호제 지음

목소리 천재들이
유튜브를 말하다

곽경민 (주)부자농부 대표

인생을 바꾸는 갑작스러운 만남은 언제나 당황스럽다. 김나연, 선호제 두 사람을 만난 날이 그랬다. 두 사람이 들려주는 보이스 스타일링은 생전 처음 듣는 낯선 세상으로의 초대와 같았다. 그러나 목소리 천재인 두 사람과 대화하는 것만으로 그 낯선 세계에 온전히 집중할 수 있었다.

나를 매료시킨 것은 성우가 가진 선천적인 목소리만은 아니었다. 그들의 화법에는 상대를 편안하게 만드는 동시에 집중하게 만드는 힘이 있었다. 당시에는 그것이 무엇인지 몰랐으나, 지금 와 생각해보니 이 책에서도 설명하는 동그라미 호흡과 포물선 대화에 기초한 것이었다.

보이스 스타일링에 따르면 "말을 잘한다는 것은 나의 호흡에 말을 실어 상대방에 보내는 것이다." 그리고 나아가 상대방을 나의 호흡에 동참시킨다. 이것은 면대면 대화에만 적용되지 않는다. 방송인에게는 시청자가 바로 상대방이다. 보이스 스타일링의 동그라미 호흡은 상대방(시청자)이 자연스럽게 나(진행자)와 함께하도록 만든다.

우리는 숨 쉬는 법을 따로 배우지 않는다. 말하기도 마찬가지다. 그러나 자연스러운 배움이 항상 좋은 결과로 이어지는 것은 아니다. 부지불식간에 배우다 보니 나도 모르게 잘못된 습관을 가지게 되기도 한다. 말하기의 잘못된 습관은 일상생활에서도 문제지만, 특히 방송인에게는 큰 걸림돌이 된다. 이 책은 그 같은 잘못된 습관을 가진 사람들, 즉 가지고 태어난 본연의 목소리로 말하지 못하는 방송인(유튜버)들에게 큰 도움이 될 것이다.

타고난 목소리를 잃어버린 채 말하기에 어려움을 겪는 '인어공주'들이 적지 않다. 자신의 목소리에 자신이 없으니, 좋은 콘텐츠를 가지고도 구독자들에게 그것을 전달하지 못한다. 지금까지 20여 명의 인어공주들이 목소리 천재 김나연, 선호제를 만남으로써 프로 유튜버로의 첫발을 디딜 수 있었다.

이 책은 여기에 더해 성공한 유튜버들이 방송인으로서 가진 특별한 능력, 그 비결을 알려준다. 대도서관, 도티, 밴쯔 등 프로 유튜버의 시대를 연 스타들이 기본적으로 가지고 있는 1%의 무엇! 그 목소리의 비밀이 궁금하다면 이 책에 주목하기 바란다.

나는 콘텐츠를 기획하고 만드는 사람이다. 콘텐츠는 상대방에게 얼마나 강렬하게 이미지를 각인시킬 수 있는지, 그리고 얼마나 지속적으로 유지할 수 있는지가 중요하다. 사람들이 이병헌, 박보검에 열광하는 것은 단지 그들이 잘생겨서가 아니다. 눈을 감고 그들의 목소리를 들어보자. 무엇이 당신에게 강렬한 이미지를 남겼으며, 어째서 그 이미지가 유지될 수 있었는지 이해될 것이다.

유튜브를 시작하고 어려움을 겪는 사람이라면 김나연, 선호제 두 사람의 목소리 천재를 만나자. '100만 구독자를 위한 유튜브 크리에이터의 보이스 이펙트'의 초대에 손을 내밀자.

백만 구독자를
꿈꾸는 이들의 필독서

이영현 고려대학교 평생교육원 온라인마케팅 최고위과정 개설자,
한국온라인마케팅연구원 주임교수

TV와 각종 매체, 그리고 강좌 등에서 유튜버들을 만나는 기회가 잦아짐에 따라 달라진 1인 방송의 위상을 실감하는 요즘이다. 처음 1인 방송이라는 개념이 등장했을 때만 해도 취미 활동 또는 여타 SNS 활동의 연장선상으로 여겨졌었다. 그러나 지금은 어떠한가? 유튜버로 대표되는 1인 방송인이 아동과 청소년들이 가장 선호하는 장래희망으로 꼽힌다. 엄연한 직업의 반열에 오른 것이다. 직업이라면 당연히 전문성이 요구된다. 방송인으로서 요구되는 전문성에는 다양한 것이 있겠으나 그중에서도 프로 방송인, 즉 연기자로서의 능력이 가장 우선될 것이다.

실제로 많은 1인 미디어 채널이 진행자와 기획자, 작가, 영상 편집자 등이 참여하는 개인 방송국으로 진화하고 있다. 1인 미디어의 성공을 가름하는 데는 콘텐츠의 기획력, 차별성, 편집기술 등도 영향을 미치지만 무엇보다도 방송 진행자인 유튜버의 매력이 가장 크게 작용한다. 최근 성공한 유튜버들이 텔레비전 방

송에 출연하는 경우를 자주 보는데, 여타 방송인들과 다르지 않은 깔끔한 발성과 진행력, 화법에 놀랄 때가 있다. 생각해보면 당연한 일인데도 말이다.

유튜버들의 방송 대부분은 진행자 1인의 멘트에 의존한다. 그러므로 목소리와 말하기 방법이 구독자들의 호감을 사지 않으면 결코 성공할 수 없다. 게다가 혼자 힘으로 소위 '오디오를 채워야' 하기 때문에 일상 말하기와는 달리 방송 장르에 맞는 연기력이 요구된다.

이처럼 유튜버들의 성공에 점차 프로 방송인의 요건이 요구되는 상황이다. 눈높이가 높아진 구독자들은 이제 아마추어가 아닌 프로를 원한다. 아이템이나 영상편집만으로는 부족한 요즘, 유튜버에 최적화된 방송 목소리 & 말하기 수업에 관한 관심이 높아지고 있다. 그러나 이와 관련된 전문성 교육은 거의 없는 상황이다.

김나연 성우는 일찍이 '보이스 스타일링'이라는 세상에 없던 제대로 말하기 방식을 만들고 훈련법을 체계화했다. 보이스 스타일링은 일반인보다 성우와 방송인들 사이에서 더 유명하다. 이미 좋은 목소리와 발성을 타고난 성우들도 보이스 스타일링을 통해 전문적인 역량을 높이고, 새롭게 인정받는 경험을 했다. 1인 방송인들 또한 꾸준히 보이스 스타일링 센터를 찾아온다고 한다.

많은 유튜버들이 전문적인 방송 목소리 & 말하기 교육을 필요로 하는 시대, 김나연 성우와 선호제 성우의 이번 책이 그들의 갈증을 풀어주리라 생각한다. 자신들의 노하우를 유튜버에 접목시켜 한 권 가득 아낌없이 풀어낸 데 깊은 인상을 받았다. 백만 유튜버로 성공하고 싶다면, 아마추어가 아닌 프로 유튜버로서 역량을 키우고 싶다면 반드시 읽어야 할 필독서이다.

유튜브 크리에이터에게 필요한 건
스피치 기술이 아니다

말이란 무엇일까. 성우로, 또 한 명의 연기자로 살아오는 동안 내 머릿속에서 떠나지 않던 화두이다. 성우와 연기자는 말을 잘해야 한다. 그래서 좋은 목소리, 매력적인 목소리를 갖기 위해 노력했다. 무게감 있고 진정성 있게 말하고 싶어 발음과 발성 연습에 많은 시간을 투자해보기도 했다. 그러나 연기의 연륜이 쌓일수록 말을 잘한다는 것은 외형에 치우치는 게 아니라 보다 본질적인 차원의 문제임을 깨달아간다. 말의 본질에 충실하게, 제대로 된 말을 할 줄 알아야 말을 잘한다 할 수 있다.

말은 자신의 생각과 느낌을 표현하고 상대에게 전달하는 데 쓰이는 음성 기호이다. 인간이 사회를 이루고 공존하기 위해 가장 중요한 소통 수단이기도 하다. 말의 본질은 표현과 전달, 소통임을 알 수 있다. 제대로 된 말하기란 자신의 생각과 느낌을 담아 올바른 말하기 방식을 통해 상대에게 전달하고 서로 소통하는 것을 의미한다.

이른바 갓튜버의 시대이다. 유튜버가 신에 비유될 만큼 강력한 영향력을 지닌 시대가 왔다. 말하기는 유튜버에게도 피해 갈 수 없는 영역이다. 말이 필요 없는 특수 형식이 아닌 한 1인 미디어는 운영자 개인의 말하기가 필수 요소이다. 대부분의 유튜버가 1인 멘트에 의존한 콘텐츠를 만들고 있다. 한정된 영상 속에서 말하기에 치중하고 있다. 이처럼 말하기는 유튜브 콘텐츠의 핵심 요소 중 하나이다. 그러나 단순히 말을 유려하게 하는 것만으로는 곤란하다. 유튜버 역시 말의 본질에 충실한 제대로 된 말하기를 해야 한다.

유튜버는 왜 제대로 된 말하기를 해야 하는 것일까.

첫 번째는 콘텐츠의 성공을 위해서이다. 유튜버에게 성공이란 적어도 백만 이상의 구독자수를 확보하는 일이다. 구독자가 늘어난다는 건 유튜버와 시청자 사이에 그만큼 깊고 넓은 공감과 소통이 이루어지고 있다는 방증이다. 콘텐츠에 진정성을 담아 시청자를 심정적으로 설득하고 공감을 얻은 결과이다. 유튜버의 생각과 느낌을 진솔하게 말에 담아 콘텐츠에 진정성을 불어넣고, 시청자를 배려하는 올바른 말하기 방식을 통해 공감을 얻은 후 피드백을 받으며 서로 소통하는 일, 즉 '제대로 말하기'가 바로 콘텐츠 성공의 비결인 것이다.

두 번째는 방송인으로 지녀야 할 책임감 때문이다. 성우로서 이름이 알려지면서부터 나는 시청자나 청취자에 대한 책임감에서 자유로울 수 없었다. 내가 한 말, 내가 보여준 행동이 순식간에 전국으로 퍼져 버린다. 더욱이 지금은 5G 시대이다. 0.1초도 안 되는 순간 그런 일들이 벌어진다. 내 말 한마디가 그들에게 어떤 영향을 끼칠지 알 수 없는 일이다. 내가 기분이 언짢으면 듣는 사람들도 안 좋은 기운을 받을 게 틀림없다. 그런 이유로, 매번 녹음 작업을 할 때마다 최선을 다하지 않으면 안 된다고 여겼다. 내 말에 진정성을 싣지 않으면 시청자에게 다가갈 수 없다고 생각했다. 비록 나는 마이크를 앞에 놓고 이야기하지만 마음속에선 늘 그들과 대화하고 소통한다는 생각으로 일에 임했다.

유튜버도 예외가 아니다. 그들이 하는 말 한마디 한마디가 어린 시청자에게는 보고 배워야 할 모범이 될 수 있다. 어떤 형태든 방송을 하는 사람은 책임감이 있어야 한다. 유튜버도 방송인으로서의 책임감에서 자유로울 수 없다.

그렇다면 어떻게 해야 제대로 된 말하기가 가능할까. 흔히들 떠올리는 스피치 기술을 배워야 할까. 스피치 기술은 말의 본질에 충실하지 않다. 말 그대로 기술일 뿐이다. 거기에 진정성이 담기기는 힘들다. 더군다나 1인 미디어의 특성상 채널의 운영자이자 진행자인 크리에이터는 각 채널의 장르와 특성에 맞는 연기까지 가능해야 한다. '연기'라고 하면 드라마나 영화, 연극 속의 캐릭터 연기만을 떠올리기 쉽지만, 보다 포괄적 의미에서 연기란 '느낌 담기'이다. 드라마타이즈된 형식이 아니라 일반적인 형식에서도 느낌을 담은 진행이 꼭 필요하다. 뷰티면 뷰티, 먹방이면 먹방에 맞는 각각의 느낌을 담아야 콘텐츠에 생명력이 깃든다. '제대로 말하기'라는 말의 본질을 갖추어 나 자신의 개성을 확립하고 내 목소리를 찾으면 그러한 느낌 담기는 얼마든지 가능하다.

아나운서·쇼핑호스트·스피치 강사 등, 말하기 전문가는 많다. 그러나 자신만의 캐릭터로 말에 진정성을 담고 더 나아가 느낌까지 담을 수 있는 사람은 많지 않다. 성우는 목소리 연기자다. 애니메이션·게임·방송·광고·기업 홍보·행사 진행·홈쇼핑·지하철과 비즈링 안내 멘트 등, 보이지 않는 수많은 영역에서 활동하고 있다. 성우의 목소리를 듣지 않고 하루를 보내는 사람은 단언컨대 우리나라에서 단 한 명도 없을 것이다. 어떤 상황, 어떤 배역이 주어져도 소화하고 연기해 내야 한다. 1000대 1 이상의 경쟁률을 뚫어야 성우 시험에 합격이 가능하며 그 후에도 2~3년간 고도의 음성 훈련을 받아야 하는 전문 직종이다. 성우인 우리야말로 유튜버를 위해 제대로 된 말하기 방법을 알려줄 수 있는 적임자라 자부한다.

무엇보다 우리는 '보이스 스타일링'이라는 세상에 없던 제대로 말하기 방식을 만들고 훈련법을 체계화했다. 백만 구독자를 확보하고 싶지만 방법을 몰라 헤매는 유튜버를 위해 최적의 말하기 방식인 보이스 스타일링을 소개하려 이 책을 기획했다. 보이스 스타일링은 호흡에 생각과 느낌을 담은 말을 실어 나를 표현하고, 상대와 교감과 소통을 이루는 과정을 통해 세상과 더불어 함께하게 되는 제대로 된 말하기 방식이다. 스피치 기술에서 다룰 수 없는 말의 본질에 기반하고 있는 훈련법이다. 보이스 스타일링을 목소리와 말투에 장착하면 진정성이 담긴 제대로 말하기는 물론, 콘텐츠에 느낌을 불어넣는 게 가능하다.

보이스 스타일링의 핵심인 동그라미 호흡과 포물선 대화를 알게 된 후, 성우 생활 내내 지녀왔던 방송에 대한 책임감이 더욱 확고해졌다. 성우든 유튜버든 시청자가 있기에 존재한다. 그들이 없다면 방송인으로서의 존재가치 자체가 사라진다. 동그라미 호흡에 말을 실어 시청자를 배려하고 포물선 대화로 소통하며 좋은 기운을 전파해야 하는 것은 선택의 문제가 아니라 필수 사항이다.

이 책에는 보이스 스타일링이 왜 파워 유튜버로 성공하기 위한 필수 조건인지 그 이유가 담겨있다. 보이스 스타일링의 가치와 지향점, 세부적인 커리큘럼과 훈련법도 상세히 다루었다. 그리고 다양한 유튜브 장르에 맞는 맞춤형 솔루션과 스튜디오 꾸미기, 마이크 선택 및 사용법 등 방송 실전에 필요한 유용한 정보를 제시했다. 목소리와 말투의 훈련을 통해 유튜버의 자질을 향상시키고 콘텐츠의 품질을 높이며 실전에 적용 가능한 음성 연기의 노하우를 모두 담으려 노력했다. 책 속의 훈련 과정을 따라오다 보면 어느새 자신의 목소리와 나 자신을 찾고 진정성이 담긴 콘텐츠로 구독자와 공감과 소통을 이루는 성공적인 유튜버로 변신해 있을 것이다.

걱정은 내려놓아도 좋다. 우리는 책을 통해 다양한 이론과 예시를 제시하여 믿음을 줄 것이다. 훈련 방법도 알려주고 예문을 통해 실전 훈련이 가능하도록 가이드를 마련했다. 그래도 궁금한 것이 있거나 혼자 훈련하는 것이 버겁다면 보이스 스타일링 센터를 방문해도 좋다. 센터의 문은 파워 유튜버가 되길 원하는 모든 이를 위해 항상 열려있다.

끝으로 이 지면을 빌려 사랑하는 부모님, 목소리의 중요성과 연기에 대한 진지한 성찰력을 심어주신 임도식 선생님, 그리고 부족한 나에게 선뜻 공저를 제안해주시고 끝까지 잡은 손 놓지 않고 믿어주신 존경하는 김나연 선배님께 깊은 감사의 인사를 드리고 싶다.

2019년 3월 27일

성산동 보이스 스타일링센터에서

성우 선호제

CONTENTS

▶ PART 7

실전! 구독자를 사로잡는
방송 목소리 & 녹음 솔루션

100만
구독자의
필수요건,
보이스 스타일링

영상은 뛰어난데 오디오가 형편없다면 어떨까. 앞에서 짚어본 것처럼 전달력에 문제가 생긴다. 제작자의 의도가 시청자에게 제대로 전해질 수 없다. 특히 게임, 먹방, 뷰티, 영화, 음성 크리에이터 등 크리에이터의 멘트나 대사가 중요한 장르에서는 유튜버의 말이 영상 못지않게 중요하다.

유튜버 전성시대

벗꽃 흐드러진 봄날, 화사한 꽃나무 그늘 아래 도라야키 가게가 보인다. 도라야 키는 팬케이크 두 장을 겹쳐 팥소를 넣은 화과자이다. 가게 안은 바깥의 환한 햇 살과는 대조되는 단조로운 공간이다. 사는 게 그리 신나 뵈지 않는 중년의 주인 남자가 기계적인 손길로 팬케이크를 굽고 있다. 한 할머니가 가게 문을 노크한 다. 의아해 바라보는 주인 남자에게 할머니는 가게 밖에 붙은 아르바이트 모집 광고를 가리키며 자신도 가능한지 묻는다. 순간 남자는 당황한다. 힘든 설거지 며 잡일을 맡겨야 할 아르바이트생 지망자가 고령의 할머니라니. 난감해진 그가 시급이 겨우 6백 엔밖에 안 된다며 거절한다. 남자의 속내를 모르는 할머니는 한 술 더 뜬다. 3백 엔이면 충분하다는 것이다. 말문이 막힌 남자는 일이 힘들어 어려울 거라 우기며 할머니를 단념시킨다. 그러고 나니 좀 안 됐다. 그는 돌아서 는 할머니에게 도라야키 한 개를 건넨다.

　다음날 할머니가 다시 그의 가게에 들렀다. 이번엔 시급을 2백 엔만 받겠다며 자신이 만든 팥소를 두고 간다. 팥소를 만든 지는 50년이 되었다고 했다. 남자는 마지못해 팥소를 한 입 맛본다. 그러자 예상치 못한 일이 일어난다. 그의 입안에 충격의 전율이 번졌다. 그렇게 맛있는 팥소는 처음이었기 때문이다.

빗줄기에 벚나무 꽃잎이 스러지고 푸른 잎 무성해진 날, 할머니가 다시 가게를 찾는다. 남자는 반갑게 할머니를 맞는다. 그리고 자신의 가게에서 아르바이트를 해달라고 정중히 부탁한다. 할머니는 남자에게 정성을 다해 팥을 삶고 소를 만드는 과정을 가르쳐준다. 할머니에게 팥은 살아있는 대상이다. 마음의 눈으로 팥이 보고 들었을 햇살과 바람의 소리에 깊숙이 공감한다. 팥과 당분이 완벽히 어우러지는 시간의 조성을 기다려준다. 그것이 할머니의 비결이었다. 하루하루 마지못해 살아가던 남자는 점점 마음이 담긴 일의 즐거움에 눈 뜨게 된다.

남자네 가게의 도라야키 맛이 이전과 달라졌다는 사실을 제일 먼저 알아챈 것은 동네 사람들이다. 사람 하나 없던 그의 집 앞은 어느새 갓 만든 도라야키가 나오기만을 기다리는 손님들로 그득하다. 둘은 신나게 도라야키를 만든다. 나무 그늘처럼 침침했던 남자의 일상에도 햇살이 비추기 시작한다.

마음이 촉촉해지는 이 이야기는 일본 영화 〈앙あん, 단팥 인생 이야기〉의 첫머리이다. '앙'은 단팥으로 만든 소를 일컫는 단어이다. 영화는 소외된 이가 절박하게 꿈꾸던 평범한 삶의 기쁨과 자기 앞의 삶에 성의를 다하는 인생에 대한 깨달음을 담고 있다. 이 이야기를 담은 영상은 영화 평론 크리에이터인 '영화장수 루피형아'의 1인 유튜브 채널에 올라있다. 순수하고 착한 소년의 이미지가 담긴 그의 감성적인 내레이션은 마치 영화의 한 부분인 듯 영상 속에 스며 잔잔한 파문처럼 다가온다. 전문 성우가 아닌 만큼, 매끈한 화법은 아니다. 영상 중간에 편집 실수도 있다. 그러나 그런 점이 오히려 더 친근하게 느껴지기도 한다.

개봉 당시에는 눈길을 끌지 못한 영화는 그에 의해 다시금 수면 위로 올라왔다. 영상이 게시된 지 한 달도 지나지 않아 조회수가 60만 회를 넘었다. 전체 영화 내용이 궁금한 사람들은 각종 사이트에서 영화를 다운받아 볼 것이다. 이처럼 영향력 있는 한 유튜버의 취사 선택이 수많은 유튜브 채널 시청자의 영화 시청 패턴을 바꿀 수 있다. 대중의 영화 취향에 틀을 정해주는 어젠다 세팅 기능을 발휘하는 것이다. SNS나 유튜브 시청자에게 광범위하고 큰 반향을 불러일으키는 유명인이나 유튜버들을 '영향을 미치는 사람'이라는 의미의 인플루언서 Influencer로 일컫는 이유가 실감 난다.

▶️ 유튜브로 인생이 달라진 사람들

유튜브 크리에이터를 언급할 때 빼놓을 수 없는 사람이 있다. '유튜브의 신'으로 불리는 게임 유튜버 '대도서관'이다. 유튜브를 통한 그의 성공은 말 그대로 인생역전 드라마다. 그는 집에 찾아온 빚쟁이들이 거칠게 대문을 두드릴 때 집안 구석에 숨죽인 채 숨어있던 청소년 시절을 보냈다. 게임을 좋아했지만 다른 집 아이들처럼 게임기를 사달라고 할 형편이 못 됐다. 중학교 때는 전교 10위권 언저리까지 갈 정도였으니 공부를 못하진 않았다. 그럼에도 아버지가 돌아가신 후에는 가정형편상 대입을 포기한 채 백수의 나날을 보내기도 했다. 그러던 그가 이제는 구독자수 190만 명에 연 17억의 수입을 올리는 잘나가는 유튜버가 됐다. 최근엔 활동 범위를 넓혀 지상파와 종편을 넘나드는 유명 연예인의 반열에 올랐다. 엉클대도라는 개인 미디어 콘텐츠 회사도 운영 중이다.

●● 제이플라 뮤직은 구독자 천만을 넘어섰다

커버송의 여신 '제이플라'의 성공은 보다 국제적이고 광범위하다. 커버음악이
란 다른 가수의 곡을 자신만의 스타일과 개성을 입혀 다시 부르는 장르이다. 그
녀의 방송은 화면 구도가 늘 똑같다. 액세서리며 의상, 꽃 한 송이나 인형 등 매
번 바뀌는 배경의 디테일을 엿보는 것도 고정 구독자들의 소소한 기쁨 중 하나
이다. 팬들은 매주 금요일마다 업데이트되는 그녀의 커버송을 기다린다. 허스키
하면서도 여리고 속삭이는 듯한 음색을 지닌 그녀는 어떤 곡이든 자신만의 분
위기로 채색하는 재능이 있다. 댓글란에는 전 세계 팬들의 찬사가 가득하다. 그
녀의 노래를 들으면 스트레스가 풀리고 마음의 위안을 얻는다는 내용, 아시안
커버가 웨스턴 커버보다 낫다는 내용, 묘한 중독성이 있다는 평도 있다.

바로 얼마 전 그녀가 운영하는 유튜브 채널 〈제이플라뮤직〉은 구독자수가
1천만 명을 넘었다. 우리나라의 개인 유튜브 크리에이터 중에서는 최초의 성과
였다. 그녀 이전엔 메이저급 한류 스타인 싸이, BTS, 빅뱅 정도가 국제적 명성을
바탕으로 천만을 달성했을 뿐이다. 거대한 자본의 도움을 받는 그들도 그녀보
다 길어야 1년여, 혹은 몇 달 전에 천만 구독자에 이르렀다. 그런 사실을 감안하
면 그녀가 달성한 성취의 지점을 짐작할 수 있다.

천만 명이란 어느 정도의 사람일까. 인구수가 많지 않은 스웨덴이나 노르웨
이의 전체 인구가 1천여 만 명이다. 웬만한 규모의 한 나라 국민 전체가 제이플라

의 채널을 구독하고 있는 셈이다. 전 국토에 송출되는 지상파 공영 방송이 아니라 개인에 의해 만들어지는 1인 미디어로서는 참으로 놀라운 성과이다.

▶️ 갓튜브 시대가 열리다

잘나가는 유튜버가 억대 연봉을 번다는 것은 이제 공공연한 사실이다. 각종 보도에 따르면 초등학생들이 가장 되고 싶어 하는 직업 중 하나가 유튜버이다. 예전 같으면 TV나 영화에 나오는 연예인이 선망의 대상이었다. 지금은 달라졌다. 지상파나 종편 프로그램의 신경향을 살펴보면 유튜브 스타들을 출연시키는 경우가 부쩍 늘었다. 그들은 이제 온라인의 인플루언서뿐 아니라 기존 미디어의 셀레브리티를 겸하고 있다. 시대를 앞서가는 가장 핫한 이슈와 사람에 초점을 맞추는 방송의 특성상, 앞으로도 그런 추세는 계속될 것이다.

연예계의 기획사와 비슷한 역할을 하는 MCN_{다중채널네트워크}도 생겨났다. 이들은 파워 유튜버들의 대외 활동과 법적, 금전적 관계 등을 관리하고 수익을 나눠 갖는다. 우리 연예계를 좌우하는 JYP나 YG, SM엔터테인먼트처럼 1인 미디어 업계에는 CJ가 운영하는 다이아TV를 비롯해서 샌드박스네트워크, 트레저헌터 같은 대표적 업체들이 있다. 외국에서도 디즈니 같은 거대 기업이 MCN 사업에 뛰어들었다. 처음에 1인 미디어는 개개인이 취미 차원에서 시작하는 동영상 올리기 수준이었지만, 점차 광고시장과 연결되며 거대기업들이 눈독을 들일 정도로 높은 수익성을 갖게 됐다. 이처럼 우리 사회는 물론 전 세계는 지금 유튜버 전성시대가 펼쳐지고 있다. 이른바 '갓튜브 시대'인 것이다.

유튜버는 특별한 사람들의 전유물일까? 당연히 그렇지 않다. 집안 청소를 마치고 잠시 커피 브레이크가 생긴 평범한 주부도 유튜버가 될 수 있다. 주말에만 시간이 나는 직장인도 괜찮다. 은퇴한 노년층도 가능하다. 유튜브 크리에이터의 문은 전 세계 누구에게나 열려있다.

간단한 동영상 촬영기기와 조작방법만 알아도 방송 콘텐츠 제작자가 될 수 있다. 장비구입이 부담스럽다면 스마트폰과 편집 프로그램만 있어도 가능하다. 그것이 유튜브의 가장 큰 매력이다. 치위생사 출신 파워 유튜버인 '라온'은 음질이 생명인 커버송 가수임에도 불구하고 USB로 연결되는 7만 9천 원짜리 마이크와 이어폰을 가지고 방송을 시작했다. 편집 프로그램은 윈도우에서 제공되는 공짜 프로그램인 무비메이커를 사용했다.

이제 방송 프로그램은 KBS며 MBC 같은 지상파나 케이블 방송의 독점적 영역이 아니다. 누구든 맘만 먹으면 자신의 이름을 걸고 만든 동영상을 유튜브에 올리면 된다. 유무선 인터넷을 통해 불특정 다수에게 전송할 수 있다. 유튜브는 어쩌면 평범한 사람들이 꿈을 향해 나아갈 수 있는 기회의 평등을 이룬 가장 효과적인 플랫폼인 것이다.

▶▌ 유아부터 노인까지, 대한민국은 세대 막론 유튜버가 대세!

얼마 전까지만 해도 우리나라에서 유튜브는 10대와 20대의 전유물이었다. 1인 유튜브 채널도 그들이 좋아하는 게임과 먹방, 뷰티가 대세였다. 최근 들어서는 점차 다양한 연령대와 취향을 지닌 창작자들이 유튜브에 1인 채널을 만들고 있다.

유튜브의 확산과 함께 구독자 층도 넓어졌다. 딸 바보 아빠인 'Mr.아재'는 일상에서 흔히 찾을 수 있는 재료로 장난감이나 게임기, 각종 기계를 만든다. 기저귀 버리러 가는 수고를 줄이려 휴대폰으로 원격조정 가능한 RC카를 휴지통에 장착하기도 한다. 50대 유튜버 '단희쌤'은 중장년을 대상으로 부동산 재테크에 관한 팁을 알려준다. 코리아 그랜마Korea Grandma라는 별명을 가진 '박막례 할머니'는 70대임에도 구독자 80만 명을 넘어섰다. 얼마 전에는 구글 본사의 초청으로 미국에서 열린 I/O 행사에 다녀오기도 했다. 고령의 한계를 뛰어넘는 다양한 일상 체험 도전 영상과 코믹한 반응이 특기로, 디지털 시대를 사는 노년의 좌충우돌로 공감을 끌어낼 때도 있다. 예를 들면 무인기계에 대한 노년층의 두려움을 극복한 패스트푸드점 방문기 같은 것이다.

예전에는 연예인이 가장 큰 꿈이었던 아이들이 이제는 유튜버를 첫 번째 순

위로 꼽고 있다. 초등학생이거나 중고등학생임에도 성공을 거둔 유튜버가 적지 않다. 취업이 힘든 청년층도, 여러 일을 병행하는 N잡러로 미래의 안정된 수익원을 갖고 싶은 30~40대도, 은퇴 후 인생 2모작을 꿈꾸는 중년층도, 단순한 소일거리보다 황혼의 새 출발을 꿈꾸는 노년층도 1인 크리에이터를 지망한다. 대도서관은 자원 빈국인 우리에게 가장 유망한 미래의 먹거리는 바로 1인 크리에이터라고 말한다. 유튜브의 수익성에 대한 사회적 관심과 함께 유튜브에서 1인 채널을 만드는 게 유행처럼 번지고 있다.

▶️ 유튜버의 수익은 어떻게 발생할까

그렇다면 유튜버의 수익은 어떻게 발생할까? 첫 번째, 유튜버들의 대표적인 수익원은 구글 애드센스로부터 지급받는 광고 수익이다. 광고 수입을 얻고 싶다면 유튜브 계정 설정에서 구글 애드센스를 연동시키고 통장 등록 절차를 밟으면 된다. 광고주나 기업들이 등록한 광고가 각 유튜버 채널에서 방송되면 구글 애드센스 측에서 광고에 대한 대가를 후 정산해주는 방식이다. 수익 배분은 55%를 유튜버가 갖고 나머지 45%가 애드센스의 몫이 된다. 광고 단가는 보통 조회수 1회에 1원으로 알려져 있다. 1만 조회수를 올렸을 경우 1만 원의 광고료가 붙게 되는 것이다. 그러나 채널에 따라 편차가 있어 조회수 한 회당 10~30원인 경우도 있다.

단, 광고 수익을 얻기 위해서는 먼저 유튜브에서 제시한 조건을 통과해야 한다. 지난 12개월 동안 시청 시간이 4000시간, 구독자수 1000명의 조건에 부합하는 유튜브 채널만 신청 자격이 있다. 신청이 들어가면 1~2주 후에 유튜브 측에서 승인 여부를 알려준다. 예전에는 개인 채널 내 광고 게재에 특별한 제한이 없었다. 어떤 채널이든 조회수만 많아지면 적지 않은 광고 수입을 올릴 수 있었다.

그러자 유튜브 내에 조회수 만능주의가 팽배하기 시작했다. 일부 유튜버들은 점점 더 자극적인 콘텐츠를 올렸다. 사회적 물의를 일으킨 충격적 화면이 사라지면 그를 비난한다는 핑계로 해당 화면을 재편집해 올리는 꼼수도 등장했다. 조회수와 광고 수익에 대한 과도한 욕망이 불러온 부작용이었다. 유튜브 측에서는 건전한 유튜브 생태계 유지를 위한 강경책이 불가피해졌다. 그 결과 2018년 1월 16일부터는 수익창출대상 선정에 현재와 같은 조건이 붙게 되었다.

두 번째는 브랜디드 콘텐츠 등 기업의 광고 의뢰나 협찬 등을 통해 수익을 얻는 방법이다. 이 경우는 자신의 채널이 일정 궤도에 올라 파워 유튜버로서의 자격을 갖췄을 때 가능하다. 일정 구독자수를 확보한 유튜버는 대개 MCN 소속으로 활동하게 된다. 그들의 관리 하에 방송과 행사 출연 등으로 인한 수익도 얻을 수 있다.

그 외에 슈퍼 챗 Super Chat 수익이 있다. 유튜브에도 시청자와 채팅이 가능한 실시간 스트리밍 방송 서비스가 있다. 라이브 방송 중 시청자가 메시지와 함께 유튜버에게 일정 금액의 후원금을 보낼 수 있는 것이 슈퍼 챗 기능이다. 아프리카TV의 별풍선과 같은 개념으로, 이때 후원금을 보낸 시청자의 아이디와 메시지, 송금액이 푸른색·초록색·노란색 등 여러 가지 색상의 박스로 강조된다. 송금하는 금액이 많을수록 박스 색깔은 유튜버의 눈에 잘 띄는 빨간색에 가까워진다. 글자 수도 많아지며 화면 상단에 떠있는 시간이 길어진다. 실질적으로 유튜버의 통장으로 정산되어 들어오는 액수는 시청자가 후원한 금액의 65~70% 정도이다.

자, 이 정도까지 알았다면 이제는 본격적으로 시작해볼 때다. 하지만 막상 카메라를 손에 잡으려니 고민이 앞선다. 외모도 안 되고 말솜씨도 없는데 괜찮을까. 주변 사람들이 비웃지는 않을까. 동영상을 올리면 누가 봐주기는 할까. 가족, 친척, 친구를 다 동원해 간신히 확보한 처음 구독자수에서 멈추면 어쩌지.

그러나 인생의 매사가 그렇듯, 결과는 도전한 자만이 누릴 수 있는 열매이다. 세상 모든 일은 멀리서 바라보기만 하면 나와 관계없는 아름다운 그림일 뿐이다. 사생활 노출이 부담스럽다면 본인이 전면에 나서지 않는 익명의 유튜버가 되는 경우도 있다. 얼굴 없이 성공한 유튜버도 적지 않다. 마음은 있지만 아직 계정 만드는 걸 망설이는 경우라면 일단 저질러보는 것도 괜찮다. 희망을 전파하는 힐링 유튜버 김새해 작가는 그녀의 채널에서 유튜버 지망생에게 이런 조언을 들려준다.

"일단 카메라와 마이크, 조명기구를 마련하세요. 그리고 자기가 좋아하는 분야의 것들을 공유하면 돼요. 그게 다예요."

03

유튜버로 성공하기 위한 비결

백만 이상의 구독자를 지닌 유튜버로 성공하려면 어떻게 해야 할까. 성공한 유튜버가 밝히는 비결을 들어보면 저마다 다른 이야기를 들려준다. 하지만 그중에도 겹치는 내용들이 있다. 파워 유튜버들의 공통된 조언과 그들의 성공에 깃든 특성들을 토대로 유튜브 성공의 비결을 알아보자.

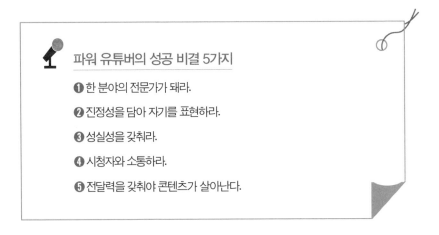

파워 유튜버의 성공 비결 5가지

❶ 한 분야의 전문가가 돼라.

❷ 진정성을 담아 자기를 표현하라.

❸ 성실성을 갖춰라.

❹ 시청자와 소통하라.

❺ 전달력을 갖춰야 콘텐츠가 살아난다.

루피형아는 구독자수를 늘려가고 있는 성장세의 유튜버 중 하나이다. 모습도 음성도 성장과정도 셀럽이라기보다 친근한 이웃 청년 같다. 루피란 이름의 애완견을 키우고 있는 것이 루피형아를 닉네임으로 삼은 이유이다. 그는 대부분의 유튜버가 그렇듯 취미를 1인 채널로 연결시킨 경우이다. 어릴 때부터 영화를 너무 좋아해서 엄마가 시장에 갈 때마다 꼭 따라갔다. 시장 옆에 비디오가게가 있었기 때문이다. 자라서는 SES와 엑스재팬의 열성 팬이있다. 주변에서 흔히 볼 수 있는 평이한 유년기와 청소년기를 보낸 후 블로그에 입문하게 되었고, 그를 계기로 본격적인 영화평을 쓰기 시작했다.

조금 남다른 점이라면 성장과정 내내 흔히 말하는 '덕후'의 징후가 엿보였다는 것이다. 다른 아이들이 장난감을 사달라고 떼를 쓸 때, 그는 영화 비디오를 빌려달라고 땅바닥에 드러누워야 했다. 그가 원한 건 엄마들이 아이에게 보여주기 꺼려하는 공포영화 장르였기 때문이다. 그렇게 해서 간신히 얻어낸 눈물 젖은 비디오가 그에겐 무엇보다 큰 재미요, 기쁨이었다. 좋아하는 가수의 열성 팬 노릇도 마찬가지였다. 전국 어느 곳이든, 아무리 외진 곳이라 해도 가리지 않았다. 공연이 있는 곳이면 어디든 갔다.

한 가지 주제나 대상에 과하게 몰두하는 덕후오타쿠 기질은 예전에는 사회성이 부족한 것으로 여겨졌다. 그러나 유튜브 세대에게는 일상적이고 평이한 뉘앙스로 쓰인다. 루피형아 역시 당당하게 외친다. '덕질'이야말로 자신을 키운 유익한 자산이었다고. 소심하고 내성적인 성격이었던 그가 사회성을 기르게 된 것도 청소년기에 팬클럽 활동에 몰입하면서부터였다고 한다. 이처럼 유튜브 세상에서는 자신이 가장 좋아하고 몰두해온 분야가 콘텐츠의 원천이 된다. 스타 유튜버들은 남들이 다 하는 평범한 취미라 해도 끝을 보고야 마는 의지와 탐구력이 있다면 무엇이든 이룰 수 있다고 조언한다. 가장 자기다운 것, 자기만의 독특한 몰두의 역사와 개성이 담긴 콘텐츠가 1인 크리에이터의 제일 큰 경쟁력이다.

한 분야의 전문성이 중요시되는 이유는 유튜브 시청자가 지상파나 케이블 방송의 시청자와는 다른 성향을 보이기 때문이다. 유튜브 채널의 구독은 내가 싫건 좋건 가족 중 누군가 보고 있으면 함께 지켜봐야 하는 기존 방송과는 다르다. 철저히 개인의 취향에 의해 이루어진다. 유튜브 시청자는 보고 싶은 것을 선택할 자유가 있다. 힐링이면 힐링, 요리면 요리, 혹은 과학 DIY 분야의 콘텐츠를 검색으로 찾고 그것이 자신의 취향과 정확히 일치할 경우 '구독'을 누른다. 자신이 공감할 수 있는 내용에 대해서만 관심을 두고 채널을 선택하는 것이다. 그런 면에서 유튜브 채널의 콘텐츠는 각기 다른 성향의 불특정 다수에게 전송되는 기존 방송 프로그램과는 차이가 있다.

▶️ 성공 비결 2. 진정성을 담아 자신을 표현하라

유튜브에서는 전문성이 중시된다. 하지만 일방적인 교습과는 다르다. 전문 강사의 강의는 한 패키지가 끝나는 순간 시청자의 관심도 사라질 가능성이 있다. 굳이 구독을 하지 않더라도 조회만으로 충분한 경우도 있다. 흔히 전문성이라 표현하지만, 유튜브 시청자가 열광하는 전문성의 영역은 자격증으로 가치를 평가하기 힘든 경우가 많다. 때로는 재야의 고수가 더 대접받기도 한다.

게임 설명이 재미있는 대도서관은 프로게이머가 아니다. 그러나 서너 시간 이상 라이브로 게임에 몰입하며 지켜보는 이를 붙잡아둘 수 있는 흡인력이 있다. 그 근본에는 어린 시절, 새로 나온 게임의 공략법을 연구하고 친구들에게 신이 나서 알려주던 한 아이의 순박한 몰두와 기쁨이 묻어있다. 제이플라는 시청자가 듣고 싶어 하는 유명 노래에 그녀만의 색채를 입힌 색다른 버전을 들려준다. 거물급 가수들과 달리 자기 노래만을 고집하지 않는다. 그녀의 관심사는 오로지 노래뿐이다. 노래 부르는 게 좋고 그걸 남에게 들려주고 싶어 커버곡을 올리는 순수한 열정이 느껴진다.

대부분의 성공한 유튜버들은 꾸밈없이 소탈한 모습을 보여준다. 허위와 거품, 좀 더 있어 보이려는 가식이 없다. 자기만의 영역을 열심히 보여주는 그 모습에는 아무 조건도 대가도 없이 무언가 좋아서 거기 푹 빠져있는 사람의 진정성이 엿보인다. 일평생 누가 알아주지 않는데도 좋아하는 일에 전부를 바치는 삶은 그 자체로 얼마나 눈물겹고 아름다운가. 유튜브 시청자가 원하는 전문성은 바로 그런 열의와 열중이 담긴 진정성에 기초한다.

누군가 혼신을 다해 열중해온 분야에 대해 소박한 웃음을 지으며 이야기하는데 마음을 열지 않을 사람이 있을까. 시청자가 유튜브에서 원하는 것은 세련되고 완벽한 분장의 빈틈 없는 쇼나 드라마 속 스타가 아니다. 그건 좋아하는 연예인으로 족하다. 나와 비슷해서 부담 없고 편안한 존재가 가끔은 실수도 해가며 어설프게, 그러나 열심히 해서 점점 나아지는 모습을 보여주는 것일 수 있다. 유튜브 시청자는 가까운 내 이웃이 들려주는 이야기처럼 일상의 평이함 속에서 건져 올린 솔직하고 꾸밈없는 진정성에 목말라 있다.

구독자 수백만을 확보한 유튜버들이 초보 유튜버에게 한결같이 당부하는 게 있다. 영상을 꾸준히 올리라는 이야기이다. 그들 대부분은 1주일에 한두 번 이상은 동영상을 업데이트한다. 키즈 채널처럼 어린이 대상일 경우 힘들어도 매일 올리는 부지런함을 발휘해야 한다. 아이들의 뇌는 날마다 새로운 뉴런이 연결되고 그만큼 호기심도 강하다. 시청 층의 욕구를 제대로 충족시켜주어야 정기적인 구독이 가능하다.

유튜버들이 매주 정해진 날짜와 시간에 새 동영상을 올리는 이유는 구독자에게 반드시 지켜야 할 약속이라 여기기 때문이다. 방송을 제시간에 올리면 채널의 공신력이 높아진다. 각 방송의 프라임 타임 뉴스가 좋은 예이다. 사람들은 약속된 시간에서 단 1초도 틀리지 않는 뉴스의 시그널과 첫 앵커 멘트에 신뢰감을 느낀다. 그로 인해 앞으로 진행될 보도 내용이 객관적이고 공정한 시선일 거라는 기본적인 믿음을 가지고 시청할 수 있다.

봐주는 사람이 많지 않은 초보 시절일수록 이 원칙은 꼭 지켜야 한다. 즐거운 일을 한다는 마음가짐으로 계속 올리다 보면 눈여겨보는 사람도 생긴다. 준비된 자만이 기회를 얻는 법이다. 꾸준히 올리고 콘텐츠를 쌓다 보면 어느 날 방송 속 키워드가 시류를 타고, 순간 유입이 폭증될 수 있다. 유명 유튜버 대부분이 2~3년 이상 꾸준히 채널을 운영한 결과 오늘날의 구독자수를 달성했다고 말한다.

이러한 성실성에는 '지속 가능성sustainability'의 의미가 포함된다. 유튜브 생태계를 해치지 않는 건강한 상생이 필요하다는 말이다. 잠깐 조회수를 올려주는 자극적인 내용은 지속성이 없다. 유튜브 본사 측에서도 불건전한 플랫폼 이용을 배제하는 쪽으로 정책 방향이 정해지고 있다. 대외 이미지를 중시하는 광고주와 기업들이 건강한 콘텐츠를 원하기 때문이다.

어느 한 분야를 어지간히 좋아하지 않고서는 수년간 지속적으로 동일한 분야의 콘텐츠를 만들어내기 힘들다. 한 가지 주제에 관해 끊임없이 영상을 올리는 것에는 단순히 시간을 지킨다는 의미 외에 여러 가지 노력이 포함된다. 숱한 시행착오를 거쳐야 한다. 세상 모든 일이 그렇듯 쉽게 성과가 나지 않는다는 사실을 염두에 두어야 한다. 성실하다는 것은 이 모두를 아우르는 말이다.

▶ 성공 비결 4. 시청자와 소통하라

유튜브 채널은 제작자인 1인 크리에이터가 시청자와 댓글로 직접 대화가 가능하다. 대도서관의 경우는 이런 소통을 중시한 것이 성공의 비결 중 하나이다. 그는 시청자에게 예의 바른 유튜버로 알려져 있다. 청정 댓글란을 선호하여 유튜버와 시청자 사이, 시청자와 시청자 사이에 오가는 댓글에 상대방에 대한 배려가 깃들도록 이끈다.

성공한 유튜버들은 시청자의 평가와 조언에 주의를 기울인다. 수많은 댓글을 일일이 읽어본다는 유튜버도 적지 않다. 의견과 제안을 감사히 받고 새 콘텐츠에 반영하기도 한다. 그들은 시청자의 성원 덕분에 성공했다는 사실을 잊지 않는다. 겸허하게 처신한다. 팬을 이끄는 스타라기보다 그들의 취향에 공감하고 그 속에서 의미를 이끌어내어 표현해주는 대변자의 역할에 충실하다. 유튜브의 팬덤은 유튜버에 대한 선망보다는 시청자의 공감지수라고 여긴다. 더 가깝다고 느낄수록, 더 친밀감이 갈수록 시청자는 오래도록 충성 구독자가 된다.

비디오블로그라는 포맷이 있다. 유튜브 시청자 사이에서 브이로그로 불리는 이 형식은 동영상으로 올리는 개인사다. 방송 콘텐츠에만 몰두하던 파워 유튜버들은 무방비한 일상 이미지를 담은 브이로그를 올린다. 브이로그는 수많은 구독자를 확보한 유튜버의 입장에서는 조심스러운 행보일 수 있다. 콘텐츠로 확보한 호감 이미지를 손상시킬 위험성이 있기 때문이다. 그럼에도 불구하고 그런 모험을 강행하는 이유는 시청자에게 친근감을 주고 소통을 위해서이다.

노래할 때는 시청자와 눈도 안 마주치고 사선으로 시선을 두는 제이플라는 화장도 표정도 범접하기 어려운 카리스마가 있다. 그러나 브이로그에서는 다르다. 삐쳐서 돌아누운 애완견 행운이의 눈치를 보는 약한 개 집사의 면모를 보여준다. 대충 만든 요리도 선보인다. 자신에 대한 시청자의 궁금증을 담은 Q&A 동영상을 이메일로 받아 정기적으로 질문에 답하는 시간을 마련하기도 했다.

소통이란 감정과 의견의 공감대를 공유해서 서로 통한다는 의미이다. 진솔한 대화로 상대의 의견을 경청하고 서로 다름을 인정하며 예의 있게 배려함으로써 이루어진다. 인위적인 노력만으로는 불가능하다. 겉으로만 그런 척하는 데는 한계가 있다. 마음의 안정과 여유로움이 있을 때 시청자와 진정한 소통이 가능하다. 먼저 스스로의 내면을 소통 가능한 상태로 변화시키지 않으면 안 된다.

▶️ 성공 비결 5. 전달력을 갖춰야 콘텐츠가 살아난다

사실 이 부분은 앞의 네 항목과 차이가 있다. 앞의 내용들은 파워 유튜버들

이 공통적으로 강조하는 성공의 비결이다. 그러나 이 항목만큼은 대부분의 유튜버들이 간과하고 있다. 부뚜막의 소금도 넣어야 짜다는 속담이 이런 때 유효하다. 아무리 좋은 콘텐츠라 해도 제대로 전달되지 않으면 가치가 없어진다. 특히 멘트가 중요한 채널이라면 애써 만든 콘텐츠의 진가가 사장되지 않도록 전달력에 신경을 기울여야 한다.

전달력의 핵심은 '제대로 말하기'이다. 제대로 말하기란 내가 가진 생각과 느낌을 올바른 호흡 위에 실은 정확한 발음으로 구사하여 상대편과의 언어적 공감을 이루는 것이다. 전문 용어가 아니라면 쉬운 구어체를 쓸 때 상대방이 이해하기 쉽다. 쉬운 말이라 해도 모든 표현은 명료한 논리를 갖춰야 한다. 그래야 내가 가진 생각과 느낌이 상대에게 제대로 전달된다.

스타 유튜버들은 방송에서 말과 음악, 음향을 포함한 소리의 중요성에 대해 잘 인식하고 있었다. 그러나 그들이 주목하는 것은 대개 하드웨어적 측면이다. 좋은 음향 장비를 갖추라는 조언이 대부분이다. 음향기기가 하드웨어라면 제대로 말하기는 소프트웨어의 측면이다. 윈도우 무비메이커와 스마트폰만으로 초기 구독자를 확보했다는 사례가 많다. 기기는 부차적이니 콘텐츠에 신경 쓰라고들 한다. 방송의 오디오 부분도 마찬가지이다. 좋은 기기가 깨끗한 음질을 보장하는 건 사실이다. 그러나 그전에 우선 제대로 말하기를 통해 전달력을 확보하는 게 더욱 중요하다.

본인이 인식하든 아니든 성공한 유튜버들은 대부분 전달력이 뛰어나다. 일부 유튜버는 프로 못지않은 음성 연기를 구사하기도 한다. 구독자를 늘리고 싶은 유튜버라면 제대로 말하기 연습에 시간을 투자해보자. 이 항목은 책 전체의 방향성과 연관이 깊기 때문에 다음 챕터에서 좀 더 자세히 다룰 것이다.

04

유튜버가 간과하기 쉬운
'제대로 말하기'의 중요성

인어공주 프로젝트라는 수업을 진행한 적이 있다. 유튜버들을 대상으로 한 보이스 훈련이다. 프로젝트 이름은 수업을 받는 유튜버 자신들이 지은 것이다. 무슨 의미가 담겨있을까. 인어공주는 사람이 되기 위해 발을 얻는 대신 목소리를 잃어버렸다. 사랑하는 왕자 곁에 인어가 아닌 한 사람의 여성으로 다가가고 싶다는 절실한 바람 때문이다. 하지만 말을 하는 순간 다리가 사라지게 된다. 심성도 착하고 모습도 아름답지만 그녀는 정작 자신의 장점과 마음을 말로 표현할 수 없다. 왕자는 그녀의 눈빛을 보면 그 마음이 짐작은 가지만 말로 들을 수 없어 인어공주의 애절한 사랑을 확인하지 못한다.

유튜버 제자들은 '말로 표현할 수 없는 안타까움'이란 점에서 자신들이 인어공주의 처지와 똑같다고 생각했다. 그래서 인어공주 프로젝트라는 이름을 붙였다고 한다. 인어공주의 아름다움 못지않게 좋은 콘텐츠를 가지고 있지만 말로 표현하는 법을 몰라 답답해하는 심경이 엿보였다. 사실 그들은 유튜브가 아닌 다른 플랫폼에서는 큰 성공을 거둔 경력이 있다. 파워 블로거였을 뿐 아니라 인스타그램 조회수도 상당했다. 그만큼 콘텐츠도 개성도 어느 정도는 확보된 사람들이었다.

하지만 유튜브에서 1인 방송을 시작해보려니 막막했다. 유튜브는 영상과 소리로 이루어진 동영상 플랫폼이다. 텍스트와 스틸 이미지 기반인 다른 SNS 플랫폼들과 차이가 있다. 물론 거기서도 동영상을 올릴 수는 있다. 그러나 일상적이진 않다. 글과 사진에 익숙해있는 그들에게 1인 채널 방송은 전혀 생소한 환경이었다. 자신들이 가진 개성 있는 콘텐츠 내용을 시청자에게 어떻게 전할지가 큰 숙제였다. 그들은 그중 특히 '말하기'를 난감해했다.

▶️ 유튜브에서 중요한 것은 영상만이 아니다

잠시 글을 쓰고 있는 우리김나연, 선호제에 대해 이야기해보자. 방송국 공채 선후배로 만난 우리는 둘 다 오랫동안 성우로서 방송 일을 해왔다. 방송의 기본적 속성에 대해 민감할 수밖에 없다. 그런 시각에서 볼 때, 초심자와 중급자, 스타 유튜버를 비롯한 모든 유튜버가 환기해야 할 사실이 있다. 1인 채널이라는 차이가 있을 뿐, 유튜브도 본질은 방송이라는 점이다. 방송 콘텐츠는 기본적으로 영상과 오디오, 즉 화면과 소리로 구성된다. 그중 어느 한 가지가 빠지면 방송 콘텐츠로서의 성립 요건이 결여된다. 유튜브 채널 역시 마찬가지이다.

대부분의 유튜버는 화면에만 집중한다. 하지만 게임 유튜브든 먹방이든 아니면 뷰티 채널이든, 화면에는 반드시 소리가 따라간다. 음악채널이라면 영상과 음악으로 만들어질 것이다. 영상에 자막만 입힌 방송도 있다. 소리가 없다고 생각하기 쉽지만 무음도 오디오의 한 종류이다. 특정 효과를 위해 의도적으로 채용되는 편이다. ASMR 채널에서는 속삭이는 말소리나 종이를 바스락대는 소리, 졸졸 흐르는 물소리 등 효과음이 사용된다. 어떤 경우든 오디오는 필수이다.

영상은 뛰어난데 오디오가 형편없다면 어떨까. 앞에서 짚어본 것처럼 전달력에 문제가 생긴다. 제작자의 의도가 시청자에게 제대로 전해질 수 없다. 특히 게임·먹방·뷰티·영화·음성 크리에이터 등 크리에이터의 멘트나 대사가 중요한 장르에서는 유튜버의 말이 영상 못지않게 중요하다. 그럼에도 불구하고 앞서간 유튜버들은 왜 아무도 말하기에 대해 조언하지 않았을까.

대기 안에서 사는 우리는 숨쉬기의 고마움을 깨닫지 못한다. 유튜버들도 자연스럽게 체득된 말의 존재감을 미처 인식하지 못했을 수 있다. 특별히 멘트에 신경 쓰지 않았어도 조회수가 붙고 구독자가 늘었기 때문인지 모른다. 아마추어로서의 미숙함이 시청자에게 매력으로 다가간 면도 있었을 것이다. 그러나 구독자수가 백만, 이백만을 넘어가면 상황은 달라진다.

▶️ 이제 전달력이 곧 경쟁력이다

이제는 프로로서의 책임감을 지녀야 한다. 수천, 수만을 넘어 수백만의 시청자에게 영향을 끼치는 인플루언서가 되었다면 더 이상 시청자를 대상으로 미숙한 모습을 보여서는 안 된다. 처음에는 호감에 의해 미숙함이 커버되었지만 오래도록 반복되면 곤란하다. 처음과 똑같은 포맷과 콘셉트를 고수한다면 지속성에 문제가 생길 수 있다. 점점 완성도 높은 콘텐츠 자체로 승부를 봐야 할 시점이 오게 마련이다. 그럴수록 전달력의 품질에 관한 문제도 표면으로 부상한다. 프로그램의 완성도를 기하기 위해서는 제대로 된 보이스 훈련이 필수이다. 시청자는 방송이든 유튜브든 매체에 대한 무의식적인 신뢰감이 있다. 미디어에서 접하는 내용이 표준이라고 믿는 시청자를 고려한다면 정확한 발음과 올바른 표현을 통한 '제대로 말하기'가 꼭 필요하다.

시각을 넓게 해서 보면 훨씬 명확해진다. 사회의 그 어떤 문화라 해도 처음에는 어설프게 시작되기 마련이다. 그러나 자리를 잡아갈수록 퀄리티 상승요구가 커진다. 문화를 향유하는 사람들의 안목이 점점 높아지기 때문이다. 문화의 저변이 확대되면서 더 다양한 사람들의 참여로 인해 경쟁도 치열해진다. 일정 수준을 갖추지 못하면 도태되는 현상이 벌어진다. 앞머리에서 언급한 것처럼 전세계적으로 유튜브 문화는 전성기에 들어서 있다. 선구적 자리를 점유한 이들은 먼저 뛰어든 선점효과를 톡톡히 누렸다. 그러나 이제는 그런 메리트가 사라지고 있다.

대부분의 유튜버들은 말하기를 포함한 음성 훈련이 되어있지 않다. 만약 자신이 시작 단계의 유튜브 초심자라면 보이스 트레이닝을 통한 탄탄한 기본기를 갖추는 게 좋다. 유튜브는 2~3년 이상 지속해야 성과가 나타나는 장기전이다. 무언가를 지속한다는 것은 내공을 쌓지 않으면 불가능하다. 기본자세가 갖춰져 있지 않으면 모래 위의 성처럼 어느 시점에선가 무너져 내릴 수 있다. 더 높이 더 멀리 뛰기 위해선 기본이 제대로 되어 있어야 한다.

정체기를 맞아 구독자 수가 늘지 않는 중급 유튜버에 속한다면 스스로의 품질을 되돌아봐야 한다. 유튜브는 콘텐츠 싸움이라는 의식이 지배적이었다. 그러다 보니 너도나도 뭘 보여줄 것인가에만 몰두했다. 소재에 집착하다 보니 내실을 기하는 데 소홀해질 수밖에 없었다. 그러나 게임·키즈·먹방·뷰티·커버송·ASMR 등 유튜버들이 몰리는 장르가 고정되면서 기존 시장은 점점 포화되고 있다. 유튜브 시장도 블루오션이 아닌 레드오션이 되어간다는 우려도 나온다. 치열한 경쟁에서 살아남기 위해서는 콘텐츠의 질을 높여야 한다. 그러기 위해서는 혼자 고민하고 좌절하기보다 제대로 말하기 훈련을 통해 1인 크리에이터로서의 자질을 향상시키는 게 최선이다.

이미 파워 유튜버의 반열에 있는 크리에이터라면 이제라도 기본기를 다져야 한다. 창업보다 어려운 게 수성이다. 잘 나갈수록 초심으로 돌아갈 필요가 있다. 콘텐츠의 확장성을 꾀해 시장의 파이를 키워야 살아남는다. 10대, 20대에 국한된 이제까지의 시장에서 훨씬 인구수가 많은 다양한 연령층에 어필하려면 폭넓은 감성을 끌어안는 체계적인 말하기 훈련이 필요하다.

그렇다면 유튜브 초심자와 중급자, 파워 유튜버 등 다양한 유형의 유튜버들 하나하나에게 모두 적용되는 말하기 훈련법이 있을까? 1인 크리에이터로서의 기본기를 다지고, 자질을 향상시키며, 폭넓은 시청 층을 확보하게 하는 등, 각각의 개별적 필요에 부합되는 이상적인 방법이 있다면 어떨까?

05

백만 구독자 확보의 필수 조건, 보이스 스타일링

"제대로 말하는 훈련이 필요하다"는 표현에 대해 오해를 하는 사람이 있을 것이다. 스피치 기술을 떠올릴 것이기 때문이다. 스피치 기술을 가르치는 곳에서는 웅변이나 발표를 잘하는 법, 말이 서툰 사람을 위한 화술 훈련, 면접이나 세일즈 현장·강연 등에서 상대방 혹은 청중을 사로잡는 법 등, 주로 말하는 기술을 배울 수 있다. 단기적 성과가 필요한 사람들에게는 유용한 측면이 있다. 그러나 특성이 다른 개개인에 대한 고려 없이 천편일률적으로 꿰맞춘 기술적 화법은 제대로 말하기를 위한 본질적 훈련과는 차원이 다르다.

스피치 기술을 배운다고 유튜버의 자질이 향상되지는 않는다. 원리가 아닌 문제 유형만 외운 아이는 시험에서 반짝 성과를 발휘할 뿐이다. 원리 이해와 응용의 종합적 사고력을 요하는 수능이라는 실전에 필요한 '실력'이 늘지 못한다. 유튜버들도 콘텐츠의 내용과 장르에 따라 각기 다른 무기를 꺼내 써야 한다. 생각도 느낌도 톤도 다른 음성과 말하기가 필요하다. 캐릭터에 따른 연기가 필요할 때도 있다. 다양한 상황이라는 실전에 능한 실력을 기르려면 제대로 말하기의 원리와 본질을 꿰뚫는 보이스 훈련이 필요하다. 그런 훈련법이 바로 '보이스 스타일링'이다.

보이스 스타일링은 호흡에 생각과 느낌을 담은 말을 실어 나를 표현하고, 상대와 교감과 소통을 이루는 과정을 통해 세상과 더불어 함께하게 되는 제대로 된 말하기 방식이다. 나를 더욱 나답게 만들어주어 누구든 자기 안의 개성과 장점을 발견하고 강화할 수 있게 해 준다.

보이스 스타일링 훈련은 총 다섯 단계로 이루어진다. 우선 올바른 호흡법으로 나만의 목소리를 찾는 말하기 호흡이 첫 번째이다. 두 번째는 진정성과 배려를 담은 동그라미 호흡에 말을 실어 내 의도와 감정을 표현하는 단계이다. 그로 인해 상대와 공감과 소통을 이루는 포물선 대화가 가능해지는 것이 세 번째 단계이다. 네 번째로 다양한 훈련을 통해 내 목소리를 다듬으면, 마지막 단계에서 어떤 상황이 와도 목소리를 최적화할 수 있는 나만의 보이스 캐릭터를 완성하게 된다.

보이스 스타일링은 단순한 보이스 훈련법을 넘어 가치와 철학을 지닌 하나의 독립된 양식이며 사조이다. 사회적 캠페인의 성격도 지니고 있다. 내 목소리를 찾는 과정을 통해 진정한 나의 모습을 발견하고 정체성을 확립하는 의미 있는 여정이다. 동그라미 호흡을 수련하면 내면의 자아를 마주 보게 된다. 나를 다스려 상대를 이해하고 심경을 헤아릴 수 있다. 내가 그리는 호흡의 동그라미와 상대가 그리는 호흡의 동그라미가 겹쳐진 포물선 대화로 공감과 소통이 이루어지며 편안한 관계를 형성할 수 있게 한다. 이런 관계들이 모이고 확장되면 사회 전체가 서로 이해하고 배려하며 공존하는 아름다운 공간이 될 것이다.

백만 구독자 달성을 위해 보이스 스타일링이 반드시 필요한 이유는 세 가지로 요약할 수 있다.

첫 번째는 1인 창작자인 유튜버가 해내야 할 여러 가지 역할 중 방송 진행과 음성 연기를 위한 성우도 포함되기 때문이다. 방송 프로그램 하나를 만들기 위해서는 맨 처음 기획과 마케팅 전략이 필요하다. 프로그램이 편성되면 대본 작업을 하는 작가가 있어야 한다. 연출의 총지휘 하에 본격 촬영이 시작되면 촬영 감독과 스태프들이 자기 역할을 해내고 연기자와 진행자가 투입된다. 촬영을 마치면 편집 작업에 들어간다. 이후 내레이션을 위한 성우가 섭외되고 음악 작업이 진행된다. 이러한 과정은 각 분야에 걸친 여러 전문가들의 분업과 협업으로 이루어진다.

유튜버들은 대다수가 1인 크리에이터로서, 방송국의 그런 종합적 시스템을 혼자 커버해야 하는 경우가 많다. 스타 유튜버들의 경우에는 업무를 분장하는 전문 팀이 존재하기도 한다. CP며 연출, 작가, 촬영, 스태프, 편집, 음악 선곡, 성우의 역할을 모두 해내야 하는 것이다. 그래서 대부분의 유튜버는 채널을 만들기 전에 전문적인 촬영법과 편집 방법을 배운다. CG와 조명에 관해 따로 공부하기도 한다. 성우의 경우도 똑같다. 보이스 연기는 전문가의 영역이다. 촬영이나 편집 분야와 마찬가지로 반드시 전문적인 공부와 훈련이 필요하다. 프로그램의 품질을 높이기 위해서는 다방면에 프로가 되겠다는 근성을 지니지 않으면 안 된다. 보이스 훈련이 잘 된 유튜버의 채널과 주먹구구로 멘트를 이어가는 채널 중 어느 쪽이 완성도가 높을지는 굳이 비교하지 않아도 될 것이다.

두 번째, 보이스 스타일링은 콘텐츠의 격을 높이는 핵심 요건이기 때문이다. 보이스 스타일링을 통해 제대로 말하기의 원리와 방법을 익힌 유튜버는 목소리와 멘트에서 차이가 난다. 장르의 종류와 변화에 따른 화법의 운용에서도 자신의 진가를 발휘할 수 있다. 똑같은 내용의 콘텐츠라면 전달력의 우위를 갖춘 쪽이 듣기 편하다. 거기 느낌과 감성마저 더해진다면 시청자의 마음을 움직여 폭발적인 공감을 얻게 될 것이다. 흔하게 발에 채는 그저 그런 유튜버가 되고 싶다면 보이스 스타일링에 무관심해도 좋다. 하지만 콘텐츠의 완성도로 승부 보는 제대로 된 1인 채널을 만들고 싶다면, 남들과 다른 나만의 개성이 펄펄 살아 숨쉬는 방송을 원한다면, 보이스 스타일링을 배워야 한다. 적어도 백만 이상의 구독자를 확보하는 유튜버, 상위 1%의 유튜버를 꿈꾼다면 보이스 스타일링이 필수이다.

세 번째, 보이스 스타일링의 지향점 안에 성공한 유튜버들이 조언하는 채널 성공의 비결이 숨어있기 때문이다. 잠시 돌이켜볼 내용이 있다. 스타 유튜버들의 조언과 특성 분석을 통해 살펴본 유튜브 성공 비결 다섯 가지이다. 그들은 나만의 개성과 취향이 깃든 콘텐츠에 진정성을 담아 표현하라고 조언했다. 꾸준한 성실성과 함께 주변 환경과의 건강한 상생을 중시했다. 시청자와의 소통과 공감도 강조했다. 그들 모두가 전달력이 뛰어나다는 특성도 있었다.

보이스 스타일링은 그 모든 것을 아우른다. 보이스 스타일링을 통해 유튜버는 시청자 앞에 당당히 설 수 있는 자신감을 갖게 된다. 내 콘텐츠에 맞는 나만의 목소리를 찾을 수 있다. 스스로를 다스려 내면을 돈독히 하고 시청자와 만나기 전에 나 자신을 한 번 더 가다듬는 계기를 얻을 수 있다. 무엇보다 콘텐츠에 진정성을 담게 된다. 동그라미 호흡과 포물선 대화로 시청자와의 공감대 형성과 소통이 가능해진다. 전달력의 우위를 점유하는 건 더 말할 것도 없다.

보이스 스타일링을 일상 속에서 꾸준히 행하는 것만으로 유튜브를 성공적으로 운영할 수 있는 기본적인 토대가 마련된다. 보이스 스타일링이 왜 백만 구독자를 원하는 유튜버의 필수 조건인지 알 수 있다.

※ 이 책에서는 유튜버에게 적용되는 보이스 스타일링의 실제를 다루고 있다. 기본 원리에 대한 궁금증은 《말의 품격을 더하는 보이스 스타일링》(2018)을 참고하면 도움이 될 것이다.

보이스는 콘텐츠의 시작이다

동그라미 호흡을 장착한 콘텐츠로 어떤 효과를 볼 수 있을까? 우선 유튜브 채널의 구독자수를 늘리고 수익을 얻기 위한 직접적인 효과를 생각해볼 수 있다. 시청자를 내 콘텐츠의 세계로 이끌기 위해서는 먼저 나 자신의 호흡이 편안해져야 한다. 그래야 그들의 청각이 안정되며 내가 들려주는 이야기에 집중할 수 있다. 특히 실시간 스트리밍으로 진행되는 라이브의 경우라면 동그라미 호흡 훈련이 필수이다.

시각은 즉각적이지만
청각은 지속적이다

유튜브 동영상의 화면과 소리 중 어느 쪽이 시청자에게 더 빨리 다가갈까? 대부분 화면이 더 먼저라고 답할 것이다. 광속이 음속보다 빠르기 때문이다. 하지만 실제로도 그럴까? 내셔널 지오그래픽 채널에서 여러 사람을 대상으로 시각과 청각 반응속도를 비교하는 실험을 했다. 실험 방법은 다음과 같다. 먼저 사람들을 자리에 앉힌다. 사이렌이 울리면 소리를 듣자마자 자리에서 일어나라고 알려준다. 그다음엔 눈앞에 깃발을 들고 있다가 그 깃발이 위로 올라간 것을 발견하면 즉시 자리에서 일어나라고 알려 준다. 사이렌과 깃발을 각각 사용하여 위급상황임을 알렸을 때 그에 반응하는 사람들의 행동 속도를 측정해보기 위함이었다. 그런데 실험 결과가 놀랍다. 실험에 참가한 사람들 대부분이 사이렌 소리를 들었을 때 더 빨리 움직인 것으로 나타났다. 눈으로 깃발을 보았을 때보다 반응속도가 빠른 것이다.

왜 이런 일이 벌어진 걸까. 이유는 청각이 시각보다 반응속도가 빠르기 때문이다. 우리 뇌에서 각각의 감각을 느끼는 방식에는 차이가 있다. 사물의 모양을 본다는 것은 실은 사물에 반사된 빛을 보는 것이다. 빛은 눈으로 들어와 망막에 맺힌 후 시신경을 통해 뇌에 전달된다. 뇌는 입력된 사물의 모양에 대해 복잡한 정보처리 과정을 거쳐 정체를 알아낸다. 그런 과정을 거친 후에야 우리는 사물을 본다고 느끼게 된다.

소리는 진동의 형태이다. 귀로 들어오면 고막을 진동시키며 청각세포를 통해 뇌에 전달된다. 뇌가 소리를 인식하면 비로소 듣는다고 느끼는 것이다. 이때 소리가 잘 들리는 가까운 거리에서는 시각을 느끼는 데 걸리는 시간이 청각보다 오래 걸린다. 뇌에서 청각 정보를 처리하는 속도가 시각 정보를 처리하는 속도보다 빠르기 때문이다. 아주 미세한 차이이긴 하지만 유튜브 동영상을 볼 때 사람들은 화면보다 소리를 먼저 인지한다.

방송은 시청자의 이성보다 감성에 호소하는 경향이 있다. 살펴본 것처럼 소리는 화면보다 더 먼저 시청자의 감각에 다가간다. 소리가 콘텐츠의 첫인상일 확률이 높은 것이다. 똑같은 화면이라 해도 만약 좋지 않은 소리가 시청자의 불쾌감을 자극한다면 그에 의해 앞으로 진행될 동영상의 인상이 달라질 수 있다.

방송에서 첫인상은 상당히 중요하다. 첫 30초 내에 시청자의 주목을 끌지 못하면 채널이 돌아가기 마련이다. 수많은 드라마와 쇼, 교양 프로그램들이 이 법칙에서 자유롭지 못했다. 그것은 유튜브도 마찬가지이다. 검색에 의한 채널 선택권이 기존 방송과는 비교도 안 되게 넓다. 한 번 클릭했을 때 시청자의 관심을 사로잡아야 하는 이유가 훨씬 절박하다. 방송 시간이 짧은 콘텐츠라면 처음 시작하고 몇 초 이내에 승부를 봐야 할 수도 있다. 성공한 수많은 유튜버들은 영상을 구성할 때 두괄식으로 내용을 배치하라고 조언한다. 첫머리에 강한 기대감을 줘야 한다는 것이다. 그래야 시청자가 앞으로 진행될 콘텐츠에 집중하기 시작한다.

청각이 중요한 건 첫인상뿐일까. YTN 사이언스 채널에서는 또 다른 실험을 했다. A라는 사람에게 눅눅한 과자를 준다. 기대감에 과자를 와삭 씹어본 A는 실망하는 기색이 역력하다. 이때 똑같은 과자를 주며 이번에는 "바사삭!"하는 소리를 이어폰으로 들려준다. 그러자 재미있는 결과가 나타난다. 과자 맛이 정말로 바삭하게 느껴지는 것이다. 이처럼 청각은 사물을 느끼는 다른 감각에도 치명적인 영향을 준다. 똑같은 동영상을 보더라도 어떤 소리를 집어넣느냐에 따라 화면을 대하는 시청자의 느낌이 달라진다. 감성적인 측면을 자극하는 데는 시각보다 청각이 더 효과적일 수 있다.

▶️ 분위기를 확 바꾸는 소리의 위력

일상 속에서도 우리는 소리의 위력을 실감한다. 사람을 처음 만난다고 가정해보자. 카페에는 차분한 조명 아래 프랑소와즈 아르디의 상송이 흐르고 있다. 그가 말할 때마다 간간이 속삭이는 듯한 불어 발음이 끼어들어 배경으로 깔린다. 그런 상황이라면 사람 자체의 성향과 관계없이 그가 프랑스 영화의 배우처럼 각인될 수 있다. 소리가 사람의 이미지에도 영향을 주는 것이다.

동영상 콘텐츠를 만들 때도 영상에 클래식을 넣는지 혹은 랩을 넣는지에 따라 분위기가 확연히 바뀐다. 비 내리는 소리를 삽입하면 습기 어린 서정이 촉발된다. 계곡물 소리나 바람에 흔들리는 풍경소리를 덧입히면 깊은 산속에 들어온 것 같은 치유의 기분이 든다. 이 같은 소리의 특성을 적극적으로 활용하고 있는 분야는 광고 마케팅 쪽이다. 1인 채널 형식에서는 ASMR이 대표적이다. 참고로 ASMR은 자율감각쾌락반응Autonomous Sensory Meridian Response의 약자이다. 눈 밟는 소리, 빗소리, 종잇장 넘기는 소리, 토닥거리는 소리, 속삭이는 말소리 등에서 심리적 안정감의 반응이 이끌어내지는 현상, 또는 그런 소리를 담은 동영상 등을 말한다. 의학적 근거는 아직 없으나 불면증과 불안 증세 등에 효과가 있다고 알려져 있다.

또한 동일한 화면을 보더라도 소리의 유무에 의해 시청자가 받아들이는 내용이 달라진다. 소리를 뺀 상태와 소리를 넣은 상태는 사람의 감각에 다르게 다가간다는 다양한 연구결과가 있다. 예를 들어 공포영화를 볼 때 소리를 무음으로 바꾸면 공포감이 덜하다. 이처럼 청각으로 전달되는 소리는 콘텐츠의 내용과 질, 효용 등을 좌우한다.

▶ 구독자를 사로잡는 마력, 소리에 비밀이 있다

유튜버가 필수적으로 주목해야 할 청각의 특성이 또 하나 있다. 화면에 비해 소리는 오래도록 기억에 남는다는 점이다. 눈으로 영상을 볼 때를 떠올려보자. 우리는 한눈에 많은 정보를 파악한다. 그러나 과학적으로 밝혀진 바에 의하면 영상으로 본 내용은 1초 정도의 시간이 흐르면 잊힌다. 눈으로 본 것은 한꺼번에 여러 가지를 알 수 있지만 기억에 오래 남지는 않는다. 반면 소리로 들은 것은 그보다 약 다섯 배 정도의 기억 지속력이 있다. 시각은 즉각적이지만 청각은 지속적이다.

그러한 청각적 특성이 왜 유튜버에게 특별히 중요할까. 채널 시청 중에는 동영상을 끝까지 보도록 집중력을 유지시켜야 한다. 동영상을 계속 보도록 만드는 요인은 여러 가지가 있다. 집중력이 약해질 때쯤 한 번씩 빵 터지는 재미요소를 넣을 수도 있다. 시청자가 이탈하는 시점을 데이터로 분석하여 그때마다 호기심을 자극하는 내용을 배치하는 것도 요령일 것이다. 이때 지속력이 뛰어난 청각적 요소를 활용한다면 보다 효과적일 것이다.

채널을 돌리지 않고 끝까지 보게 만드는 지속성은 수익 측면에서 볼 때도 중요하다. 유튜브 알고리즘은 단순히 조회수만으로 해당 유튜브 채널의 광고 적합성을 판단하지 않는다. 들어와서 얼마나 오래 방송을 지켜보았는가가 중요한 평가 지표이다. 이런 평가에 의해 유튜버의 광고 수익이 달라진다는 건 잘 알려진 이야기이다. 또한 한 편의 동영상을 보고 난 후에는 다음 편을 보고 싶다는 지속적인 호감을 기억 속에 각인시켜야 한다. 한 번 본 콘텐츠의 후속 편을 다시금 이어 보고 싶게 만든 결과가 '구독'이다. 감성적 호감은 다음 편을 또 보기 위해 구독 버튼을 누르게 만드는 핵심요인이다. 백만 이상의 구독자수를 확보하고 싶다면 감성을 자극하는 시청자의 청각을 적극 공략해야 한다.

목소리는 사람을 끄는 가장 매력적인 요소 중 하나이다. 연기력이 뛰어난 배우들은 외모보다 목소리에 역점을 두는 경우가 많다. 배우의 힘은 목소리에서 나온다는 걸 잘 알기 때문이다. 아무리 잘 생겼다 해도 목소리가 '깬다' 싶으면 호감도가 떨어진다. 반대로 외모가 뛰어나진 않지만 중후하고 신뢰감이 있거나 감미로운 목소리의 배우는 시청자가 다시 한번 돌아본다. 그리고 그의 연기를 눈여겨보게 된다.

우리나라 연기자 중 목소리가 매력 있는 배우로는 성우 출신인 한석규를 꼽을 수 있다. 이병헌과 유지태, 박신양 등도 중저음의 남성적 매력이 돋보인다. 드라마 〈구르미 그린 달빛〉의 주인공 박보검 역시 외모 못지않은 보이스 파워로 시청자의 귀를 사로잡은 배우이다. 그의 음성적 매력에 관해 과학적 분석을 시도한 논문이 있어 눈길을 끈다.

〈한국 배우 박보검의 발성 분석〉 연구[배지혜 外 2인, 2017]에 따르면 그의 인기 비결은 역할에 걸맞은 외모뿐 아니라 목소리 발성의 매력도 한몫했다. 분석 결과 그는 안정적인 목소리를 시청자에게 전달할 수 있는 성대 진동 주파수 특성을 가지고 있었다. 또한 느린 속도로 천천히 말하며 매 음절마다 또박또박 발음을 구사했다. 비음 섞인 매끄럽고 부드러운 목소리가 시청자에게 호감을 주고 있다는 점도 적고 있다. 이처럼 방송 콘텐츠 성공에서 출연자의 목소리가 차지하는 비중과 효력은 과학적으로 입증될 만큼 객관적 타당성을 인정받고 있다.

1인 방송 콘텐츠에서 목소리는 실질적으로 어떤 역할을 할까. 방송의 소리는 음악과 음향, 그리고 음성으로 구분된다. ASMR이나 음악 전문 채널을 제외하고는 1인 채널 방송의 대부분이 음성, 즉 목소리에 의존한다. 진행자와 패널의 멘트나 내레이션, 드라마의 대사 등 기존 방송에서 목소리에 의한 말의 비중이 큰 것과 마찬가지이다. 1인 채널에서는 여러 사람이 나눠 맡던 말을 혼자 다 해내야 하는 차이가 있을 뿐이다.

한동안 먹방이 지상파와 케이블 방송, 종편 등의 방송 콘텐츠를 장악했으나 최근엔 듣방이 대세이다. 대중에게 보이스의 위력이 맹위를 떨치고 있다. 사람들은 왜 목소리에 열광할까. 예전에는 시각적인 면이 대중의 눈길을 끌었다. 배우도 잘 생기고 화려한 외모를 갖춰야 했다. 그런 외모에 어울리는 번듯한 이미지가 필요했다. 이미지에 걸맞은 목소리를 위해 성우가 더빙을 하던 때도 있었다. 바깥세상에서는 자유분방한 삶을 누리는 배우라 해도 카메라 앞에서는 모범적이고 아름다운 모습만 보여야 했다.

요즘은 트렌드가 달라졌다. 사람들은 짜 맞춘 듯한 외형을 가짜라 여긴다. 연출된 우아함보다는 망가진 소탈함에서 인간미를 느낀다. 대본대로 움직이는 가상의 역할에서 볼 수 없는 연예인 개인의 가족사에 열광한다. 그들이 시골이라는 불편한 환경에서 좌충우돌 삼시 세끼 밥을 해결하는 고충에 공감하며 박수를 보낸다. 홈쇼핑도 예전에는 매끈한 말이 선호되었으나 지금은 달라졌다. 소비자는 인위적으로 톤을 높여 말하는 쇼핑 호스트에게 이질감을 느낀다. 내 얘기를 하듯 진솔하게 표현하는 호스트가 호감을 준다. 그로 인한 신뢰감이 판매량을 급증시키고 있다.

화면 속 연예인뿐 아니라 상업적 목적을 지닌 출연자에게조차 솔직하고 진정성 있는 모습을 갈망하게 된 것이다. 드라마든 교양이든 쇼 프로그램이든 웬만해서는 감동을 받지 않는다. 속 깊은 진정성으로 다가가지 않고서는 그들을 웃기고 울릴 수 없다.

듣방이 강세인 이유도 거기에 있다. 사람들은 출연자의 목소리를 통해 꾸밈없는 그들의 내면과 직접 만나고 싶어 한다. 내면을 표현하는 데 목소리만큼 직접적이고 적합한 것이 또 있을까. 청각을 통해 전해지는 목소리는 보다 본능적인 감각을 자극한다. 진동하며 전달되는 목소리의 파장이 우리 몸 안의 세포들과 공명을 일으켜 이성이 판단하기 전에 감성을 움직인다. 진심을 담는다는 것은 온몸의 에너지와 기운을 싣는 일이다. 내면의 진심이 담긴 목소리는 깊이 있고 울림이 크다. 그 끝을 짐작하지 못할 만큼 한계가 없다. 겉치장의 허울이 끼어들 틈새가 없으니 말하는 이의 마음과 듣는 이의 마음을 직접 연결시켜준다. 이처럼 내면의 진정성을 장착하여 상대의 마음을 움직이는 일, 그것이야말로 시청자의 청각을 사로잡는 목소리의 강력한 힘이다.

03

목소리는 호흡을 통한
몸과 마음의 반영이다

목소리의 출발점은 호흡이다. 목소리는 호흡을 이용하여 성대가 울리며 나는 소리이기 때문이다. 좀 더 구체적으로 살펴보자. 소리란 본래 물체가 진동하며 발생하는 것이다. 기타를 친다고 가정해보자. 손가락으로 튕기면 기타 줄이 진동하며 소리를 낸다. 북의 경우도 마찬가지이다. 북채로 때리거나 손으로 두드리면 소리가 나며 표면이 떨리는 모습을 볼 수 있다. 우리 목 안의 성대는 두 개의 얇은 근육막으로 되어 있다. 목소리를 내기 위해서는 호흡으로 생겨나는 공기의 흐름, 즉 기류를 사용해서 성대를 진동시켜야 한다. 목소리를 내는 데는 호흡이 필수요소인 것이다.

호흡은 본래 생명을 유지시키는 중요한 역할을 한다. 들숨과 날숨으로 이루어진다. 들숨을 통해 몸속에 들어온 산소는 폐 속에서 만난 혈액을 타고 온몸의 조직 세포로 보내진다. 이렇게 전달된 산소는 세포 내에서 영양소와 만나 몸의 생명활동에 꼭 필요한 에너지를 만든다. 그 과정에서 배출되는 이산화탄소는 다시 혈액에 실려 폐로 가고 날숨을 통해 바깥으로 배출된다.

호흡이 제대로 이루어지기 위해서는 호흡기와 심혈관계가 정상적으로 작동해야 한다. 영양소를 만들기 위한 소화기관의 작용도 관계된다. 호흡을 이용하여 목소리를 내려면 발성, 발음 기관을 거쳐야 한다. 몸에서 일어나는 모든 생명 활동이 그렇듯 목소리 역시 몸 전체의 유기적이고 총체적인 구조와 작용이 복잡하게 얽혀있다. 그런 까닭에 목소리 속에는 여러 가지 생체 정보가 들어있다. 목소리만 들어도 우리는 그 사람의 생김새, 신체 내 외부 구조는 물론 연령대와 건강상태, 심지어 성격 등을 알 수 있다. 호르몬에 관한 정보를 알아챌 수도 있다. 여성은 남성의 목소리만 들어도 그가 테스토스테론 수치가 높은지 아닌지를 본능적으로 판별한다. 이에 관해서는 숱한 연구가 있어왔다. 테스토스테론은 남성을 더욱 남성답게 만드는 호르몬이다. 뿐만 아니다. 목소리를 들으면 심리상태를 알 수 있다고도 한다.

바로 뒤에 자세히 다룰 것이지만, 성우로서 늘 호흡을 이용하여 말을 하는 우리는 몸과 마음, 목소리가 호흡을 통해 하나로 연결되어 있다는 사실을 누구보다 자주 체감한다. 몸의 컨디션이 좋을 때면 '내 호흡의 백 프로를 꺼내 쓰는구나'라고 느낀다. 그러나 '아, 내가 호흡을 90프로밖에 안 쓰고 있구나'라는 생각이 들면 그건 몸이 안 좋거나 심리적으로 다운되었다는 걸 의미한다. 감기가 들었든지 정신적, 육체적 피로가 풀리지 않았을 때다. 그럴 때면 목소리를 억지로 만들어내기 위해 자기도 모르게 목에 힘이 주어진다. 몸과 마음에 문제가 없다면 호흡이 원활할 수밖에 없다. 반대로 호흡이 잘 이루어지면 몸도 마음도 가뿐하다. 호흡의 힘이 만들어내는 목소리에 에너지가 넘치게 된다.

이처럼 목소리에는 몸과 마음의 상태가 깃든다. 그리고 그 매개가 되는 것이 호흡이다. 목소리는 호흡을 통한 몸과 마음의 반영인 것이다. 건강한 몸과 마음이 원활한 호흡과 좋은 목소리의 토양이 되듯, 훈련을 통해 호흡을 강화하거나 조절하면 몸과 마음의 상태를 개선하고 목소리의 변화를 이룰 수 있다. 또한 호흡 훈련에 익숙해지면 자유자재로 목소리에 생각과 느낌을 실을 수 있다. 과학 실험 콘텐츠에는 호기심에 가득 찬 탐구정신을, 보도성 콘텐츠에는 객관적이고 합리적인 이성을 담을 수 있다. 먹방처럼 감성 반응이 필요할 때는 또 그에 맞게 내 목소리를 조절하면 된다. 내 몸과 마음의 에너지를 모두 모아 진심을 다한다면 그 어떤 장르라 해도 진정성 있는 멘트가 가능하다.

▶️ 자기만의 목소리를 찾고 싶다면

목소리와 말에 진정성을 담아 소통을 이루는 과정이 바로 앞 장에서 언급했던 보이스 스타일링이다. 그렇다면 구체적으로 어떻게 해야 내면의 진정성을 목소리에 담을 수 있을까. 음악과 음향은 음향기기를 보강하면 해결된다. 그러나 목소리의 경우는 다르다. 좋은 기기를 쓰면 음질이 향상될 뿐이다. 진심을 담아내려면 우선 자기 자신이 확립되어 있어야 한다.

내가 뭘 좋아하고 무슨 생각을 하는지, 나는 어떤 사람인지에 대한 차분한 성찰이 필요하다. 먼저 나를 알고 내 본모습과 나만의 목소리를 찾아야 상대에게 들려줄 내 말의 콘텐츠가 채워진다. 더욱이 1인 방송은 개인의 퍼스널리티가 극대화된 채널이다. 진정한 나를 찾는 과정을 통해 자기 방송의 정체성이 명확해질 수 있다. 수많은 유튜버가 실패하는 가장 큰 이유 중 하나는 모호한 정체성이다. 먹방이 잘나가는 거 같으니 대충 흉내 내고 언박싱과 뷰티가 대박 난다고 그대로 따라 하다간 수익의 시작점인 조회수 천 명을 달성하기도 힘들다. 스스로 진심으로 몰두해서 이해하지 못한 분야에 진정성이 머물 리 없다. 다음으로는 말뿐인 말이 아니라 생각과 실행이 담긴 말의 습관을 길러야 한다. 동시에 상대를 배려하는 따뜻한 마음으로 소통을 이뤄야 한다. 이 장에서는 그중 첫걸음인 자기 자신의 목소리를 찾고 정체성을 정립하는 방법에 대해 알아보자.

04

말하기 호흡의 기본은 복식호흡이다

우리가 가르쳤던 초보 유튜버 정소윤가명·32세 씨는 이란성쌍둥이를 키우는 새내기 엄마였다. 두 돌이 안 된 아이들이 자라는 과정을 영상으로 남기고 싶어 유튜브에 개인 일상을 올리기 시작했다. 방송을 만들어보니 어려운 점이 한 둘이 아니었다. 특히 화면 속에서 계속 말을 이어가는 게 쉽지 않았다. 목소리와 말하기에 대한 전반적인 것이 궁금해졌고 우연찮은 기회에 보이스 스타일링 수업에 참여하게 됐다.

상담을 위해 이야기를 나누며 살펴보니 소윤 씨의 말은 얼굴 발성에 의해 이루어지고 있었다. 주로 코에 의존하는 소리였다. 그 결과 소리인지 말인지에 대한 구분이 모호했다. 상대가 있어 서로 대화를 한다기보다 혼잣말에 가까웠다. 듣기에 따라서는 억지로 말하고 있다는 인상을 줄 수 있었다. 평상시에 말을 많이 하면 목이 아프다고도 했다. 전달력 있는 유튜버가 되기 위해 소윤 씨가 가장 먼저 신경 써야 할 부분은 어떤 것일까.

▶ 호흡만 바꿔도 목소리가 좋아진다

소윤 씨에게 필요한 것은 제대로 된 호흡법이다. 다시금 상기해보자. 목소리는 호흡에 의한 공기의 움직임이 후두에 자리한 성대를 떨게 하여 만들어낸 소리이다. 그렇게 소리를 생성시키는 생리적인 과정을 발성發聲이라고 한다. 그렇다면 말은 어떤 과정을 거쳐 입 밖으로 나올까. 발성에 의해 만들어진 원음의 목소리는 소리의 길聲道인 목구멍, 입안, 콧속, 입술과 이 부분 등을 거치며 변형과 울림이 생긴다. 이때 소리의 변화를 가져오는 성도의 모양 변화는 목젖, 혀, 입천장, 입술, 치아, 잇몸 등 발음부의 움직임을 통해 이루어진다. 한 마디로 요약하자면 말은 호흡에 의해 만들어진 목소리 원음이 성도를 통과하며 생기는 울림과 혀 등 발음부의 움직임에 의해 변형되고 세분화되어 나오는 소리이다.

말의 기초인 목소리 원음은 호흡에 의한 공기의 흐름이 없으면 존재할 수 없다. 호흡은 말을 잘하기 위한 기본이고 전제조건이다. 기초공사가 잘되어 있어야 견고하고 내구성 있는 집을 지을 수 있다. 호흡이 원활해지면 말은 저절로 따라온다.

하지만 사람들은 호흡의 중요성을 모른다. 호흡을 잘 운용하지 못하고 단순히 성대에서 나오는 소리와 입, 콧소리 등을 이용하여 손쉽게 말한다. 그러다 보니 말하는 도중 숨이 차서 말이 끊기고 말끝이 짧아지는 불완전한 말하기가 일상화되어 있다. 그런 방식의 말하기로는 자신의 의사를 온전히 상대에게 전하기 어렵다. 생각과 느낌을 실어 말하는 건 더더욱 어렵다. 말하는 이도 불편하고 듣는 상대방도 귀에 거슬린다. 이른바 '생목'으로 말하는 것이기 때문에 성대에 무리가 가서 조금만 말을 해도 목이 피곤해진다.

공기의 흐름을 만들어 성대를 떨리게 만들어줘야 하는데, 이러한 호흡 없이 힘으로 성대를 사용하려니 그럴 수밖에 없다. 목소리가 나는 원리를 고려하지 않은 편법 같은 말하기이다. 오래도록 그 같은 말하기를 지속하면 성대를 상하게 하여 성대 결절을 일으키기 쉽다. 소윤 씨뿐 아니라 그동안 가르쳤던 수강생의 대부분은 목과 얼굴에서만 발성이 이루어졌다. 목 발성이 습관이 되어 아예 허스키한 목소리로 변한 예도 적지 않았다.

호흡은 들숨과 날숨으로 이루어진다. 그중 우리가 말을 할 때 사용하는 것은 주로 날숨이다. 들숨을 사용하는 말소리도 존재하긴 한다. 코이산어족에 속한 언어에서 자주 쓰이는 흡착음의 경우이다. 흡착음은 설타음舌打音으로도 불린다. 먼저 입천장과 혀, 이, 입술 등 조음 기관을 이용해 구강 일부를 진공상태로 만든 후 급격히 숨을 들이마실 때 나오는 소리이다. 진공상태의 병마개 따는 소리를 떠올려보면 이해가 쉽다. "쯧쯧"하며 혀를 차는 소리나 입맞춤할 때 나는 소리 등이 있다. 우리가 잘 아는 아프리카 부시맨 종족이 쓰는 언어도 이에 포함된다. 하지만 극소수가 사용하기 때문에 일반적이진 않다.

호흡을 사용해 말을 하려면 구체적으로 어떻게 해야 할까? 어렵지 않다. 날숨에 편안하게 말을 얹으면 된다. 말은 목이나 얼굴에서 억지로 만들어내는 것이 아니다. 호흡을 이용하면 목이 아플 이유가 없다. 성대에 무리를 주지 않기 때문이다. 평생 숨을 쉰다 해도 호흡기관이 상하지 않는 것과 같은 이치이다.

호흡에도 여러 종류가 있다. 그중 대표적인 것은 가슴 부위에서 이루어지는 흉식호흡과 복부를 이용하는 복식호흡이다. 흉식호흡은 가슴호흡이라고도 불린다. 갈비뼈가 주변 근육의 수축과 이완을 통해 위아래로 움직이며 가슴 부위 내 공간이 넓어지는 것으로 호흡이 이루어진다.

복식호흡은 주로 횡격막의 수축을 통해 이루어진다. 횡격막은 가슴과 배를 구분해주는 단단한 근육막이다. 수축과 이완을 반복하며 호흡이 원활하게 이루어지도록 돕는다. 위로 볼록한 모양이지만 숨을 들이쉴 때는 수축하여 평평한 모양이 된다. 그러다 숨을 내쉬면 이완되며 다시 원상태로 돌아간다. 이런 변화가 일어나는 이유는 호흡을 통해 폐에 충분한 공기가 들어올 수 있도록 가슴 내 공간을 확보하기 위해서이다.

복식호흡을 할 때는 복부의 근육을 사용하여 횡격막을 더욱 밑으로 수축시키게 된다. 이때는 평평한 모양을 넘어 밑으로 볼록하게 변한다. 그런 상태가 되면 흉식호흡 때보다 더 많은 공기를 수용할 수 있다. 대신 뱃속의 장기에 압력이 가해지면서 배의 앞부분과 옆구리가 밖으로 확장되는 모습을 볼 수 있다.

흉식호흡으로는 자유롭게 말하기 위해 충분한 호흡량을 확보하기 어렵다. 깊숙한 호흡이 아니어서 공기 흡입과 배출량이 상대적으로 적다. 흉식호흡의 날숨에 말을 실으면 중간에 숨이 차서 다시 들이쉬어야 하는 경우가 많다. 그로 인해 말이 짧아지고 툭툭 끊긴다. 성량도 적어지고 성대의 윗부분만 사용하게 되어 제한된 소리로 말할 수밖에 없다. 내 의도대로 말을 운용하지 못하니 전달력에 문제가 생긴다.

그에 비해 복식호흡은 깊은 호흡이다. 호흡량이 풍부하여 목소리와 말의 속도를 마음대로 조절할 수 있다는 장점이 있다. 또한 성대를 모두 사용할 수 있어 높낮이 조절도 가능하다. 몸통 전체가 공명기관이 되어 소리가 깊고 풍성해진다. 한 번에 유입되는 많은 양의 공기로 강한 압력을 만들 수 있기 때문에 목소리에 힘이 생긴다. 그뿐 아니다. 복식호흡은 우리의 몸과 마음에 여러 모로 유익하다. 복식호흡을 꾸준히 실행하면 우선 심리적 안정과 함께 집중력이 높아진다. 스트레스와 불안감이 해소되고 혈액순환이 활발해져서 피로에 지친 몸을 회복시켜준다. 또한 장의 운동을 자극하여 소화와 흡수를 돕고 변비를 예방한다. 그렇게 편안해진 몸과 마음이 다시 호흡을 원활하게 만들어 좋은 목소리의 기초가 된다. 복식호흡에 의해 건강해진 몸과 마음이 또다시 제대로 된 호흡과 발성, 발음으로 이어지는 선순환이 일어나는 것이다.

▶ 자신의 말하기 호흡을 찾아라

보이스 스타일링은 그처럼 이점이 많은 복식호흡을 기본으로 한다. 복식호흡의 날숨을 이용해 말하는 것을 보이스 스타일링에서는 '말하기 호흡'이라 부른다. 말하기 호흡을 실행하기 위해서는 제일 먼저 자신의 호흡 리듬을 찾아야 한다. 호흡량과 속도를 스스로 느껴봐야 한다. 사람들은 각기 다른 호흡 패턴을 지녔다. 얼굴이 다르듯 신체 내부 구조나 몸집도 다르다. 연령과 성별, 살아온 습관에도 차이가 있다. 그에 따라 호흡이 다 다르다. 날숨이 짧은 사람도 있고 긴 사람도 있다.

자신의 호흡을 느껴보는 방법은 어렵지 않다. 우선 자리에 누워 편안한 마음으로 호흡이 이루어지는 코에 집중해본다. 내 들숨과 날숨이 짧은지 긴지, 아니면 촉박한지 여유로운지가 느껴질 것이다. 호흡에만 생각과 마음을 기울이다 보면 잡념이 사라진다. 머리와 마음속을 복잡하게 했던 숱한 바깥세상의 일들에서 벗어나 어쩌면 이제까지 한 번도 차분하게 집중해 바라보지 못했던 '나'라는 사람의 존재감이 느껴지기 시작할 것이다. 호흡과 함께 현재 살아 숨 쉬는 나, 그것이 바로 나다.

남과는 다른 나만의 호흡을 느끼는 것은 나를 찾기 위한 시작이다. 호흡은 내 생명이 깃드는 출발점이다. 나만의 특성과 개성을 만드는 유전인자의 발현이 호흡을 통해 이루어진다. 한 번 한 번의 들숨과 날숨은 내 생명됨의 시작이고 실현이며 마무리이다. 내 생각과 느낌도, 그리고 그것을 담아내야 할 목소리도 호흡이 없으면 불가능하다. 목소리와 말에 진정성을 담아 소통을 이루는 모든 과정도 시작은 호흡이다. '내 호흡'에 집중하는 것은 그런 모든 사실을 일깨워준다. 그리고 그런 사실을 '알아채는' 일이 바로 '말하기 호흡'의 시작이다.

내 호흡을 감지하였다면 다음 단계는 본격적인 복식호흡 연습이다. 복식호흡의 속도는 내 호흡의 리듬에 맞춰 실행해야 한다. 복식호흡 역시 익숙해질 때까지는 편안하게 누운 상태에서 시작하는 편이 좋다. 등을 바닥에 대고 누운 자세에서는 온몸이 이완되며 힘을 뺀 자연스러운 호흡이 가능하다. 복식호흡을 시작하기 위해서는 우선 새롭고 신선한 공기를 들이마신다는 기대감으로 남아있는 호흡을 뱉어낸다. 그다음 코로 빠르게 숨을 들이마신다. 이때 숨이 배를 가득 채우고 턱 밑까지 차올라왔다는 느낌을 받을 정도까지 들이마셔야 한다. 배가 빵빵해져서 눈으로 확인할 수 있을 정도가 되면 숨을 잠시 멈춘다. 그 후 최대한 천천히 숨을 내뱉기 시작한다.

　이를 다시 정리해보면 다음과 같다.

 복식호흡의 5단계

❶ 남아있는 호흡을 뱉어낸다.

❷ 코로 빠르게 숨을 들이마셔 배에 차오르도록 한다.

❸ 배가 불룩해질 정도가 되면 숨을 잠시 멈춘다.

❹ 배에 가득했던 숨을 '스' 소리를 내며 입으로 천천히 내쉰다.

❺ 배에서 호흡이 완전히 빠지면 다시 코로 숨을 들이마시며
　위의 과정을 반복한다.

복식호흡을 충분히 연습했으면 이제는 본격적으로 날숨에 말을 얹는 연습에 들어갈 차례이다. 그런데 그전에 먼저 알아두어야 할 것이 있다. 말이 입 밖으로 나오기 위해서는 호흡으로 생긴 원음의 목소리가 성도의 공명과 발음부의 조음에 의해 발음되어야 한다. 이 과정에서 오해가 생기기 쉽다. 사람들은 호흡과 발성과 발음이 각각 따로 있다고 착각한다. 그러나 말의 발생에 대해 적은 내용은 그 원리를 밝히기 위해 편의상 각 과정을 따로 구분해 놓았을 뿐이다. 실제의 말하기에서는 그 모든 과정이 하나가 되어 이뤄진다.

이렇게 설명해도 쉽게 납득이 가지 않을 수 있다. 평소 말할 때 호흡, 발성, 발음의 일치가 안 되고 있기 때문이다. 많은 사람들이 호흡 발성이 아닌 얼굴 발성을 한다. 얼굴 발성이란 호흡을 쓰지 않고 얼굴 위의 한 부분인 코 등을 이용해 소리를 내는 것이다. 이 경우, 말에 비음이 섞이게 된다. 앵앵거리는 가벼운 콧소리를 떠올려보자. 오래 대화하다 보면 듣는 사람이 답답해진다. 이런 유형의 특징이 있다. 말을 할 때 조음 기관이 거의 움직이지 않는다. 소리가 입안보다 윗부분인 코에 집중되면서 혀나 입술 같은 다른 부위가 할 일을 잃은 것이다.

▶️ 웅얼거리던 목소리가 또렷하게 들리기 시작한다

주부 한수현가명·35세 씨는 필라테스 영상으로 좋은 반응을 얻기 시작한 유튜버 2년 차이다. 좀 더 매끄럽고 안정된 말투로 방송을 이끌어가고 싶지만 쫓기듯 불안한 멘트가 스스로 불만이었다. 상담을 진행해 보니 축농증이 있는 것처럼 비음이 심했다. 발음도 부정확했고 높낮이 없이 빠르게 흐르는 말투였다. 말을 할 때 입술이 안 움직인다는 특징도 있었다.

진단 결과 수현 씨는 호흡 없이 얼굴 발성을 하는 전형적인 예였다. 코에서만 소리가 이루어지니 다른 조음 기관들이 정확한 발음을 만들어내지 못하는 게 당연했다. 그런 습관이 오래되어 조음 기관이 굳어있었다. 우리 몸은 잘 쓰지 않는 근육이나 조직, 기관을 퇴화시키는 특성이 있다. 말을 할 때 입술이 움직이지 않게 된 이유이다. 또한 호흡이 불안정하니 말투가 빨라질 수밖에 없었다. 언제 숨이 차 끊어질지 모르는 말과 불분명하게 빨리 흘러가는 멘트 방식은 유튜버로서는 치명적 약점이 될 수도 있다.

이런 경우 말하기 호흡으로 호흡량에 여유를 주고 혀와 입술 등이 잘 움직일 수 있는 조음 환경을 만들어주면 말이 확연히 달라진다. 조음 기관이 적극적으로 활동하기 시작하면서 인두강, 구강, 비강 등 세 공간의 울림을 통해 소리가 변화한다. 발음도 명확해진다. 비음이 싹 사라진다. 말하기 호흡만 열심히 했을 뿐인데도 "전 비음이 너무 심해서요", "말을 많이 하면 코가 아파요", "축농증 같은 소리가 나요" 같은 하소연이 단번에 교정된다. 말하기 호흡을 하면 호흡, 발성, 발음을 따로 떼어 생각하고 개별적으로 적용하느라 머리가 복잡해지는 일이 없다. 세 가지 요소가 말하기 호흡을 매개로 연결되어 있어 간단하고 단순하게 해결된다. 수현 씨 역시 복식호흡의 날숨에 말을 싣는 말하기 호흡의 적용과 훈련으로 멘트의 질이 현저히 개선되었다.

이제는 날숨에 말을 실어보자. 호흡을 이용해 말하라고 하지만 사람들은 구체적으로 어떻게 하는지 모른다. 날숨에 말을 얹으라고 해도 날숨이 나오는 순간을 놓친다. 그래서 우리는 일반인들이 말하기 호흡에 쉽게 다가갈 수 있도록 잠시 의식을 속이는 방법을 사용하고 있다. 호흡을 사용하지 않고 목 발성을 할 때 사람들은 목에 힘을 주게 된다. 그렇게 되면 성대에서는 어떤 일이 일어날까. 성대는 얇은 막처럼 생긴 두 개의 근육이라는 사실을 기억해보자. 평소에는 날숨이 잘 빠져나갈 수 있도록 열려 있다. 그러다 목소리를 내야 할 때는 두 개의 근육이 닫히며 호흡의 날숨으로 인해 생긴 공기의 압력에 의해 진동이 일어난다.

목 발성은 힘을 이용해 강제로 성대를 닫고 떨게 하여 소리를 발생시킨다. 그렇게 되면 호흡을 이용한 자연스러운 발성 때와는 달리 날숨에 말을 싣는 것 자체가 어려워진다. 그런 이유로 날숨을 이용한 호흡 발성을 위해서는 목에 들어가는 힘을 빼야만 한다. 하지만 버릇처럼 해왔던 일을 한 순간에 고치긴 어렵다. 힘을 주지 말라고 하면 신경이 쓰여 더 경직되기 마련이다.

말하기 호흡 훈련에서는 말할 때 목에 힘이 들어가지 않도록 독특한 방법을 사용한다. 말하기 전에 먼저 입으로 **"스-"**라는 소리가 나도록 호흡을 내뿜는 것이다. 이런 훈련을 하면 본인이 자신의 날숨을 확실히 느낄 수 있다. '호흡은 이렇게 나오는 거다', '그 다음에 여기에 말을 싣는다'하는 사실을 체감하여 말하기 호흡을 실행할 수 있다.

여기엔 숨은 원리가 있다. "**스-**"라는 음은 호흡이 나오는 소리지만 동시에 무성음이다. 무성음이란 성대가 움직여지지 않는 소리를 의미한다. 우리말 자음의 ㄱ, ㄷ, ㅂ, ㅅ, ㅈ, ㅊ, ㅋ, ㅌ, ㅍ, ㅎ, ㄲ, ㄸ, ㅃ, ㅆ, ㅉ이 이에 속한다. 그중에서도 시옷은 호흡이 입 밖으로 새어 나오는 것을 극명하게 알 수 있는 임팩트 있는 음이다. "**스-**"라고 소리 낼 때는 혀끝과 위 앞니 뒤에 맞닿은 잇몸 사이가 좁혀지며 입 밖으로 빠져나가는 호흡의 밀도가 높아진다. 그로 인해 날숨의 존재감을 한층 강하게 느낄 수 있다. 들숨 후 "안녕하세요"라는 말을 한 번 해보자. 대부분의 경우는 먼저 목에 힘이 갈 것이다. 하지만 "**스-**"라는 소리와 함께 날숨을 느끼다가 "안녕하세요"라고 말하면 말을 호흡 위에 싣는다는 게 어떤 느낌인지 잘 알 수 있을 것이다.

 날숨에 말 얹기

❶ 편안하게 복식호흡을 시작한다.

❷ 날숨의 순서에서 "스-"라는 소리를 내며 숨을 내뿜는다.

❸ 연습 초기에는 ❷를 몇 차례 반복하며 날숨이 어떤 것인지 느껴본다.

❹ 날숨이 시작될 때 "스-"하고 숨을 내뿜다가 "안녕하세요" 같은 짧은 문장의 말을 그 숨 위에 가볍게 얹어본다.

❺ 좀 더 익숙해지면 본격적으로 긴 예문을 읽는 연습에 들어간다.

　여기서는 복식호흡 순서에서 본 것처럼 들숨이 아니라 날숨을 먼저 시작하는 게 하나의 요령이다. 대부분의 사람들은 호흡을 잘하다가도 말을 해야 한다고 마음먹으면 나도 모르게 긴장하게 된다. 그 결과 제대로 숨을 들이마시지 못할 수도 있다. 들숨이 부족하면 날숨도 짧아져 말을 싣는 타이밍을 놓칠 수 있다. 그러나 먼저 날숨을 충분히 뱉으면 몸에서는 일종의 반작용으로 깊은 숨을 들이마시게 된다. 호흡량이 충분해지는 것이다. 날숨을 먼저 내뿜는 이유는 바로 그런 효과를 노린 것이다.

　그렇다면 평상시에도 말을 할 때마다 이런 방법을 써야 할까? 당연히 그렇지 않다. 보통 때는 그냥 편하게 말을 하면 된다. 이 방법은 훈련을 위한 것이다. 날숨을 먼저 느끼고 말을 하는 훈련을 반복하다 보면 내 몸에 익숙해지는 순간이 온다. 의식하지 않고 말해도 몸이 저절로 알아서 실행할 정도로 꾸준한 연습을 통해 체화되어야 한다. 그게 얼마나 빨리 가능한가는 본인의 노력에 달려있다. 훈련의 강도나 횟수가 거듭될수록 말을 할 때 호흡을 더 많이 쓰게 될 것이다. 그렇게 점점 좋아지다가 어느 순간 완벽한 말하기 호흡이 가능해진다.

앞장에서 이야기했던 것처럼 방송 콘텐츠는 영상과 오디오로 이루어진다. 그러나 먹방, 게임, 뷰티, 키즈, 영화 리뷰 등 시청자에게 친숙한 많은 유튜브 방송 프로그램은 크리에이터의 방이나 그 외의 일상 공간, MCN의 스튜디오 같은 한정된 장소에서 촬영된다. 1인 진행 형식이 많아 영상이 단조로운 경우가 많다. 자연스레 시청자들은 시각적 변화보다는 유튜버의 진행 멘트에 집중하게 된다. 책 속의 한 구절을 읽고 이야기를 풀어가는 형식이나 영화 리뷰 채널 같은 경우는 유튜버의 멘트가 적어도 콘텐츠의 절반 이상 혹은 70~80%를 차지한다. 음성 콘텐츠가 전체 내용을 좌우할 수 있다는 이야기다.

카페에서 사람을 만나 대화를 나누는 상황을 떠올리면 이해가 쉽다. 그가 오늘 입은 의상, 헤어스타일, 화장법에 눈길을 주고 표정이 밝아졌다든지 평소보다 예쁘거나 잘생겨 보인다고 느끼는 건 찰나의 순간에 지나지 않는다. 이후는 두 시간이든 세 시간이든 그날의 미팅이 끝날 때까지 서로 상대가 하는 말의 내용과 느낌에 집중하게 된다.

복식호흡과 함께 날숨에 말을 싣는 제대로 말하기 훈련, 즉 보이스 스타일링 훈련이 된 사람과 안 된 사람의 전달력 차이는 당연히 날 수밖에 없다. 보이스 스타일링을 목소리와 말에 장착하면 생각과 느낌을 비롯한 진정성을 오롯이 담을 수 있으니 상대의 마음속으로 바로 뛰어들 수 있다. 무엇보다 나만의 콘텐츠를 갖게 된다. 내 호흡 위에 실린 내 목소리로 내 느낌을 담아내는, 세상에 하나밖에 없는 콘텐츠를 만들어 시청자에게 들려줄 수 있다. 훈련의 효과는 단순히 음성 콘텐츠에만 국한되는 게 아니다. 보이스 스타일링은 목소리와 말이라는 외형으로 표출되지만 실상은 '나를 찾는 여정'이다. 내 정체성을 확실히 하고 그것을 기준으로 무얼 보여줄지 취사선택할 수 있는 명쾌한 길을 알려준다. 콘텐츠의 전체 내용이 내 채널의 정체성과 맞는지 안 맞는지, 맞지 않는다면 과감히 버리고 좀 더 적확한 내용을 추가하거나 본질에 집중할 수 있게 한다. 그런 과정을 통해 보다 완성도 높은 콘텐츠를 만들 수 있다.

보이스 스타일링의 출발점인 말하기 호흡은 아주 간단하고 접근하기 쉬운 훈련법이다. 복식호흡을 꾸준히 연습하고 더불어 그 호흡의 날숨에 목소리를 얹어 말로 전달하는 심플한 원리로 이루어져 있다. 말하기 호흡으로 기본을 세운 후 생각과 느낌을 싣고 동시에 상대와의 소통을 고려하는 보이스 스타일링의 점진적 과정을 따라가다 보면 여러 가지 이점을 얻게 된다. 내 존재의 정체성과 개성이 확실해지고 남들과 다른 콘텐츠를 기획할 수 있으며 완성도 있는 내용으로 만들어 시청자와 소통을 꾀할 수 있다. 결국 호흡에 실린 목소리가 내 개성을 살리고 콘텐츠를 다듬어 소통의 완성으로 이끄는 것이다. 유튜버들이 콘텐츠를 만들고 전달할 때 보이스 스타일링을 아는 것과 모르는 것의 차이는 '있는 것'과 '없는 것'의 차이와 같다고 감히 단언할 수 있다.

복식호흡으로
콘텐츠에 뱃심을 담아라

복식호흡을 꾸준히 연습하면 호흡량이 풍부해져서 안정감 있고 여유로운 발성이 이루어진다. 목소리에 깊이와 울림이 생긴다. 또한 폭넓고 다채로운 말하기가 가능해진다. 복식호흡의 날숨에 말을 얹는 것을 '말하기 호흡'이라 한다. 말하기 호흡은 보이스 스타일링의 첫 단계이다. 말하기 호흡을 연습해보자.

🎙 말하기 호흡 순서

내 호흡 찾기 → 복식호흡 연습 → 날숨에 말 얹기

1단계. 내 호흡 찾기

사람들은 각각 다른 호흡 패턴을 갖고 있다. 자리에 편안히 누워 힘을 빼고 스스로의 호흡에 집중해본다. 들숨과 날숨이 빠른지 느린지, 길이는 어떤지 등 자신의 호흡 특성을 파악하여 나만의 호흡 리듬을 파악해야 한다. 내 호흡 찾기는 스스로의 정체성과 개성을 확실히 하여 콘텐츠에 주제와 알맹이를 갖추게 하는 기본이다. 이런 과정을 통해 각자의 호흡 특성을 살리면서 장단점을 북돋고 보완하는 보이스 스타일링의 구체적 과정이 계획되고 시작될 수 있다.

2단계. 복식호흡

내 호흡의 리듬을 파악한 후에는 그를 기준으로 내게 맞는 복식호흡을 연습해보자. 우선 남은 호흡을 뱉어낸 후 배가 빵빵해질 때까지 숨을 들이마신다. 잠시 그 상태로 멈췄다가 이번에는 배가 홀쭉해질 때까지 입으로 천천히 숨을 내쉰다.

복식호흡을 꾸준히 행하면 우선 생각과 정서가 안정된다는 장점이 있다. 마음의 여유와 함께 호흡량이 늘어 어떤 콘텐츠라도 여유롭게 담아낼 수 있는 전달력의 뱃심이 생긴다. 장 건강이 좋아진다는 점은 보너스이다. 익숙해지기 전까지는 자리에 누워 시행하는 게 편하다.

3단계. 날숨에 말 얹기

복식호흡 연습이 충분하게 이루어졌으면 이제 날숨에 말을 얹어보자. 말을 하기 전에 먼저 "스-"라는 음과 함께 호흡이 나오는 소리를 느껴보자. 그런 후 그 위에 가볍게 말을 얹듯 "안녕하세요, ○○○입니다"라고 말해본다.

PRACTICE2 긴 예문을 이용한 말하기 호흡 연습

아래 문장을 날숨에 말 얹기 방식으로 읽어보세요.

- 동그라미 호흡 연습은 호흡량을 늘려주고, 생각과 정서를 안정화시켜준다.
- 중저음이란 호흡이 성대에 무리를 주지 않고 자연스럽게 울리는 소리이다.
- 목소리가 좋다는 것은 울림 있는 목소리로 담백하고 진정성 있게 말하는 것이다.
- 안 좋은 발음을 개선하기 위해서는 조음 기관을 활발히 움직여주도록 노력하는 것부터 시작해야 한다.

톱 크리에이터는 목소리부터 다르다

우리는 2019년 초를 기준으로 국내 구독자수 상위 30위에 랭크된 파워 유튜버들의 음성을 보이스 스타일링 관점에서 분석해 보았다. 그 결과 흥미로운 사실이 나타났다. 그들은 보이스 스타일링을 훈련하지 않았음에도 보이스 스타일링의 핵심에 근접한 특성을 지니고 있었다.

01

그들의 목소리에는
무언가 특별함이 담겨있다

'나'를 찾고 말에 진정성을 담아 상대와 소통하는 보이스 스타일링은 백만 구독자의 필수조건이라는 게 이 책의 대전제이다. 그렇다면 실제 유튜브 현장에서도 증명될 수 있을까. 우리는 2019년 초를 기준으로 국내 구독자수 상위 30위에 랭크된 파워 유튜버들의 음성을 보이스 스타일링 관점에서 분석해보았다. 그 결과 흥미로운 사실이 나타났다. 그들은 보이스 스타일링을 훈련하지 않았음에도 보이스 스타일링의 핵심에 근접한 특성을 지니고 있었다.

그들의 목소리에는 그들 자신만의 확실한 정체성이 담겨있었다. 또한 전달력과 함께 생각과 느낌을 말에 싣는 방법을 어느 정도 터득하고 있었다. 말을 통해 시청자와 소통하는 방식에 능했다. 그러나 시청자와의 지속적인 소통과 콘텐츠의 품질 향상을 위해 개선되어야 할 지점도 발견할 수 있었다. 그야말로 2%의 부족이다. 그러나 품질의 완벽을 기하려는 이에게 2%란 콘텐츠 전체를 뿌리째 뒤흔드는 전부일 수 있다. 스스로 한 장씩 쌓아 올린 콘텐츠 성공의 거대한 성곽

맨 밑바닥에 벽돌 한 장이 빠져있다면 어떻게 할 것인가? 무서운 속도로 확장되어가는 규모의 하중이 더 무겁게 실리기 전에 튼튼한 벽돌 한 장을 만들어 끼워 넣어야 한다.

우리의 진단은 파워 유튜버의 역량과 인기에 대해 이의를 제기하려는 의도가 아니다. 우리 역시 그들을 사랑하는 한 유튜브 시청자이다. 동시에 음성 훈련 전문가로서 객관적이고 전문적인 진단을 통해 그들이 범세계적인 유튜버로 발돋움하는 데 도움이 되지 않을까 하는 나름의 충정도 있다. 그리고 무엇보다 그들을 롤모델로 삼고 있는 숱한 유튜버 지망생이나 초중급 유튜버들에게 그들의 보이스 성공요인을 분석하여 전달하려는 데 더 방점이 찍혀있다.

이런 시도의 출발점은 제이플라의 브이로그, 그리고 대도서관이 펴낸 책 《유튜브의 신》의 한 구절을 읽으며 떠오른 의문이었다. 달콤한 음성으로 시청자의 귀를 사로잡은 제이플라는 그녀의 일상을 담은 첫 브이로그에서 놀랍게도 이런 고백을 한다.

"목소리가 안 예뻐서 조금 콤플렉스가 있어요."

그녀의 일상 음성을 들어보면 편안한 중저음이다. 노래를 위한 발성 훈련을 오래했기 때문인지 목청도 시원하게 트여있다. 그럼에도 불구하고 그녀 스스로 그렇게 느끼는 것이다. 대도서관은 그의 책 속에서 데뷔 시절 목소리에 얽힌 작은 해프닝을 소개한다. 그가 아프리카 BJ로 게임방송을 시작하고 얼마 지나지 않았을 때, 게시판이 여성 시청자들의 댓글로 난리가 났다. 그의 음성이 송중기 목소리를 닮았다는 것이다. 그 덕분인지 날개를 단 듯 인기가 상승했다. 하지만 후일 마이크를 좋은 것으로 바꾸자 그 이야기가 쏙 들어가 버렸다. 이후 영영 들을 수 없었다고 한다.

과연 제이플라의 일상 음성은 그녀의 우려처럼 예쁜 목소리가 아닌 걸까. 대도서관의 음성이 송중기로 들린 건 순전히 마이크 빨이었을까. 그들 스스로 그렇게 생각하고 있는 데는 무언가 다른 원인이 있는 건 아닐까. 사람이란 그 누구보다 자기 자신을 잘 알지만 자신을 객관적으로 보는 것에는 서툰 존재이다. 보이스 스타일링 측면에서 본다면 그들이 스스로 진단하는 자기 음성의 이면에는 또 다른 진실이 숨어있을 수 있다. 지금부터 비밀의 장원으로 들어가는 문을 열듯 그들의 말과 목소리에 숨어있는 비밀을 하나하나 밝혀보자.

▶ 진행력과 연기력이 돋보이는 대도서관

대도서관의 첫 번째 장점은 밀착감과 친근감 있는 말하기이다. 그의 멘트를 듣고 있으면 마치 시청자 자신이 직접 게임에 참여하는 것 같다. 친구나 형처럼 가까운 이들과 허물없이 함께 게임을 하며 노는 분위기다. 이질감이 전혀 없다.

두 번째는 프로그램 진행 상황에 맞는 음성 표현에 능하다는 점이다. 타이틀은 제목으로서의 느낌, 본론은 본론으로서 읽어야 할 각각의 느낌이 있다. 전문 성우가 아님에도 그는 각각의 요구에 맞는 적확한 목소리와 느낌을 구사하고 있다. 예를 들어 우리 같은 성우가 한 프로그램의 내레이션 대본을 받아 들었다고 하자. 대본은 프롤로그와 타이틀, 본문, 엔딩과 에필로그로 구성된다. 각 파트를 음성으로 표현할 때는 그에 걸맞은 각기 다른 느낌을 실어 표현해줘야 한다. 성우들에게는 나름의 표현 방식이 있다. 우리의 경우는 대본 전체를 집이라 생각한다. 성우는 그 집을 시청자에게 설명해주는 친절한 안내인이 되어야 한다. 집에 들어가 둘러보는 각 과정마다 그에 어울리는 느낌을 실어야 흥미롭고 제대로 된 소개가 가능하다.

프롤로그와 타이틀의 경우, 대문을 열고 들어가는 느낌을 담아 말하게 된다. 집 앞에 서서 그 집에 대한 기대감과 사전 정보를 들려주는 것이 프롤로그다. 타이틀이라는 대문을 열고 들어가면 집안에 대해 설명할 차례이다. 좋은 안내인은 집안 곳곳을 방방마다 다니며 꼼꼼히 소개해 준다. 각 방의 장점과 매력, 시선을 끄는 독특한 점들에 대해 성의 있게 설명한다는 느낌을 담아야 한다. 집안에 관한 모든 소개가 끝나면 집을 떠나야 할 때다. 엔딩은 문을 닫는 느낌으로 마무리한다. 에필로그로 집 구경에 대한 소회를 정리하면 한 편의 집 소개와도 같은 방송 내레이션이 완결된다.

대도서관은 이런 구분에 대한 개념이 확실히 잡혀있었다. 이를테면 "자, 들어가 보겠습니다. 두둥~"하며 프로그램을 시작하는 식이다. 프로그램의 몸체인 본론에 들어가면 각 편마다 또 그에 맞는 생동감 있는 표현으로 내용을 전달한다. 그것은 그를 프로답게 보이게 하는 명백한 장점이다.

세 번째는 음성에 담긴 자신감과 소탈한 진정성이다. 그의 음색은 건강하고 남성답다. 자신감이 넘쳐흐른다. 목소리의 볼륨감이 있고 울림이 좋다. 무엇보다 본인 자신이 게임을 즐기며 진행한다. 그가 정말 게임을 좋아한다는 게 목소리와 말에서 느껴진다. 인위적이지 않는 자발성에서 비롯된 이런 성향은 그의 콘텐츠에 진정성을 부여한다.

또 하나의 장점은 연기에 능숙하다는 점이다. 상당히 자유롭게 캐릭터 플레이를 구사한다. 방송인으로서의 자질이라고 할 수 있는 '끼'가 엿보인다. 그로 인해 진행이 지루할 틈이 없다. 3~4시간 이상 라이브로 진행되는 게임 방송에 최적화된 성향이다.

그는 이처럼 자기 정체성, 진정성, 전달력, 적절한 느낌 담기, 소통 등 모든 면에서 보이스 스타일링의 기본적인 취지와 상통하는 면이 있었다. 보이스 스타일링 등의 전문적 트레이닝을 받지 않은 상태에서 이런 정도의 퀄리티를 뽑아내는 건 쉽지 않은 일이다.

그러나 약간 아쉬운 게 있다. 발음이 좀 더 명쾌했으면 하는 점이다. 그가 말하는 모습을 살펴보면 모음이 발음되는 입모양이 어중간하다. 음운 변화에 따라 "아에이오우"라고 정확한 모양을 만들어줘야 할 필요가 있다. 또한 소리를 자세히 들어보면 혀의 움직임이 소극적이라는 사실이 발견된다. 혀가 원활하게 움직이지 않으면 자음이 입안의 제 위치에서 제대로 조음되지 못한 채 불명확한 소리가 날 수 있다. 명확하지 못한 발음은 말의 전달력을 떨어뜨리게 된다.

연기의 경우에도 조금 더 욕심을 부려볼 만하다. 그는 게임 속 인물들에 대해 다양하고 생동감 있게 캐릭터 연기를 잘 해내고 있다. '역대급 더빙'이라는 한 구독자의 댓글에 고개가 끄덕여진다. 하지만 연기를 하다가 마는 느낌이다. 보이스 스타일링 훈련 과정을 통해 정확한 발음법을 익히고 느낌 추가하기 연습으로 목소리 연기의 기본기를 확충한다면 본인이 지닌 선천적 끼와 자질을 마음껏 발휘할 수 있을 것이다.

▶ 경쾌하고 맑은 목소리의 도티

도티 역시 시청자와의 밀착감이 뛰어난 것이 특징이다. 동네 형아가 게임하는 모습을 옆에서 지켜보는 것처럼 부담 없고 친숙하다. 목소리 연기력이 뛰어나다는 장점도 갖추었다. 국내 대표적인 게임 유튜버인 도티와 대도서관의 공통점을 놓고 보면 게임 유튜버가 되기 위해서 어떤 면을 강화해야 하는지 잘 알 수 있다.

도티의 강점은 맑고 깨끗한 음성이다. 연령의 변화가 쉽게 반영되지 않는 성대의 탄력성으로 인해 오래도록 소년의 음성을 유지하는 타입이다. 이런 장점은 경쾌하고 높은 음역대의 소리에 민감한 초등학생층에 어필하기 좋다. 아이들은 도티의 목소리를 들으며 놀이동산에서 신나게 놀이기구를 타는 듯한 인상을 받을 것이다. 실제로도 그는 초통령이란 애칭으로 불리며 유독 어린 학생 팬이 많다.

현재 그는 가볍게 스쳐가는 식의 캐릭터 연기에 그치고 있다. 보이스 스타일링의 느낌 추가하기 훈련을 통해 그가 지닌 연기적 자질을 좀 더 적극적으로 이끌어내면 좋겠다는 아쉬움이 있다. 또한 그의 방송을 잘 들어보면 동영상이 시작될 때는 청아한 음성이다. 하지만 시간이 흐르면서 목의 피로도가 느껴진다. 비음의 기운도 띤다. 복식호흡의 날숨에 말을 싣는 방식을 꾸준히 훈련하면 목이 상하지 않아 방송 내내 균일한 음성을 유지할 수 있다. 비음이 없어지며 발음도 명확해진다. 목소리와 말에 안정감이 생겨 콘텐츠에 더욱 편안한 느낌이 깃들게 된다.

▶️ 귀를 끌어당기는 감성적 목소리의 소유자, 백수골방

백수골방은 부드럽고 편안한 목소리와 말투를 지니고 있다. 듣는 이의 기분을 차분하게 만들고 자신이 들려주는 이야기에 집중하게 만드는 장점이 있다. 무엇보다 음성에 담긴 진정성이 구독자에게 신뢰감을 주고 감성적 공감을 불러일으킨다. 그런 성향은 리뷰에 담긴 삶에 대한 진지한 성찰과 어우러져 시청자에게 동영상 시청 자체가 의미 있는 경험이라는 인상을 준다. 또한 콘텐츠 자체의 완성도를 높이는 주요 요인으로 작용하고 있다. 자신만의 평론적 시각으로 영화 내용을 재구성하여 시청자의 공감을 얻는 영화 리뷰에 특화된 음성이라고 할 수 있다. 자신의 음성 특성에 잘 맞는 채널 장르를 선택한 것이다.

다만 그에게도 개선되어야 할 점이 보인다. 그의 음성을 들어보면 서정적·사색적 영화가 아닌 장르를 다룰 경우, 평소의 부드럽고 편안한 진행이 흔들리며 말투에 "다음은", "다음 내용은" 하는 약간의 어색한 리듬이 감지된다. 대부분의 유튜버가 그렇듯 발음의 명확성을 기할 필요도 있었다.

그의 경우는 선천적으로 타고난 음성적 장점이 많고 감성의 데이터베이스가 풍부하여 약간의 훈련만으로도 그런 면들을 쉽게 개선할 수 있을 것이다. 보이스 스타일링의 느낌 추가하기 훈련은 목소리와 말투에 유연성을 부여한다. 각 장르의 필요에 맞게 자기 목소리 안에 내재한 각기 다른 느낌을 꺼내 쓸 수 있게 해 준다. 또한 말하기 호흡의 반복 훈련으로 호흡량을 늘리고, 조음 기관의 집중 훈련을 통해 정확한 발음을 낼 수 있다면 좀 더 완벽한 채널로 거듭날 수 있을 것이다.

볼륨감이 크고 울림이 있으며 편안하게 귀에 파고드는 목소리이다. 마치 선호제 보이스 스타일러의 음색을 연상케 한다. 목소리 자체의 장점 외에도 너그럽고 선량한 느낌을 주는 여유로운 말투가 시청자에게 안정감과 위안을 준다.

시청자가 먹방에 열광하는 이유는 저마다 다를 것이다. 하지만 먹는 행위에 대한 무의식적인 기대감과 대리만족에 의한 포만감에 이끌린다는 사실은 부정할 수 없다. 꽉 짜인 스케줄의 압박, 머리 복잡한 일로 인한 스트레스, 신경을 자극하는 인간관계에 지친 사람들은 그저 먹는 시간만이라도 행복해지고 싶다. 하지만 도처에서 들리는 과체중에 대한 경계, 다이어트에 대한 강박은 그런 즐거움마저 온전히 누리지 못하게 한다. 그에 대한 대안이 먹방인지 모른다. 세상사 모두 잊고 엄마가 만들어준 음식을 맛나게 먹던 어린 시절 음식에 대한 몰두의 순간으로 돌아가고 싶은 바람이 누구에게나 있다. 그런 순간엔 사심이 개입될 리 없다. 음식의 향과 맛, 식감과 소리에만 탐닉하는 순수한 욕구만 존재한다.

밴쯔의 목소리와 말투에는 그런 요소들이 모두 들어있다. 어린아이처럼 천진할 것 같은 선한 느낌이 깃들어있다. 엄마가 해준 음식에 들뜨는 아이를 연상시킨다. 더욱이 그는 그런 음식을 혼자서만 즐기지 않는다. 시청자가 마음으로 동참하도록 만든다. 친근한 말 걸기 같은 진행 방식이 그러한 소통과 공감의 매개로 작용하고 있다. 시청자는 그가 맛있게 먹는 것만 봐도 행복해진다. 그의 먹방을 시청하는 동안은 숲에서 피톤치드에 취해있는 것 같은 힐링을 느낀다.

살짝 아쉬운 점이 있다면 비음과 불명확한 발음이다. 물론 비음은 그의 음성에 매력적인 요소로 작용하고 있기도 하다. 그러나 비음은 양념처럼 잠시 사용

될 때만 의미가 있다. 줄곧 듣게 되면 시청자에게 답답한 인상을 줄 수 있다. 동그라미 호흡을 이용해 말을 한다면 비강에 의존하는 공명이 밑으로 내려오며 좀 더 담백한 소리를 내는 게 가능해진다. 또한 조음점을 정확히 찍는 혀의 훈련을 통해 발음의 명확성을 기할 수 있다.

▶️ 똑 부러지는 말투와 진행력을 갖춘 슈기

먹방은 대부분 많은 양의 음식을 끝까지 먹는 형식으로 이루어진다. 슈기의 방송은 음식 양도 만만치 않지만 정말 맛있게 먹는 모습이 시청자를 끈다. 특별히 꾸미지 않는데도 자연스럽고 예쁘다. 솔직하고 털털한 일상 이야기와 함께 그녀가 음미하는 소리를 리얼 사운드로 듣다 보면, 자신들도 그날의 아이템 음식을 먹으러 나간다는 시청자의 채팅 글이 이어진다.

보이스 스타일링의 시각에서 본다면, 구독자의 폭발적 반응을 불러일으키는 중요한 요소 중 하나는 그녀의 뛰어난 진행 솜씨이다. 시청자의 주의와 이목을 집중시키는 순발력 있는 멘트, 속도감 있는 진행이 돋보인다. 중저음의 목소리가 안정감과 신뢰감을 주는 것도 장점이다. 또한 군더더기 없이 똑 떨어지는 말투와 명확한 발음 등 전달력도 갖추고 있다. 자신감 있고 능숙한 말하기 방식이 시청자의 감성을 리드한다. 방송 진행자로서 적합한 여러 가지 장점과 특성을 지니고 있는 것이다.

하지만 유의해야 할 점도 보인다. 목을 많이 사용하는 현재의 멘트 방식을 지속한다면 성대에 무리가 올 우려가 있다. 예쁘고 발랄한 이미지로 오래도록 시청자에게 먹방의 대리만족을 선사하려면 좀 더 체계적으로 목소리를 관리할 필요가 있다. 날숨을 이용해 말을 하는 방식을 익히면 성대에 무리가 가지 않는다. 편안하고 건강한 목소리를 유지할 수 있다. 동그라미 호흡을 적극 추천한다.

▶ 촉감까지 전달하는 표현력이 돋보이는 양띵

양띵의 슬라임 영상은 생생하게 살아있다. 보고 듣기만 해도 질감과 향기가 느껴진다. 슬라임을 만질 때 들리는 다양한 소리와 그녀가 구사하는 다채로운 언어 표현이 어우러져 시청자에게 제대로 된 간접 경험과 ASMR의 위안을 준다. 시청자는 그녀의 리뷰 동영상에서 눈으로 보는 색채와 귀로 듣는 질감, 상상 속의 향기가 일체화되는 놀라운 공감각을 경험한다.

먹방이든 슬라임이든 섬세한 감각을 자극하는 콘텐츠일수록 청각을 중시한다. 리얼 사운드를 들려주는 ASMR용 마이크보다 중요한 것이 유튜버의 멘트일 수 있다. 마이크는 누구든 장만할 수 있지만, 멘트는 유튜버의 자질에 따라 달라지기 때문이다. 양띵은 슬라임 멘트의 모범을 보여준다. 손의 동작에 따라, 마찰력에 따라, 혹은 기포의 생성과 소멸에 따라 생겨나는 슬라임의 예측 불가능한 소리들은 그것을 적절하게 잡아내는 양띵의 담담한 말투에 의해 한결 더 생명력을 지닌다. 시청자는 직접 만져볼 수 없는 촉감과 맡아볼 수 없는 향기를 리얼 사운드에 곁들인 그녀의 말 표현으로 확인할 수 있다. 그녀의 방송에서 목소리와 말투는 그만큼 큰 비중을 차지하고 있다.

하지만 한 가지 안타까운 점이 있다. 초반에는 목소리도 발음도 명쾌하지만 후반으로 갈수록 기운이 없고 선명도가 떨어져 간다. 슬라임을 만지는 건 생각보다 어깨나 팔, 손목에 힘이 많이 가는 일인데 그녀의 경우도 그런 영향을 받는 듯하다. 그런 그녀를 위해 동그라미 호흡을 권한다. 호흡을 통한 말하기는 목에 무리가 가지 않는다. 방송 내내 일정한 톤과 발음의 명확성을 유지할 수 있다. 또한 '생각하고 말하기' 방식에 따른 느낌 담기와 그림 그리기 훈련은 그녀의 장점인 뛰어난 표현력을 한층 더 생생하게 만들어줄 것이다.

▶ 시원시원하고 신뢰감이 느껴지는 목소리, 잠뜰

잠뜰은 목소리의 성량이 크고 저음이 매력적이다. 신중함과 신뢰감, 자신감이 깃든 음색은 그녀가 지닌 방송 진행자로서의 강점이다. 그녀의 말투는 시원시원한 성격과 의리, 속 깊은 현명함으로 친구와 이웃을 배려하는 인간적인 여자 친구를 연상케 한다. 게임 속 상황과 완벽한 싱크로율을 보이며 흥미를 유발하는 자연스러운 음성 리액션도 돋보인다.

그녀의 목소리와 말투는 인생과 세계의 축소판이라고 할 수 있는 게임의 든든한 동반자로 적격이다. 또한 시청자를 게임 속 판타지 세상으로 이끌어주는 안내자이며 선도자의 역할에 적합하다. 수많은 구독자가 그녀의 게임 리뷰와 재해석, 상황극에 열광하는 중요한 이유 중 하나는 바로 그런 음성적 특성일 것이다. 시청자는 궁금하지만 막연하고 두려운 신세계를 열어갈 때, 때론 장난기 가득한 소년처럼 기발하고, 제갈공명처럼 현명하며, 씩씩한 선배 언니처럼 믿음직한 그녀에게 심정적으로 기대고 싶어진다. 그녀의 음성과 리액션에 안도감을 느끼며 언제 어떤 일이 일어날지 알 수 없는 게임 속 낯선 세상을 헤쳐 나간다.

그녀에게도 보이스 스타일링 측면에서 권하고 싶은 몇 가지가 있다. 우선 목 발성만으로 20~30분의 러닝 타임을 확보하기 위해 쉼 없이 멘트를 하다 보면 목에 무리가 갈 수 있다. 날숨의 호흡에 말을 싣는 습관을 들이면 목이 한결 편 안해진다. 또한 조음 훈련을 통해 살짝 아이의 말처럼 들릴 수 있는 발음을 개선 한다면 보다 완벽한 전달력을 갖출 수 있다. 장기적 관점에서 보이스 스타일링 커리큘럼의 감정 훈련 등 느낌 추가하기 과정을 통해 목소리 연기를 배운다면 상황극 속에서 맡게 되는 다양한 역할을 더욱 효과적으로 소화해내는 데도 도 움이 될 것이다.

▶️ 유튜버에게는 보이스 코치가 필요하다

산악인들이 가장 힘든 지점은 9부 능선이다. 이때까지 쌓아온 체력, 장비, 노 하우 같은 모든 것이 고갈되어 남은 건 오직 정상에 올라야 한다는 의지뿐이기 때문이다. 성공이란 지점에 이르면 가지고 있던 소재, 감성 모든 게 바닥나기 마 련이다. 그러나 유튜버는 의지만 남길 수는 없다. 끊임없이 스스로를 재충전해 야 한다. 더 높고 튼튼한 성곽의 구축을 위해 빈 벽돌을 채우고 토대를 더 단단 히 다져야 한다.

각 기획사에는 액팅 코치가 있다. 흔히 연기력이 부족한 연습생이나 신인만 연기 공부를 한다고 생각한다. 그러나 톱배우일수록 액팅 코치의 역할이 절대 적이다. 그들은 어떤 연기 현장이든 액팅 코치와 동반한다. 자신의 연기를 치밀하게 모니터링하고 연기 지도를 통해 단점을 보완하고 개선한다. 그것이 진정한 프로페셔널의 자세일 것이다.

유튜브는 콘텐츠 전쟁이라고들 말한다. 누가 가장 독창적인 콘텐츠를 만드느냐가 관건이니 경쟁의 여지가 없다고 한다. 전적으로 맞는 말이다. 하지만 "경쟁의 여지가 없다"는 데는 동의할 수 없다. 백만, 이백만의 구독자가 생긴다는 건 다수의 시청자가 공통적으로 갖고 있는 공감의 지점을 잘 잡아냈다는 의미이다. 그 공통된 지점을 '대중성'이라 부를 수 있을 것이다. 유튜브의 세계가 기존 장르를 파괴하는 다양한 실험정신에 기초하고 있지만 다수의 시청자에게 먹히는 콘텐츠 유형은 따로 있다. 지금 잘나가고 있는 유튜버들 역시 실제로 그러한 유형 내에서 독창적인 영역을 구축했다. 대중적으로 각광받는 유형은 경쟁자가 많을 수밖에 없다. 언제 누가 치고 올라올지 알 수 없는 일이다. 시청자 역시 구독 중인 채널에 변화와 발전이 없다면 오래도록 구독자로 남는다는 보장이 없다. 지금 잘 나간다고 언제까지나 그 상태에 안주하고 있을 수는 없다. 노력하고 발전하는 유튜버가 되어야 한다. 콘텐츠의 품질을 높여야 한다. 그러기 위해선 콘텐츠의 핵심인 유튜버 자신을 냉정하게 모니터링하고 자질을 보강해야 한다.

우리는 그들에게 스피치 기술의 훈련이 아닌 보이스 스타일링 훈련을 권한다. 보이스 스타일링은 기본기로 돌아가는 일이다. 동시에 1인 크리에이터로서의 자질을 향상시키고 끊임없는 성장을 이루게 한다. 심플한 방법론에 말하기의 본질을 함축한 보이스 훈련의 정석이다. 1인 방송이 아마추어리즘을 장점으로 한다고 해도 백만, 이백만 명 이상의 구독자를 확보했다면 그는 이미 프로다. 아마추어의 느낌을 프로다운 자질과 매너로 세련되게 표출해야 한다.

유튜버 지망생이거나 이제 막 유튜브를 시작한 초보, 혹은 천 명을 딱 채우고 나니 좀처럼 구독자수가 늘지 않는 속 답답한 유튜버라면 귀 기울여볼 내용이 있다. 바로 파워 유튜버들의 목소리에 숨어있는 성공의 비밀이다. 이에 대해서는 다음 챕터에서 자세히 알아보자.

02

파워 유튜버의 목소리에 담긴
성공의 비밀

성공한 유튜버가 공통적으로 지닌 목소리의 특성과 목소리 운용 방법을 찾아 보면 구독자 상승의 노하우가 보일 것이다. 이들은 몇 가지 공통점이 있었다. 우선 대부분 중저음의 음성을 지녔다. 그리고 자신감이 충만하다. 자신의 음성에 어울리는 콘텐츠를 선택했다. 다들 꾸밈없는 자신만의 목소리로 연기를 잘한다. 이에 대해 하나하나 꼼꼼히 살펴보자.

공통점 1. 중저음

천성적인 목소리 톤 자체가 높았던 한 사람을 제외하고 대부분의 잘나가는 유튜버는 중저음의 목소리를 지니고 있었다. 여성 유튜버의 경우도 모두 중저음 이었다. 이런 사실은 무엇을 의미할까. 음성학적 측면에서 중저음은 가장 신뢰감 있고 편안한 목소리로 알려져 있다. 상대에게 유능하고 지적인 느낌을 준다고도 한다. 그런 이야기를 증명이라도 하듯 우리가 좋아하는 연예인이나 앵커들은 중저음을 가진 사람이 많다.

그렇다면 본인의 목소리가 중저음이 아닌 유튜버는 성공 확률이 그만큼 줄어드는 것일까? 그렇진 않다. 누구든 훈련을 통해 자기 자신만의 중저음을 찾을 수 있다. 중저음을 "찾는다"라는 표현을 사용한 이유는 평소 목소리가 중저음이 아니라 해도 자신의 성대를 이용하여 소리를 만들어 낼 수 있기 때문이다. 고음, 중음, 저음 등 소리의 높낮이는 성대의 어느 부분을 사용하느냐에 따라 달라진다. 중저음은 성대 전체가 울려 만들어지는 소리이다. 목소리를 인위적으로 내리깔아서 나오는 소리가 아니다. 누군가의 음성을 흉내 내는 게 아니라 나 자신의 성대를 통해 자연스럽게 나오는 목소리여야 한다. 억지로 만들어낸 중저음은 목소리가 지닌 아름다운 화음을 없앤다.

'화음Harmonics'이라고 하면 여러 사람의 목소리가 어우러져 내는 복합적인 음을 연상할 것이다. 그러나 하나의 음성으로 들리는 개개인의 목소리도 실은 여러 음들이 모여 만들어진다. 미세한 차이가 나는 비슷한 음들이 연합되어 하나의 소리를 내는 것이다. 한 사람의 목 안에서 여러 가지 소리가 발생하는 이유는 성도 내부의 생김새 때문이다. 호흡에 의한 진동으로 성대에서 만들어지는 원 목소리는 인두강, 구강, 비강 등 공명강에 부딪히며 진동수의 변화를 일으킨다. 그로 인해 각기 다른 소리가 발생한다. 이렇게 만들어진 여러 개의 음이 섞이며 최종적으로 우리가 듣는 한 사람의 목소리가 만들어지는 것이다. 이때 화합되는 음의 개수가 많을수록 목소리가 아름답게 들린다. 목소리가 듣기 좋고 매력적인 사람들의 음성을 분석해보면 풍부한 화음으로 이루어져 있다.

중저음을 만들기 위해서는 복식호흡의 들숨을 통해 많은 양의 공기를 확보해야 한다. 그런 후 날숨을 이용해 성대 전체를 사용하는 목소리를 내게 된다. 이런 이유 때문에 중저음이 체화되면 오히려 다양한 음역대의 소리를 내는 게 가능해진다. 성대 전체를 사용하는 게 습관이 되어 구사할 수 있는 음의 폭이 넓어지고 소리도 풍성해진다. 중저음을 찾는 방법은 다음과 같다.

자기 목소리의 중저음 찾기

❶ 어깨에 힘을 빼고 편안한 자세로 앉거나 서서 복식호흡을 한다.

❷ 목을 앞으로 빼거나 수그리거나 올리지 않는다.

❸ 배가 불룩해질 정도가 되면 숨을 잠시 멈춘다.

❹ 복식호흡의 날숨 차례에 목에 가볍게 손을 대고 성대 전체를 이용한다는 느낌으로 소리를 내본다.

❺ 성대 전체의 울림이 손끝에 전달되며 소리가 난다면 그것이 바로 자신의 중저음이다.

자신의 중저음을 찾았다면 다음 글을 소리 내어 읽으며 녹음해보자. 이전의 목소리를 녹음한 후 두 소리를 비교해보면 그 차이가 확연히 느껴질 것이다.

예문을 이용한 중저음 말하기 연습

아래 문장을 자신의 중저음으로 읽으며 녹음해서 들어보세요.

옛날에 아주 옛날에 보기, 듣기, 생각하기, 성적 충동, 호흡이 각자 주장하기를, 삶에서 가장 중요한 것은 바로 자기라고 서로 다투었다. 아무도 물러서지 않았기 때문에 이 다툼은 오랫동안 계속되었다. 그리하여 마침내 차례로 1년씩 몸을 떠나 있기로 했다. 그러면 누가 가장 소중한지 알게 될 것이기 때문이다. 먼저 보기와 듣기가 차례로 몸을 떠났다. 보지 못하고 듣지 못하니 삶은 괴로웠지만 그럭저럭 살 수 있었다. 생각하지 못해도, 성적 충동이 일지 않아도 삶은 또한 그럭저럭 꾸려져 갔다. 드디어 호흡이 몸을 떠나려 하자, 모두 일어나 호흡의 손을 잡았다. 호흡이 떠나면 끝장인 줄을 알기 때문이다. 그리하여 호흡이 으뜸이 되었다.

— 우파니샤드

▶️ 공통점 2. 자신감

성공한 유튜버들의 방송을 들어보면 한결같이 목소리에 자신감이 넘친다. 이런 이야기를 할 때면 으레 등장하는 게 메라비언의 법칙The Law of Mehrabian이다. 사람을 처음 만날 때 상대방에 대한 이미지를 결정하는 것은 외모와 태도 같은 시각이 55%, 목소리와 말투 등 청각이 38%, 그의 말 속에 담긴 내용이 7%라는 심리학 이론이다. 상대가 무슨 말을 하든 그에 대한 이미지의 대부분이 그의 태도와 말소리로 결론지어진다는 의미이다.

태도와 말소리에 자신감이 넘친다는 것은 자기 자신의 정체성이 확실히 정립되어 있다는 의미이다. 그만큼 콘텐츠 자체의 성격과 개성도 뚜렷할 게 틀림없다. 시청자는 콘텐츠의 내용을 보기도 전에 그들의 자신감 있는 언행을 통해 어떤 내용이 펼쳐지든 기꺼이 믿고 봐줄 용의가 생기는 것이다.

▶ 공통점 3. 음성에 어울리는 콘텐츠의 선택

책의 맨 앞부분을 떠올려보자. 유튜브에서 성공을 거두려면 "자기가 좋아하는 분야의 덕후가 돼라"는 파워 유튜버들의 조언에 대해 살펴보았다. 또 한편으로 "목소리는 호흡을 통한 몸과 마음의 반영이다"라는 이야기를 했었다. 흥미롭게도 파워 유튜버의 반열에 오른 크리에이터들은 자신의 음성이 지닌 장점을 가장 효과적으로 발휘할 수 있는 콘텐츠를 선택했다. 아마도 그들은 본능적으로 좋아하고 끌리는 분야에 대한 덕후가 되었을 것이다. 자기가 몰두하고 열중해온 세월이 쌓아준 경험과 지식 등을 가장 자신다운 음성을 통해 전달하는 콘텐츠를 만들어 올렸을 것이다. 그런데 그것이 주효했다.

이런 사실에서 역으로 증명될 수 있는 것은 자신의 특성과 취향이 담긴 자기 고유의 목소리야말로 자기가 만든 콘텐츠에 최적화된 보이스라는 점이다. 정말 좋아하고 몰입해본 사람만의 진정성이 담긴 자신의 음성으로 하고 싶은 콘텐츠를 만들어 시청자에게 전달하는 것, 그것이 유튜브 성공의 진리이다.

▶ 공통점 4. 목소리 연기

성공한 유튜버들의 태반이 목소리 연기에 뛰어나다는 공통점이 있다. 그들 모두가 콘텐츠의 필요에 맞는 음성 연기를 통해 자신의 생각과 느낌을 원활하게 표현하고 있었다. 게스트나 출연자가 등장하기도 하지만 유튜브의 본령은 1인 미디어이다. 유튜버 자신이 기획부터 대본 작성, 촬영, 편집은 물론이고 목소리 연기자인 성우로서 다양한 음성 연기를 해내야 한다. 다른 역량도 마찬가지겠지만 목소리 연기를 잘 해낼 수 있는지 아닌지는 콘텐츠의 품질을 좌우하는 중요한 요소이다.

어찌 보면 우리는 너무 당연한 이야기를 하고 있는지 모른다. 그간 우리가 보아왔던 영화나 드라마의 경우를 보자. 작가도 감독도 잘해야 하지만 관객이나 시청자에게 가장 직접적으로 영향을 주는 사람은 배우요, 탤런트이다. 공감의 최전선에 있는 존재가 바로 연기자인 것이다. 콘텐츠 속 유튜버는 장르에 따라 영화평론가가 되기도 하고 MC나 리포터 역할을 맡기도 한다. 내레이터가 될 때도 있다. 콘텐츠에 극적 재미를 부여하기 위해 인물을 연기해내는 배우가 되기도 한다. 백만 이상의 구독자를 확보한 파워 유튜버로 성공하려면 각 상황과 캐릭터에 맞는 만능 연기자가 되지 않으면 안 된다. 영화나 드라마가 그렇듯 유튜브에서도 시청자의 가슴속에 직접 파고들어가 공감을 훔쳐올 수 있는 건 감독도 작가도 아닌 목소리 연기자이기 때문이다.

03

방송 목소리는 평소 목소리와 달라야 한다

앞에 다룬 내용 중 우리가 다시 한번 짚고 가야 할 중요한 사실이 있다. 성공하는 유튜버가 되기 위해선 자기 콘텐츠에 맞는 연기가 반드시 필요하다는 점이다. 방송에서 쓰는 목소리는 평상시 목소리와는 다르다. 목소리는 각각의 용도가 있다. 우리가 말을 하는 이유는 머릿속에서 의도한 자신의 의사나 느낌을 표현하기 위해서이다. 누구든 아무 뜻 없고 목적도 없는 말을 하지는 않는다. 말에 서툰 아기는 울음을 통해 배가 고픈지, 졸리는지, 아니면 몸 어디가 아픈지를 엄마에게 알린다. 판사가 있다고 치자. 그가 법정에서 판결 내리는 음성에는 그 누구도 되돌릴 수 없는 단호함이 깃들어있어야 한다. 마찬가지로 앵커나 기자의 음성은 객관적이고 신뢰감을 줘야 한다. 안내데스크에 앉은 안내인이 투박한 음성으로 말한다면 묻는 사람에게 자신의 역할을 제대로 못해낼 수 있다.

평상시의 목소리는 어떤 용도일까. 말 그대로 평상적인 일들을 행할 때 쓰는 음성이다. 긴장이 깃들지 않은 편안함으로 자신의 상태를 적확하게 표현하고 일상에 필요한 기본적인 의사를 밝히는 데 쓰인다. 평소의 목소리는 일상에 써야한다. 방송은 일상이 아니다. 우리 인생의 어느 한 시간 동안 벌어지는 일을 뚝떼어내어 러닝 타임이 정해져 있는 네모난 프레임 안에 넣어 놓은 형태이다. 일상을 그대로 담은 프로그램이라고 해도 이미 시간과 공간이 한정된 그 틀 안에 들어가는 순간 일상이 아니게 된다. 시작과 끝, 과정이 딱히 정해지지 않고 흘러가는 일상과 달리 기승전결이 분명한 하나의 완결된 형식을 띠게 되어있다. 인생의한 단면을 함축해 보여주는 방송 프로그램이라는 새로운 창조물 혹은 작품으로 변한다. 방송에서의 목소리 역시 그 프로그램의 완성도에 기여하는 한 요소로서의 역할을 해내야 한다. 유튜브도 다르지 않다. 1인 진행자, 혹은 1인 성우가되어야만 하는 유튜버도 목소리를 통해 각각의 상황과 목적에 맞는 다양한 캐릭터를 연기해내지 않으면 안 된다.

"유튜브는 좀 다르지 않나요? 편하게 있는 그대로 보여주는 게 장점인데요"라고 생각하는 사람이 있을 수 있다. 그러나 그것 역시 일종의 '설정'이다. 보다 친근하고 진정성 있게 시청자에게 다가가고 싶은 '있는 그대로'라는 하나의 스타일이다. 단, 유튜브 채널의 스타일은 지상파 방송 등에서는 상상도 못 할 만큼 무궁무진할 수 있다. 각각의 유튜버가 개성이 다른 만큼 그에 맞는 다양한 연기의필요성도 함께 늘어난다.

▶ 유튜버에게 필요한 연기력이란?

방송에서 연기를 해야 하는 궁극적 이유는 프로그램의 완성도와 전달력을 높이기 위해서이다. 좀 더 피부에 와 닿게 표현하자면 내 콘텐츠를 잘 만들어서 좀 더 재미있게 전달하기 위해서이다. 시청자가 흥미를 느끼고 내가 하고 싶은 말에 귀를 기울이게 만들고 싶어서이다. 그래야 내가 공감을 얻고 싶어 하는 콘텐츠가 그들에게 먹힌다. 더 나아가서는 그들과 소통하며 나 역시 그들이 준 피드백을 통해 새로운 성장을 이룰 수 있다.

그러나 흔히 '연기'라고 하면 사람들은 오해를 한다. 연기란 진짜 내가 아닌 가짜의 나를 보여주는 것이라 생각하기 때문이다. 정말 그럴까? 방송의 목소리가 평소 목소리와 달라야 한다고 가장하거나 꾸미라는 이야기일까. 결코 그렇지 않다. 그것은 '연기'에 대한 몰이해에서 비롯된 일반의 편견이다. 잘 들여다보면 사람들은 연기에 대해 부정적인 인식이 있다. 실생활 속에서 누군가 연기를 한다고 생각하면 그 사람을 믿지 않는다. 무언가 숨은 의도가 있고 내게 해를 끼칠 것 같은 두려움이 일기도 한다. 하지만 드라마나 영화 속에서 주인공이 연기를 잘하면 거기 푹 빠져 공감하게 된다. 심지어 배우와 극 속에서의 역할을 혼동하기도 한다. 그런 일이 벌어지는 이유는 뭘까.

주인공들은 자신의 진정성을 담아 몰입함으로써 그 드라마 속 인물의 본질에 완벽히 동화되었기 때문이다. 드라마 속 캐릭터는 가상의 인물이지만 연기자가 자신의 생각과 감정과 느낌, 손끝으로 만져지는 온몸의 세부에 진정성을 담아 캐릭터의 진수와 만나고 일체가 되어 만들어낸 살아 숨 쉬는 존재이다. 사람들은 배우의 몸과 마음을 통해 체화된 극 중 캐릭터의 진정성에 공감하게 되는 것이다. 연기를 잘한다는 건 기술의 차원이 아니다. 얼마만큼 명확히 캐릭터의 본질을 파악하고 진정성을 담아 몰입하는가에 있다. 발 연기를 하거나 성의 없이 툭툭 던지는 연기로는 결코 이룰 수 없다. 시청자에게 진심 어린 공감을 얻으려면 유튜버 자신이 연기하는 대상에 진정 몰입해야 한다. 또한 몰입만큼 중요한 것이 몸을 통한 표현이다. 연기는 머리가 아니라 몸으로 하는 것이다. 목소리 연기라면 음성으로 들려줄 수밖에 없다.

각 캐릭터에 맞는 연기를 하기 위해서 우리는 무엇을 어떻게 해야 할까? 살아 움직이는 것 같은 캐릭터를 연기하려면 어떤 연습을 해야 할까? 보이스 스타일링은 이에 대한 효율적인 해답이 될 수 있다. 목소리는 호흡에 실린 몸과 마음의 반영이다. 목소리 연기에 진정성을 담고 호흡을 조절하여 다채로운 음성으로 캐릭터를 표현하기 위해서는 말하기 호흡이 기본이다. 말하기 호흡의 꾸준한 연습과 그다음 과정의 순차적인 배움을 통해 보이스 스타일링을 완성해나가면 된다. 천리 길도 한 걸음부터라는 말처럼 돌이켜보자, 우리는 이미 이전 장에서 보이스 스타일링의 첫걸음을 내딛고 있었다. 그렇다면 말하기 호흡의 다음 단계는 어떤 것일까.

04

**나를 다스리고 콘텐츠를 안정시키는
동그라미 호흡**

앞장에서 말하기 호흡에 대해 다루었다. 말하기 호흡은 복식호흡의 날숨에 말을 얹는 것이다. 말하기 호흡을 통해 우리는 '나'를 찾고 내 개성과 정체성을 확립할 수 있다. 동시에 말에 진정성을 담게 된다. 말하기 호흡이 보이스 스타일링의 출발이라면 보이스 스타일링의 핵심은 동그라미 호흡이다. 동그라미 호흡은 어떤 것일까?

말하기 호흡은 말의 상대라는 상호작용을 고려하지 않는 진공 속의 호흡법 같은 것이라고 비유할 수 있다. 플러스나 마이너스가 붙지 않은 절대 값의 숫자와도 같다. 그러나 실제의 말은 진공 속에서 이루어지지 않는다. 방향성의 벡터가 붙은 숫자와 비슷하다. 말을 하고 있는 나와 듣고 있는 상대가 없으면 존재 의의와 가치가 없다. '말'이라는 것의 본질 자체가 화자의 생각과 느낌을 표현하여 청자에게 전달한다는 뜻을 지녔다.

그렇다면 일방적으로 내 말을 상대에게 전하는 것이 말하기의 전부일까? 그 역시 현실 속의 말과는 어긋난 불완전한 말하기이다. 제대로 말하기란 내가 말을 하면 상대가 듣고, 상대가 답을 하면 또다시 내가 듣는 주고받기이다. 대화를 하는 동안 서로의 말은 동그라미를 그리듯 순환하게 된다. 이를 호흡의 관점에서 표현해보자. 복식호흡의 날숨에 실려 상대에게 도달한 내 말은 상대에게 들숨처럼 흡수되고 상대의 말을 통해 다시 내게 돌아온다. 제대로 된 말하기를 위한 호흡은 단지 내 날숨에서 끝나는 게 아닌 것이다. 내게서 빠져나간 호흡이 상대를 거쳐 다시 내게 돌아오는 순환까지 염두에 둬야 한다.

이처럼 '말하기 호흡'을 통해 나온 내 호흡이 상대를 감싸듯 동그랗게 원을 그리며 내게로 다시 돌아오는 호흡을 동그라미 호흡이라 한다. 동그라미 호흡은 말하기 호흡에 상대와의 상호작용을 결합한 개념이다. 나 자신을 찾는 말하기 호흡과 함께 상대 역시 또 하나의 소중한 인격체임을 인정하는 것이다. 내게서 출발한 호흡이 가상의 동그라미를 그리며 상대를 감싸고, 상대의 호흡과 연결된 말이 되어 내게 전달되길 기다리는 동안 상대에 대한 이해와 배려가 싹튼다. 우리는 각기 저마다의 동그라미 호흡으로 상대를 포용하고 서로 소통하게 되는 것이다.

▶ 동그라미 호흡, 어떻게 하는 것일까?

그렇다면 동그라미 호흡은 구체적으로 어떤 것이며, 어떻게 훈련하면 될까? 이미 말하기 호흡을 알고 있다면 동그라미 호흡의 원리와 방식은 간단하다. 말하기 호흡을 할 때 상대를 감싸 안는 가상의 동그라미를 그려보면 된다.

동그라미 호흡이 체화되기 전까지는 들숨과 날숨을 의식하기 위해 손동작을 이용한 동그라미를 그린다. 손동작을 이용해 내 쪽에서 상대 쪽을 향한 동그라미를 직접 그리며 동그라미 호흡을 행하면 들숨과 날숨을 명확히 의식할 수 있다. 손동작은 날숨이 입에서 빠져나갈 때 입 앞에 손을 가져다 대고 바깥쪽으로 동그라미를 그리며 배꼽 아랫부분까지 가면 들숨과 함께 다시 몸 앞쪽으로 입까지 손이 돌아오는 방식이다. 이 동작을 계속 반복하며 날숨에 말을 하면 된다.

동그라미 호흡을 통한 말하기 과정을 알아보자. 동그라미 호흡을 하기 위해서는 먼저 자세를 바르게 해야 한다. 어깨에 힘을 빼고 허리는 곧게 편 상태에서 고개를 들거나 숙이지 않고 정면을 바라본다. 그 후 아래 순서대로 실행한다.

동그라미 호흡의 자세

어깨는 편하게 허리는 세우고 고개를 바로 한 뒤 몸에 긴장된 곳이 있는지 체크한다.

❶ 날숨으로 '스' 하며 호흡집(복부)에 남아있는 숨을 끝까지 내뱉는다.

❷ 다 뱉어냈다면 코로 배가 불룩해질 정도로 호흡집(복부)에 호흡을 빠르게 채운다.

❸ 의식과 호흡을 조절할 수 있도록 편한 손의 날을 세워 입 앞으로 가져온다.

❹ 상대방을 감싸듯 동그랗게 이미지를 그리며 '스' 하며 호흡을 내뱉는다. 이때 손도 동그라미를 그리며 내 의식과 호흡이 함께 일치되도록 컨트롤한다.

❺ 손이 상대방을 감싸 안을 때쯤 날숨 위에 말을 얹는다.
"안녕하세요, 〇〇〇입니다."

말하기 호흡 연습이 충분히 된 상태에서는 날숨에 말을 실으며 가상의 동그라미를 그리는 게 그리 어렵진 않다. 그러나 아직 연습이 덜 되어있다면 날숨 위에 말을 싣는 동작과 가상의 동그라미 그리기를 병행하는 게 낯설게 느껴질 수 있다. 동그라미 그리기에 익숙해질 때까지는 손동작을 여러 차례 반복해본다.

위의 방법에 익숙해진 후에는 아래의 예문으로 본격적인 낭독 연습을 해보자. 처음 동그라미 호흡으로 문장을 읽을 때는 되도록 짧은 문장으로 시작해본다. 자신의 호흡량만큼 음절을 읽은 후 빗금(/) 표시 부분에서 다시 들숨을 들이마셔야 한다. 그런 후 천천히 내뱉은 날숨에 실어 그다음 음절들을 읽는다. 예를 들어 "사랑은 / 언제나 / 너무 빠르게 다가오거나 / 너무 느리게 다가온다"라는 문장을 동그라미 호흡으로 읽어보자.

우선 숨을 최대한 내쉰다. 그런 후 깊은 숨을 들이마시고 날숨에 가상의 동그라미를 그리며 "사랑은"이란 세 음절을 싣는다. 그다음의 빗금 표시에 다시 숨을 들이마신다. 동그라미를 그리며 날숨에 "언제나"를 읽는다. 그런 식으로 계속 읽어나가면 된다. 되도록 한 번의 호흡을 하고 나면 그 '한 호흡'으로 쉼표나 마침표가 나올 때까지 문장을 읽도록 해야 한다. 동그라미 호흡 연습이 반복되면 점차 호흡량이 늘게 되고 한 번의 호흡으로 읽을 수 있는 음절의 수도 늘게 된다. 옆 페이지의 예문을 통해 동그라미 호흡을 연습해보자.

연습을 통해 느꼈겠지만 동그라미 호흡은 간단하고 실행하기 쉽다. 그러나 그 안에 내포된 의미는 심오한 편이다. 마치 진리는 간단하지만 그 속에 세상의 모든 이치를 담고 있는 것과 같다. 독자인 유튜버들을 위해 짧게 역사를 소개해본다. 동그라미 호흡은 목소리를 화두로 한 오랜 탐구와 연구, 실전 적용을 통해 확립한 보이스 스타일링의 말하기 호흡법이다. 그간 축적해온 다양한 경험과 노

동그라미 호흡법으로 아래 예문을 읽어보세요.

- 왜 사냐고 묻거든 그냥 웃지요.
- 사느냐 죽느냐 그것이 문제로다.
- 사랑은 언제나 너무 빠르게 다가오거나 너무 느리게 다가온다.
- 기회는 평등하고 과정은 공정하며 결과는 정의로워야 한다.
- 셰익스피어 작품의 가치는 인간의 감정을 드러내는 재능에 있다.

- "김밥은 매끈하게 썰어진 몸뚱이 것보다 맨 끝 자투리가 무심하니 맛있습니다. 사람도 너무 완벽하고 매끈하면 인간미가 덜하고 좀 어딘가 허술한 구석도 있고 솔직한 사람이 더 인간적이고 매력이 있습니다!" ―혜민 스님의 말 중에서

- 늘 함께 다니는 정다운 새 두 마리가 같은 나뭇가지에 앉아 있다. 그 가운데 한 마리는 열매를 따 먹느라고 정신이 없다. 하지만 다른 한 마리는 아무 집착이 없이 열매를 탐닉하고 있는 친구를 초연하게 바라보고만 있다. 열매를 탐닉하고 있는 새는 '에고'이고, 그냥 바라보고만 있는 새는 '참 자아'이다. ―우파니샤드

하우는 첫 책인《말의 품격을 더하는 보이스 스타일링》을 통해 이론으로 정립할 수 있었다.

하지만 처음부터 이론 공부에서 출발한 건 아니다. 호흡 연습과 목소리 운용을 거듭하며 몸으로 체득한 게 먼저다. 그렇기 때문에 1인 미디어를 비롯한 각종 방송 현장에서 실질적으로 활용하기에 적합하다. 원리와 방식이 간단하여 배우기도 쉽다. 방송국 공채 후배인 선호제와 함께 익히고 공유하면서 체험적 이론의 지평이 넓어졌고, 둘만의 방식을 넘어서서 타인에게도 적용 가능한 보이스

스타일링 커리큘럼으로 완성되었다.

▶ 동그라미 호흡의 효과

동그라미 호흡을 한 마디로 표현하자면 복식호흡 기반의 동그라미 호흡을 통한 명상의 과학적 효과를 음성 이론 및 임상 경험과 접목한 말하기 호흡법이다. 그런 정체성으로 인해 동그라미 호흡은 두 가지 측면을 지닌다. 하나는 제대로 말하기를 실천하는 구체적 방법이다. 다른 하나는 말하기 기술의 차원을 넘어 스스로를 다스리는 명상 수행의 한 방법이다. 호흡과 함께 감각을 지켜보는 위빠사나 수행과도 일맥상통하는 지점이 있다. 위빠사나는 '있는 그대로 지켜본다'는 의미로 긴 역사를 지닌 인도의 명상법이다. 몸과 마음이 서로 유기적인 관계 속에서 움직인다는 것을 전제로 호흡 명상을 통해 몸의 감각을 주시한다. 그로써 마음의 균형을 잡고 정신을 맑게 함으로써 번뇌와 고통에서 벗어나게 된다. 명상을 통해 정화된 몸과 마음은 타인에 대한 관용과 사랑의 마음으로 승화된다.

명상의 과학적 효과에 대해서는 이미 많은 연구가 이루어지고 있다. 스트레스와 질병을 이기게 할 뿐 아니라 기억력과 집중력을 높여주는 것으로 알려졌다. 또한 독일 막스플랑크 인지·뇌과학연구소 타니아 싱어 교수의 연구에 따르면 명상의 대표적 갈래인 주의집중명상, 자비명상, 마음챙김명상 등의 수련이 뇌의 구조를 변화시키는 것으로 나타났다. 20~55세의 다양한 연령층을 대상으로 총 9개월간 행해진 이 연구는 명상 후 뇌가 변화된 모습을 자기공명영상으로 촬영하는 방식을 사용했다. 그 결과 주의집중명상을 수련한 사람들은 뇌의 집중력과 감정을 조절하는 부위가 발달했다. 자비명상의 경우는 자기 자신과 타인에 대한 신뢰와 애정을 주관하는 부위와 감정을 제어하는 부위가 활성화되었다. 또한 마음챙김명상에서는 인지기능과 관계된 부위가 발달했다. 또 다른 연구에 의하면 명상이 창의력을 증가시킨다고도 한다.

호흡 조절을 통해 몸의 감각과 연결된 목소리를 제어하고 상대를 포용하는 동그라미 호흡 역시 자기 자신을 있는 그대로 바라보게 하여 마음의 안정을 가져다준다. 고통과 번뇌, 미움과 원망, 신경을 거슬리게 하는 예민한 감각과 짜증, 불같은 화 등, 우리 몸과 마음에 해를 주고 상대를 자극하는 감정의 들끓음을 가라앉혀 스스로를 다스릴 수 있게 한다. 내게서 나간 호흡이 상대를 감싸 안고 다시 돌아오는 순환의 과정을 거듭하며 상대의 존재감을 인식하고 배려하며 이해하게 된다.

동그라미 호흡에는 심리 과학적 측면도 숨어있다. 강의를 직접 듣고 수련 중인 한 심리학 전문가의 평가에 의하면 동그라미 호흡은 열몇 가지 이상의 심리학 치유 이론을 내포하고 있다고 했다. 그런 여러 가지 장점들로 인해 동그라미 호흡을 훈련한 사람들은 공통된 경험을 이야기한다. 우선 마음이 편안해진다는 것이다. 날카로운 심경도 가라앉는다. 주변 사람에 대한 이해력이 생기며 허물이 있다 해도 따뜻하게 감싸 안게 된다. 숱한 사례가 있지만 제일 먼저 우리들 자신의 경험을 들려주고 싶다.

저는 날마다 낭독을 합니다. 유년시절부터 몸에 밴 오랜 습관이지요. 저는 낭독이 참 좋았습니다. 마음이 안 좋을 때나 어려운 일에 빠졌을 때도 낭독을 하면 기분이 나아졌거든요. 낭독을 하고 있는 순간만큼은 나 자신으로 돌아갑니다. 목소리로 무언가를 읽는다는 것은 제 존재의 이유입니다. 저는 제 목소리로 저 자신을 세상에 실현합니다. 요즘도 사는 게 힘들거나 마음이 산란해질 때면 어김없이 낭독을 합니다.

동그라미 호흡을 알게 되면서부터는 낭독이 더 좋아졌습니다. 낭독에 열중하는 시간은 자신을 다스리는 차분한 명상의 시간이 되었습니다. 30분에서 한 시간씩 계속 동그라미를 그리며 호흡의 파장을 만들다 보면 어떤 잡념도 방해할 수 없는 나만의 정신적 공간이 만들어지며 거기 집중하게 됩니다. 그렇게 낭독에 푹 빠져있다 보면 마음이 편안해지지요. 그러면서도 한편으론 의문이 있었습니다. '왜 그럴까? 왜 이렇게 마음이 편안할까?' 어느 날 구름 사이로 달이 드러나듯 이런 생각이 들더군요. '아, 자궁 안의 느낌이 이런 게 아닐까. 무의식의 맨 밑바닥에 자리한 세상에서 가장 안전하고 평온한 곳. 엄마의 자궁 속이 이렇지 않았을까. 엄마의 자궁 안에 있으면 이렇게 편안한 거구나. 동그라미 호흡을 하고 있는 이 순간은 엄마의 자궁 속으로 돌아가는 것이구나.'

동그라미 호흡을 말하기 훈련에 적용한 이후 스스로 많이 변했다는 걸 느낍니다. 우선 말의 내용 자체가 많이 순화되었습니다. 남에게 상처가 될 만한 말은 하지 않게 되었어요. 말투도 점점 더 부드럽게 바뀌고 있습니다. 무엇보다 놀라운 건 세상을 보는 눈이 트였다는 점입니다. 세상의 이치에 대해서도 깨달음이 왔습니다. 우리는 시간이 가고 세월이 간다고 여깁니다. 그러나 지구가 둥글 듯 세상 모든 것은 다 동그라미처럼 순환합니다. 하루 24시간이 지나면 다음날 똑같은 시간이 돌아오고 낮이 가면 밤이 오지요. 봄, 여름, 가을, 겨울의 사계도 한 번 가면 또다시 돌아오게 마련입니다.

'그처럼 순환하는 세상 속에서 변해가는 것은 나 자신이로구나. 삶이란 결국 내가 만드는 것이구나. 우리가 만드는 것이구나'하는 깨달음도 생겼습니다. 제가 행해온 모든 일, 관계, 현재의 결과가 모두 저 자신이 만든 것이란 사실을 확연히 알게 되었습니다. '내적 고민은 치열하게, 연습은 고되게, 외적으로 표출할 때는 단순하게 본능에 맡겨라'라고 스스로 세운 일의 가치와 방법론을 실현하기 위해 성우로서 동분서주해왔던 지난날도 동그라미 호흡 하나로 관통되고 있음을 체감했습니다. 내 삶과 나를 둘러싼 세계를 이끌고 변화시키는 주체적인 나에 대한 존재감이 확연해졌습니다.

그와 함께 삶의 기준이 더 명확해졌습니다. '내 마음의 주인이 되자'는 제 좌우명입니다. 화를 내고 속상해서 부정적인 말로 상처를 주고받는 것은 외부에 원인이 있는 게 아니었어요. 내가 내 마음을 제대로 잡을 수 없어서였지요. 내 마음의 주인이 되지 못했던 것입니다. 사람의 마음이란 참 미묘한 것입니다. 어떤 때는 상대가 예뻐 보여 태평양처럼 품어줄 것 같다가 또 다른 때는 바늘 하나 꽂을 틈이 없을 만큼 좁아지기도 합니다. 그런 감정의 편차에 휘둘리지 않고 평온한 항상성을 유지하려면 내 마음을 다잡아야 합니다. 동그라미 호흡은 내 마음의 주인이 되는 방법입니다. 동그라미 호흡을 통해 마음의 주체가 되기 위해 끊임없이 노력해야 합니다. 동그라미 호흡은 이제 제 삶의 일부분이 되었습니다. 동그라미 호흡으로 말하기에 적용하면서 저도 모르게 좌우명을 일상 속에서 실천하고 있는 것입니다.

처음에는 동그라미 호흡으로 호흡 연습을 하면 말투가 바뀐다고만 생각했습니다. 그러나 연습을 거듭할수록 동그라미 호흡 속에 엄청난 에너지와 힘이 내재하고 있다는 걸 느낍니다. 동그라미 호흡을 만들고 첫 책을 통해 이론으로 정립했습니다. 하지만 그것으로 완결이라 생각하지는 않습니다. 요즘도 저는 동그라미 호흡을 이용한 낭독 연습을 하며 예전에 제가 알지 못했던 새로운 경지를 깨닫고 있습니다. 잘 풀리지 않았던 부분의 해답도 얻습니다. 날마다 '아, 이렇게 하니까 개선이 되는구나'하는 실감 속에서 동그라미 호흡의 장점을 알아가고 있습니다. 동그라미 호흡에 대한 확신도 짙어졌습니다. 그래서 더 자신 있게 사람들에게 동그라미 호흡의 효과를 이야기해줄 수 있어요. 지금도 저는 끊임없이 변화하고 있습니다. 동그라미 호흡과 함께 날마다 성장하는 중입니다. 그 끝이 어디까지일지는 짐작이 가지 않습니다.

▶▶❚❚ 선호제 성우의 **동그라미 호흡 이야기**

저는 대학에서 연기와 연출을 전공했습니다. 그 시절엔 성우가 되겠다는 생각을 해보지 않았습니다. 성우가 된 계기는 우연이었어요. 2005년, 당시 저는 대학 졸업반이었습니다. 3G폰이 나오기 시작하면서 영상통화 시대가 막 열린 때였죠. 화질은 형편없었지만 개인 사용자들이 직접 창작한 동영상을 인터넷에 올리는 문화가 붐을 이루기 시작했습니다. 일반인이 주인공이 되는 1인 미디어 시스템의 초기 형태가 시작된 것입니다. 우리나라에서는 한 포털 사이트의 UCC가 그런 문화를 이끌고 있었습니다.

학교 선배 중에 광고 녹음을 하는 성우가 있었습니다. 어느 날 그 선배가 제 목소리를 들으며 솔깃한 제안을 했습니다. "어, 너 목소리가 나쁘지 않으니까 오디션 한 번 가봐." 그렇게 성우에 대해 아무것도 모르는 상태에서 오디션을 보러 갔습니다. 성우가 된다는 사실보다 일단 가면 돈 7만 원을 준다는 말에 혹했었죠. 돈이 들어오면 친구 녀석들과 술을 마실 수 있기 때문입니다. 그런데 의외의 결과가 기다리고 있었습니다. 녹음을 하고 나니 전화번호를 적고 가라는 것이 아니겠어요.

다시 연락이 온 것은 3개월이 지난 후였습니다. 광고를 녹음하는 녹음실이었죠 그리고 두 달 있다가 또 한 번 불렀습니다. 그렇게 점점 기한이 짧아지더니 2주일 후 다시 전화를 받았습니다. 이번엔 놀라운 제안이 들어왔습니다. 방송 CF에 출연하지 않겠냐는 것이었는데, 그게 바로 포털사의 UCC 광고였습니다.

알고 보니 저 이전에 수십 명의 성우들이 그 광고를 녹음했었다고 합니다. 하지만 모두 퇴짜를 맞았다더군요. "너무 성우 같다"는 게 이유였습니다. 반대로 제 음성은 프로들이 갖는 기성의 느낌이 아니었기 때문에 선택됐습니다. 프로 성우가 아니던 당시 저의 다듬어지지 않은 풋풋함이 합격점을 받은 것입니다. 그런 면이 장점으로 작용한 것은 광고의 콘셉트와 관계가 있었습니다. 광고는 동영상 크리에이터가 되어 UCC를 만드는 일반인이 소구 대상이었습니다. 요즘으로 치면 유튜브 채널에서 유튜버가 되어 1인 채널을 운영하라는 내용의 권장 광고 같은 것이었죠.

지금도 선명하게 기억나는 광고의 내용이 참 인상적입니다. 누구든 한 번쯤 겪을 수 있는 일상의 순간을 절묘하게 포착해내어 감성적인 스토리를 입혔습니다. 광고 속의 '나'는 UCC동영상을 만드는 한 청년입니다. 어느 날 개콘 같은 공개 방송을 보다가 카메라가 잡은 한 방청객의 모습에 깜짝 놀랍니다. 꿈에 그려오던 이상형을 발견한 것입니다. 화면 속 그녀는 별빛처럼 빛나는 눈길로 무대를 바라보며 해맑게 웃고 있습니다. 화면이 바뀌면 그대로 사라져 버릴 그녀. 그는 '그녀를 꼭 만나고 싶다. 어떻게 하면 만날 수 있을까?' 고민 끝에 그녀의 모습이 담긴 화면을 캡처해서 UCC를 만듭니다. 그리고 영화 〈노팅힐〉 주제가인 'She'에 자신의 마음을 담은 내레이션을 깝니다. "그녀를 찾습니다. 어느 날 TV에서 그녀를 보았습니다. 단 몇 초였지만 당신이 잊혀지지 않습니다. 저의 동영상을 보시고 그녀를 만날 수 있게 도와주십시오." 그다음 화면 마지막에 자신의 이메일 주소를 자막으로 남깁니다.

이 영상이 바로 제 목소리가 처음 방송에 나왔던 CF입니다. 광고회사가 기획하고 만들었지만 마치 일반인이 만든 것 같은 느낌을 주는 콘셉트였습니다. 광고가 방송을 타자 마치 화산이 폭발하는 것 같은 반응이 일었습니다. "저 성우 누구야?", "성우 아니라는데?", "저거 어디서 녹음한 거야. 녹음실 전화해봐. 누군지 얼른 알아내." 광고회사에서 그런 말들이 심심치 않게 오갔다고 합니다.

더불어 제 전화기에도 불이 났습니다. 한 군데서만 오던 연락이 갑자기 두 군데, 세 군데, 네 군데로 늘어나더니 연기 연습을 할 시간이 없을 정도로 바빠졌습니다. 다른 일을 할 여가가 없어졌죠. 돈이 막 들어오기 시작했고요. 그 나이에는 만져볼 수 없는 액수였습니다. 어마어마한 만큼은 아니지만 월급쟁이 정도의 돈이 들어왔습니다. 이제 거우 대학 졸업하고 사실상 백수 상태였던 제게는 큰돈이었죠.

그러자 생각이 바뀌기 시작하더군요. 내 목소리를 좋아해 주는 사람들이 있고, 즐겁게 일하면서 돈도 벌 수 있는 게 직업이면 어떨까. 같은 연기자이니 성우가 되어보는 것도 괜찮지 않을까. 마침 배우 오디션에 연이어 떨어진 참이었습니다. 기획사 두 군데에 미팅을 했지만 어디와도 콘택트가 안 됐습니다. 서브프라임 모기지 사태가 2008년 전 세계적 금융위기로 번지면서 기존 배우들도 다 잘리는 시기였습니다. 혼자 살아남아야 하는 배우 입장인데 이쪽에선 계속 일이 들어오니 한 번 정식으로 공채 시험을 봐야겠다는 생각이 들었습니다.

하지만 모두들 저를 말렸습니다. "성우가 되면 지금의 이 자연스러운 톤이 없어진다", "전속 생활 시작되면 3년 동안은 다른 일을 못하게 된다" 등등 말들이 많았어요. 사실 모험이긴 했습니다. 어느 한쪽을 선택해야 하는 상황이었죠. 그렇다 해도 크게 고민하진 않았습니다. 제가 성우 시험을 본다고 해서 누가 붙여준다는 확신은 없었기 때문입니다. 성우 공채는 무려 1000대 1의 경쟁률이었습니다. 어지간한 실력 가지고는 붙을 수도 없었죠. 그래도 한 번 보자. 연기를 전공했고 특히 음성 트레이닝에 치중했던 연기 공부를 했었으니 안 될 것도 없다고 생각했습니다.

첫 시험은 실패로 끝났습니다. 서류와 녹음파일을 심사하는 1차에서 떨어진 것입니다. 다음은 KBS 공채였습니다. 한 번에 최종까지 갔어요. 그런데 안타깝게도 최종심에서 고배를 마셔야 했습니다. 아예 안 됐으면 모르지만 끝까지 가서 실패하고 나니 갈증이 더 심해지더군요. 2009년, 다시 마음을 추스르고 투니버스에 원서를 냈습니다. 하늘의 도움이었을까요. 이번엔 최종심도 통과했습니다. 그렇게 해서 저는 정식 성우의 길로 들어서게 되었습니다.

흔히 너무 이른 성공은 독이 된다고들 합니다. 제 경우엔 그런 위험에 빠질 겨를이 없었습니다. 딱 그때 집안 사정이 힘들어졌거든요. 또래 친구들에 비해 많은 돈을 벌고 있었지만 집안을 서포트해야 했습니다. 불행인지 다행인지 그 덕에 오늘날까지 망가지지 않고 잘 살아온 것도 같습니다. 그렇지 않았다면 술 마시고 외제 차 사고 여행 다니며 번 돈을 모두 탕진하는 망나니가 됐을지도 모를 일입니다. 이 이야기는 다음 장에 소개할 예정이지만, 그랬더라면 김나연 선배님은 저를 눈여겨보지 않았을지 몰라요.

하지만 성우가 되면서 또 다른 고민이 생겨났습니다. 초창기의 저는 본래 연기자 출신이기 때문에 모든 일을 연기의 시각으로 대했습니다. 내레이션을 하든 멘트를 하든, 아니면 광고 녹음이나 홍보영상이든 간에 느낌으로만 다가갔습니다. 그때는 또 그런 매력 때문에 쓰임이 있긴 했죠. 그런데 성우라는 타이틀을 얻고 나니 어느 순간 스스로 매너리즘에 빠지고 있다는 게 느껴졌습니다. 경력이 쌓이면서 일의 스펙트럼이 넓어진 건 맞지만 목소리 연기에 기술적인 면만 추가되고 있었습니다. 예전에는 따뜻하고 인간미가 살아있는 일을 했습니다. 목소리를 통해 사람의 마음을 움직이고 싶었습니다. 그런 면이 깃든 내 일을 좋아하고 즐겼어요. 하지만 점점 내가 하고 싶던 그런 일들과 멀어졌습니다. 진정성이 사라져 갔던 것입니다. 이후 일의 양도 많아지고 돈도 더 많이 벌 수 있었지만 알 수 없는 목마름이 있었습니다. 남들은 몰라도 본인만 아는 느낌이 있기 마련입니다. 내게 들어오는 일 중에서 그런 일들이 차츰 줄어든다는 생각이 들었습니다.

그런 와중에 보이스 스타일링을 만나게 되었습니다. 이제까지 쭉 적어온 제 연대기는 보이스 스타일링과의 만남을 위한 전초전이었는지도 모릅니다. 성우로서 제 성취의 세월은 보이스 스타일링을 만나기 전과 만난 후, 그렇게 나눌 수 있을 것입니다. 그만큼 저의 성우 인생에 있어 보이스 스타일링은 크나큰 의미를 지닙니다.

그러나 처음부터 보이스 스타일링을 순조롭게 받아들인 건 아니었습니다. 내 안에 선뜻 받아들이기가 힘들었죠. 지금껏 쌓아온 모든 걸 다 내려놓고 처음부터 다시 시작해서 내 호흡을 먼저 찾으라는 게 황당하게만 여겨졌습니다. 지금까지 다른 사람이 아닌 내 호흡으로 여기까지 온 건데 도대체 뭘 버리라는 것인가 싶었죠.. 사실 이전에도 저는 일부러 발음 훈련을 하지 않았습니다. 자연스러워 보이고 싶어서요. 그런 나를 어떤 틀 속에 끼워 맞추는 게 아닌가 하는 오해를 했습니다. 지금 생각해보면 참 바보 같은 일입니다. 그 탓에 김나연 선배님께 어떻게 성우가 됐냐며 꾸짖음 받기도 했습니다. 하지만 결국은 제게 애정 어린 질책을 주시는 선배님을 따르기로 했습니다. '그래, 그냥 마음을 딱 놓고 보이스 스타일링을 받아들여보자. 말하기 호흡으로 내 호흡을 찾고 동그라미 호흡으로 상대와 소통해보자.'

보이스 스타일링을 시작하자 마음 한 구석에 끊임없이 맴돌던 갈증이 사라지는 느낌이 들었습니다. 예전에 저는 느낌으로 일을 대했습니다. 대상이 따뜻한 느낌이면 따뜻한 걸 만들어서 표현하려고 했었죠. 밝은 거면 한없이 그냥 밝게 갔습니다. 모든 일을 그런 식으로 풀어갔지만 그게 본질이 아니란 걸 깨닫게 됐습니다. 모든 게 다 '나'로부터 시작되는 것이었습니다. 내가 표현해야 할 대상인 객체의 느낌을 강화하는 게 아니라 주체인 내가 주가 되어 내 느낌을 담아야 한다는 사실을 알게 되었습니다.

이후 2년 반 이상을 보이스 스타일링에 매진했습니다. 동그라미 호흡으로 나를 찾아가며 이것저것 실험도 해보고 연습도 게을리하지 않았습니다. 동그라미 호흡이 체화되어 실전에서 자유롭게 쓸 수 있게 되자 확연한 변화가 생겼습니다. 내레이션 일이 늘어난 것입니다. 내레이션은 호흡이고 말이고 소통입니다. 일방적으로 시청자에게 던지는 게 아니라 한 시간 동안 시청자와 대화하듯 끌어가야 합니다. 예전에는 그걸 연기로 풀어가려고 했어요. 그런데 동그라미 호흡으로 소통하며 일을 진행한 결과 더 많은 사람에게 공감을 불러일으키게 된 것입니다.

또 한 가지 특이사항은 목소리의 무게감과 신뢰감이 강화되었다는 점입니다. 최근 들어 중후한 무게감을 실어야 할 역사 다큐의 내레이션을 연달아 맡고 있습니다. 첫째도 둘째도 신뢰감을 강조해야 할 기업 홍보 일도 부쩍 늘었습니다. 하지만 그렇다고 해서 밝고 활달한 일이 줄어든 건 아닙니다. 그쪽도 오히려 더 많아졌습니다. 밑으로 내려갈수록 그만큼 위로도 올라가는, 목소리가 커버할 수 있는 범위가 양쪽으로 늘어난다고 할까요. 마치 방향은 반대지만 같은 크기의 힘이 동시에 작용하는 작용 반작용의 법칙 같은 것이 적용되고 있습니다.

각기 다른 특성을 요하는 여러 종류의 콘텐츠를 소화해 낼 수 있는 역량도 확장되는 느낌입니다. 이제는 어떤 것이 와도 무섭지 않습니다. 저 자신에 대한 확고한 믿음이 생겼기 때문입니다. 저는 제 목소리도 알고 호흡도 압니다. 아마도 그걸 아는 성우들이 생각보다 많지 않을 거라고 자부합니다. 대부분은 소리 자체로만 모든 걸 해결하려고 합니다. 목소리를 변조하거나 느낌을 잡거나 연기를 하는 게 이제는 눈에 다 보입니다. 그렇게 보니 생각보다 세상엔 기술자들이 많습니다. 기술적으로는 끝도 없이 발전해가는 것 같아요. 하지만 진짜 나를 찾고 내 안에서 시작하는 사람은 많지 않습니다.

나 자신을 믿는다는 건 나는 다 잘할 수 있다는 교만함이 아닙니다. 그것은 '흔들림이 없다'는 뜻입니다. 이것도 할 수 있고 저것도 할 수 있다는 개념이 아니라 내가 나의 중심이기 때문에 '와 봐! 내가 잘해볼게'하는 마음이 드는 것입니다. 마음뿐 아니라 실제로도 결과물이 그렇게 나오고 있습니다. 요즘은 현장에서 박수를 받는 경우가 많습니다. 사실 돈을 받고 일하는 현업은 기본적으로 잘해야 한다는 기대감이 있기 때문에 잘하는 게 당연하다고 생각됩니다. 잘했다고 마음에서 우러나오는 박수를 쳐주는 경우는 별로 없죠. 그런데도 그런 일을 겪는 걸 보면 아마도 제 목소리에 담긴 진정성이 사람의 마음을 움직이는 게 맞나 봅니다. 모든 게 동그라미 호흡 훈련의 결과입니다.

동그라미 호흡에 대한 저 나름의 이해도 깊어지고 있습니다. 동그라미 호흡은 중력입니다. 질량이 있는 모든 것을 끌어당깁니다. 지구의 중력과 달의 중력이 다르듯 스스로의 중력이 커질수록 더 많은 사람들을 품을 수 있고 끌어당길 수 있습니다. 그렇다면 중력은 어디서 시작되는 것일까요? 바로 자기 자신의 내면에 자리한 중심, 즉 코어Core입니다. 저기 멀리서 생기는 게 아니에요. 중력은 내 안에서, 내 가슴속에서 시작되는 것입니다. 내 안의 코어에 자리한 원심력이 상대를 끌어당깁니다. 동그라미 호흡의 원이 커진다는 것은 내가 강한 코어를 가지고 있다는 의미입니다. 그럴수록 나는 상대를 더 많이 품고, 더 많이 끌어당길 수 있게 되는 것입니다.

하지만 지금까지 제가 이야기했던 부분은 주로 자신을 찾는 과정에 치우쳐 있습니다. 이것도 빙산의 일각에 불과합니다. 나를 찾는 동그라미 호흡에서 다른 사람을 감싸는 쪽으로 들어가면 그것 역시 한도 끝도 없습니다. 동그라미 호흡은 제가 평생 연구하며 익혀야 할 미지의 세계입니다. 저는 늘 동그라미 호흡을 통해 배우고 또 그만큼 자라는 중입니다.

▶️ 자신을 다스리는 동그라미 호흡의 힘

유튜버는 방송인이기 이전에 한 생활인이다. 일상 속의 유튜버는 애인에게 퇴짜 맞은 슬픔에 손가락 하나 들 기운조차 없을 수 있다. 취준생 1년 만에 처음 면접 연락이 온 경우도 있을 것이다. 부부싸움으로 며칠째 각방 쓰며 밥도 못 얻어먹는 상황일 수도 있다. 그러나 유튜버의 성공 조건 중 하나가 약속된 시간에 정기적으로 업로드를 해야 하는 것이었다. 그들에게는 매주 한두 번씩 동영상을 올려야 하는 구독자와의 약속이 있다. 방송인에게 방송 시간은 목에 칼이 들어와도 지켜야 할 약속이다. 실연의 고통을 유체이탈시키고 평소와 같은 발랄 캐릭터로 돌아가지 않으면 안 된다. 면접 준비로 날밤을 새웠어도 방송 시간 전에 마무리 편집을 마쳐야 한다. 부부싸움으로 인한 냉전의 와중에도 빵 터지는 입담을 구사해야 한다.

한 드라마 작가는 상중에도 병풍 뒤에 몰래 숨어 대본을 썼다고 한다. 수많은 앵커들이 아침 뉴스를 진행하기 위해 새벽 두시면 어김없이 방송국에 도착한다. 전날 피치 못할 술자리로 몸이 천근만근 무거워도, 개인적 상심으로 심경이 가라앉아도 카메라 앞에 서기 전 완벽한 스탠바이가 되어야 한다. 찬물 찜질로 얼굴의 부기를 가라앉히고 무슨 수를 써서든 마음을 호수처럼 평온하게 만들어야 한다.

동그라미 호흡으로 낭독 훈련을 하면 어떤 상황에서 처하든 나 자신을 다스릴 수 있다. 머릿속을 맴도는 복잡한 사연이 파문 하나 없는 수면처럼 정리된다. 불같은 화를 부르던 마음의 갈등에서 벗어나 상대를 용서하는 관용이 싹튼다. 가슴이 턱 막히던 체증이 사라지며 얼굴에 미소가 번진다. 편안하고 균형 잡힌 몸과 마음의 상태는 콘텐츠를 안정시킨다. 안정감은 콘텐츠의 품질을 높이는 기본요소이다. 그런 면에서 보자면 동그라미 호흡은 유튜버를 비롯한 방송인에게 최적화된 말하기 수련법이다.

05

**내 호흡이 편안해야
시청자의 귀가 편안하다**

동그라미 호흡은 유튜브 콘텐츠와 어떤 관계가 있을까. 동그라미 호흡을 장착한 콘텐츠로 어떤 효과를 볼 수 있을까. 우선 유튜브 채널의 구독자수를 늘리고 수익을 얻기 위한 직접적인 효과를 생각해볼 수 있다. 시청자를 내 콘텐츠의 세계로 이끌기 위해서는 먼저 나 자신의 호흡이 편안해져야 한다. 그래야 그들의 청각이 안정되며 내가 들려주는 이야기에 집중할 수 있다. 특히 실시간 스트리밍으로 진행되는 라이브의 경우라면 동그라미 호흡 훈련이 필수이다. 편집 과정이 남아있는 녹화방송과는 달리 한 번의 실수로도 구독자의 변심을 유발할 수 있기 때문이다. 시청자는 출연자가 화면에 있는 동안 많은 것을 캐치한다. 자신의 몸과 마음의 상태를 분장이나 화장으로 가리는 건 몇 분 정도에 불과할 수 있다. 10분, 20분 이상이 지나면 그다음부터는 날 것 그대로의 자신이 노출될 확률이 커진다.

라이브를 하는 주 이유는 구독자와의 실시간 소통을 위해서이다. 라이브 알

림과 함께 본방 사수를 위해 모여든 구독자라면 유튜버에 대한 기대감과 신뢰를 쌓은 사람이 대부분이다. 그런 이들에게 준비 안 된 내용과 자세로 실망감을 줄 수는 없다. 서너 시간 동안 계속 진행되는 게임 라이브의 경우는 더 말할 것도 없다. 방송 내내 끊임없이 말을 이어가야 한다. 시종일관 변함없고 굳건한 멘탈과 음성을 유지해야 한다. 목소리 관리가 필수인 전문가들에게도 쉽지 않은 일이다. 그런 방송을 줄곧 생목으로 진행하는 건 무리이다. 거의 매일 진행하다시피 해야 충성 구독자가 느는 라이브 전문 방송의 특성상 얼마 안 가 방송을 포기해야 할 정도로 성대가 상할 수 있다. 구독자 역시 힘이 들어가고 쇳소리가 나거나 음 이탈이 잦은 유튜버의 음성에 열광할 리 없다. 라이브 방송을 예로 든 것은 목소리의 혹사가 가장 심한 장르이기 때문이다. 정도의 차이만 있을 뿐 녹화방송의 경우도 마찬가지일 것이다.

유튜브는 장기전이다. 편집 기간을 빼고 적어도 일주일에 하루 이틀쯤은 말하기가 포함된 영상 촬영에 투자해야 한다. 편집 후 업로드된 결과물은 10분이라 해도 잘려나간 부분은 몇 시간 분량이 넘는 게 보통이다. 편집 완성본이란 숱한 삽질의 결과임을 명심해야 한다. 버려진 부분 속에는 아마도 공허하게 날아간 내 음성이 절반은 넘을 것이다. 그만큼 목을 혹사했다는 의미이다.

동그라미 호흡을 통한 편안한 말하기는 성대가 상하지 않는다. 상대를 감싸 안는 마음이 깃들어있어 라이브 방송이 지속되는 내내 부담스럽거나 거슬리지 않는다. 방송을 오랜 기간 동안 계속하면 할수록 호흡 수련의 효과로 몸과 마음이 안정되고 목소리와 말에 여유가 생긴다. 소통과 교감을 통해 시청자와의 관계는 더욱 돈독해질 것이다. 그런 모든 점들은 콘텐츠의 품질 향상에 직간접으로 연결된다.

세계적 갑부들은 한결같이 돈을 벌기 위해 돈 자체를 따르지 말라고 한다. 유튜브 채널도 마찬가지이다. 구독자수에 연연하지 말고 진득하게 콘텐츠로 승부를 봐야 한다. 콘텐츠의 품질을 높이고 시청자를 진정성과 소통으로 끌어안아야 한다. 그렇게 하다 보면 1년, 2년의 세월을 거치면서 언젠가는 반드시 영향력 있는 채널로 부상할 수 있을 것이다. 기왕이면 좀 더 당당하게 유튜브를 하자. 구독자를 구걸하지 말고 그들이 기꺼이 좋아해서 구독 버튼을 누르게 만들자. 우리는 감히 그 비결의 하나로 동그라미 호흡을 핵심으로 하는 보이스 스타일링을 추천한다.

▶️ 자신을 다스리는 동그라미 호흡의 힘

두 번째로는 구독자를 위한 배려와 콘텐츠에 의한 사회적 파급효과를 생각해볼 수 있다. 유튜브의 사회적 파급력을 생각해보면 크리에이터 개개인 역시 자신이 끼칠 영향력에 대해 한 번쯤 고민해봐야 한다. 특히 자신을 믿고 좋아해주는 구독자에게 정신적으로 어떤 면을 확충해줄 수 있는지를 고려해야 한다. 디지털 세상의 총화인 1인 미디어 유튜브에서 왜 정신적 측면을 중요시해야 하는지는 유튜브 운영사인 구글 자신이 좋은 증거를 보여준다.

근무 분위기가 자유롭기로 소문난 구글은 사내 명상 프로그램으로도 유명하다. 구글의 창립멤버인 차드 맹 탄은 구글링이란 신조어까지 낳은 검색 엔진 개발을 주도한 프로그래머이다. 남부러울 것 없어 뵈는 그는 평소 초조와 무력감에 시달렸다. 알 수 없는 불안감에 고통받기도 했다. 걷잡을 수 없는 감정의 소용돌이에 빠질 때면 스스로를 제어하는 게 힘들었다. 그러던 그를 구원한 것이 명상이다. 명상을 생활화하면서 그는 마음의 평온을 되찾았다. 일에 대한 자신감이 충만해졌고 인간관계도 원만해졌다. 그는 자신의 경험을 되살려 사내에 '내면검색Search Inside Yourself 프로그램'이라는 명상 교육 프로그램을 만든다. 이 프로그램의 인기는 폭발적이었다. 교육을 받은 많은 직원들은 그와 동일한 효과를 얻었다.

애플의 독특한 철학과 디자인도 스티브 잡스의 명상에서 비롯되었다는 건 너무나 잘 알려진 사실이다. 첨단 기술일수록 정신이 깃든 콘텐츠가 필요하다. 사람들을 끄는 건 기술이 아니다. 기술에 깃든 감성과 정신이다. 동그라미 호흡은 명상 철학이 깃든 말하기 호흡법이다. 내 몸과 마음을 관통하며 우러나는 호흡과 명상의 에너지를 시청자와 공유할 수 있다. 우선 나 자신을 다스림으로써 콘텐츠에 안정감을 부여하고 그에 의한 정신적 감화가 시청자에게도 치유의 에너지로 다가간다. 내 호흡이 편안하면 시청자의 귀도 편안해진다. 그를 통해 정화된 시청자의 몸과 마음이 장기 구독과 댓글, 슈퍼 챗 혹은 콘텐츠 내용에 대한 직접 참여 등의 다양한 형태로 또 다른 동그라미가 되어 유튜버 자신에게 돌아온다. 긍정과 격려의 선순환이 이루어지게 되는 것이다.

말의 상대가 한 사람이라면 동그라미는 작은 원 모양을 띨 것이다. 그러나 유튜버는 다수의 구독자를 대상으로 한다. 보다 강렬한 에너지가 담긴 아주 커다란 동그라미를 그려야 한다. 성공은 성공할 수 있는 그릇이 준비된 이에게 다가오는 것이다. 동그라미 호흡은 유튜버를 끊임없이 성장시킨다. 그런 성장이야말로 백만 구독자를 품을 수 있는 더 큰 규모의 원을 그리게 해주는 가장 강력한 원동력이 될 것이다.

동그라미 호흡으로
시청자를 끌어당겨라

동그라미 호흡은 나의 정체성을 찾게 해서 콘텐츠를 강화하고 말의 상대인 구독자, 즉 시청자를 이해와 사랑으로 내 안에 품는 보이스 스타일링의 핵심이다. 앞에서 소개한 동그라미 호흡법을 충분히 연습한 후, 화면 밖 시청자를 향해 가상의 커다란 원을 그린다는 느낌으로 멘트 연습을 해보자. 동그라미 호흡에 실린 멘트의 편안한 안정감과 포용력이 분명 시청자를 끌어당길 수 있을 것이다.

유튜버를 위한 동그라미 호흡법

① 남아있는 숨을 최대한 내뱉는다.

② 배가 불룩해질 정도로 숨을 들이마신다.

③ 손동작을 이용해 동그라미를 그리며 "스—"하고 숨을 조금씩 내뱉기 시작한다.

④ 대본에 쓰인 멘트를 날숨 위에 얹어 읽어본다.

동그라미 호흡을 이용하여 다음의 유튜브 대본을 읽어보자.

◀ 아래의 예문을 보이스 스타일링 방식으로 읽어보세요

황량하면서도 웅장한 바위산. 끝도 보이지 않는 천 길 낭떠러지 중턱에 한 남성이 매달려 있습니다. 어떠한 안전장치도, 심지어 몸을 잡아주는 로프조차 없습니다. 이 남자가 의지하는 것은 자신의 오른발과 손가락 두 개. 남자는 거칠지만 매우 규칙적인 호흡을 합니다. 그러더니 이내 왼쪽에 있던 바위틈으로 다리를 뻗어 고정시킨 후 왼손으로 자신의 몸을 끌어올려 한 뼘 올라갑니다. 도대체 이 남자는 누구이며 무엇을 하고 있는 것일까요.

인간의 한계는 어디까지인가. 한 남자의 위대한 도전을 다룬 다큐멘터리 영화 <프리 솔로>입니다. 이 영화는 산악 영화입니다. 하지만 일반적인 산악영화와 다른 것은 실제 등반을 촬영한 다큐멘터리라는 점과 그 등반의 장르가 아무런 장비도 없이 맨 몸으로 절벽을 정복하는 '프리 솔로'를 다루고 있다는 점이죠. 흔히들 말하는 절벽 혹은 암벽을 오르는 클라이밍이란 스포츠는 안전을 위하여 로프를 사용합니다. 하지만 '프리 솔로'라는 장르는 아무런 도구나 장치 없이 맨 몸으로 홀로 클라이밍을 하죠. 그래서 실제로 프리 솔로 선수들은 결국 대부분 죽는다고 합니다. 이 영화는 이런 '프리 솔로'를 너무나도 사랑하는 한 남자의 도전을 옆에서 조용히 담아냅니다. 아직까지 '프리 솔로'로는 한 번도 정복되지 않은 미국의 요세미티. 이곳을 정복하기 위해 주인공은 8년에 걸친 분석과 끝없는 연습을 시작합니다. 그러나…

※ 동그라미 호흡을 통한 말하기는 김나연 성우가 운영 중인 유튜브 채널에 다양한 실례가 올라와 있다. 유튜브 검색창에서 '성우 김나연의 보이스TV'를 치고 들어가 참고해보자. 도움이 되었다면 구독은 필수!

목소리와
말투도
경쟁력이다

유튜버와 시청자가 그린 동그라미가 겹쳐 만드는 접점의 공간
을 포물선 대화로 볼 수 있다. 유튜버는 콘텐츠를 통해 말하고
시청자는 댓글과 구독을 통해 자신의 의견을 드러낸다. 유튜버
인 내가 콘텐츠에 담긴 동그라미 호흡을 통해 상대인 시청자를
감싸며 원을 그리면 그에 감화된 시청자 역시 유튜버와 콘텐츠
를 감싸는 동그라미 호흡으로 원을 그리며 화답한다. 두 개의 원
이 만나 그리는 두 포물선의 내부엔 서로를 향한 신뢰와 소통이
깃들어 있다.

01

당신의 목소리와 말투는 어떠한가?

자, 보이스 스타일링의 핵심인 동그라미 호흡을 배웠다면 이제는 유튜버 자신에게 집중해보자. 내 목소리와 말투는 과연 구독자에게 어떻게 받아들여질까. 보이스 스타일링 수업을 시작할 때는 가장 먼저 강의를 들으려는 이의 목소리와 말투에 대한 진단이 필요하다. 개개인이 지닌 장점을 살리고 단점은 교정하여 개선하는 구체적인 목표와 과정에 대한 계획을 세울 수 있기 때문이다.

수많은 음성들을 진단하면서 세상에는 사람 수만큼 다양한 목소리와 말투가 존재한다는 걸 새삼 실감한다. 우선 목소리의 예를 들어보자. 목소리에는 선천적으로 고음, 중음, 저음 등 높낮이가 있다. 맑은 소리, 쉰 소리, 부드러운 소리도 있다. '장밋빛 인생La Vie en Rose'을 부른 에디트 피아프나 나얼처럼 떨림음이 특징인 사람도 있다. 목소리는 대체적으로 성대의 길이와 굵기, 성대가 떨리는 속도에 따라 달라진다. 성대가 짧고 가는 여성의 경우는 높은 소리가 난다. 반대로 남성처럼 성대가 길고 굵으면 낮은 소리가 난다. 성대가 빠르게 진동하면 높은 소리가 나고 느리게 진동하면 낮은 소리가 난다.

말투의 유형은 특정하기 어려울 만큼 광범위하다. 어떤 사람은 말끝마다 '진짜'나 '있잖아' 같은 특정 단어를 붙이는 경우가 있다. "와! 진짜 너무 한다 진짜. 내가 못 살아 진짜. 너 진짜 그럴래 진짜?", "있잖아, 내가 말했었지. 근데 있잖아 그거 있잖아 왜" 같은 식이다. 말을 시작할 때 뜸을 들이며 감탄사를 붙이는 사람도 있다. "마-", "자-", "에 또-"등이다. 이준익 감독의 영화 〈황산벌〉에서는 신라에서 온 스파이가 다용도 백제 방언 '거시기'의 정확한 뜻을 몰라 황당해하는 장면이 나온다. 습관적으로 '거시기'나 '뭐지?' 같은 모호하고 포괄적인 의미의 단어를 써서 생각 안 나는 말을 대신하는 사람도 적지 않다. 생각의 속도보다 말이 급한 경우이다.

입안의 구조적 문제와 관련되어 잘못된 말투가 형성되기도 한다. 데데거리는 혀 짧은 소리는 혀 밑과 입 안을 연결하는 띠 모양의 설소대가 혀의 원활한 움직임을 방해해서 생긴다. 혀끝이 치조^{위 앞니 뒷부분과 맞닿은 잇몸 부위}나 구개^{입천장}까지 닿지 않으면 치조음인 ㄴ, ㄷ, ㄹ, ㄸ, ㅌ, ㅅ와 경구개음인 ㅅ, ㅈ, ㅊ, ㅉ의 발음이 명확하게 않는다.

어떤 이는 자신이 비염이나 축농증이 있어 콧소리가 심하다고 생각한다. 그러나 이런 경우, 실제로 이상이 있다기보다는 잘못된 발성법에서 비롯된 사례가 더 많다. 경험상 콧소리가 많이 섞인 징징거리는 말투는 조음 기관을 제대로 사용하지 않아서 발생한다. 구강에 영향을 주는 조음 기관이 소극적이니 중심축이 비강 쪽으로 몰릴 수밖에 없다. 하지만 입과 혀 등이 활발하게 움직이면 구강 안이 넓어지면서 "웅"하고 깊이 있게 울리는 소리가 난다.

사람을 대하는 화자^{話者} 자신의 의식이 암암리에 반영되는 경우도 많다. 예를 들어 매사 '이건 다른 사람들은 다 모르고 나만 아는 사실이다'라고 생각하는 이는 화제를 꺼낼 때마다 "(넌 모르겠지만) 이러이러한 게 있어"라는 가르치기식 말하기를 한다. 자신감이 결여된 사람은 말끝을 흐리거나 "아니 뭐 그렇단 얘기지. 누가 뭐래?"라며 사족 같은 토를 달기도 한다. 좀 더 남자다워 보이고 싶어 거친 현장에서 쓰이는 욕설로 말의 반 이상을 채우는 사춘기 아이들도 있다.

성격과 심리상태에 따라서도 말투가 달라진다. 성질이 급한 사람은 말도 말이 빠르다. 감정의 앙금이 있는 상태에서 상대에게 쏘아붙일 때 느긋하게 말할 리는 없다. 무슨 말을 하든 '말의 뼈'가 느껴지는 사람도 있다. 상대의 말에 대한 리액션이 "아니, 그게 아니라"처럼 일단 부정부터 하고 보는 타입도 흔하다.

직업적 특성이 말투에 배기도 한다. 한때 특정 직업 종사자의 말투를 흉내 내는 개그가 유행하던 시절도 있었다. 상담을 직업으로 하는 사람들은 평소 음보다 높은 톤을 사용하는 경우가 많다. 종교와 관련된 일에 종사하는 사람들의 말투는 평온하고 점잖다. 군인의 말투는 절도 있을 수밖에 없다.

입헌군주국처럼 신분제 사회의 전통이 남아있는 나라에서는 최근까지도 신분에 따른 차별적 말투의 유습이 있었다. 왕가를 비롯한 영국 상류층의 언어인 퀸즈 잉글리시Queen's English, 중산층의 언어인 표준영어RP, 일반인의 언어인 길거리영어 등이다. 다이애나 왕세자빈이 사용했다는 슬론Sloane Speak어투도 일반 영어와 구별되는 독특한 말투이다. 귀족이나 상류층 자제들 사이에 퍼져있던 이 말투는 단어와 음을 명확히 발음하는 특징이 있다. 이런 차별성은 점차 일반 영어에 밀려 사라지는 추세이다.

속칭 '쪼'라고 말하는 틀에 박힌 말버릇이 입에 붙기도 한다. 방송 진행자나 성우, 연기자에게는 치명적인 경우이다. 이것은 말에만 해당되는 것은 아니다.

예전에 신인가수를 선발하는 한 케이블 방송의 서바이벌 오디션 프로그램이 있었다. 미국의 인기 프로그램 〈아메리칸 아이돌〉의 한국판이라 불렸던 이 프로그램은 전 국민적인 인기를 끌었다. 심사위원의 한 마디 한 마디에 시청자와 지망생들이 희망과 절망의 극과 극을 오갔었다. 그런데 가끔 시청자의 예상을 빗나간 평가가 내려지는 때가 있었다. 시청자가 듣기엔 흠잡을 곳 없는데도 혹평을 받는 경우이다. 어떤 심사위원은 "그렇게 노래하지 말라"며 신경질적인 반응을 보이기도 했다. 그런 평가를 받은 사람은 클럽이나 카페에서 아르바이트로 혼자 노래를 불러왔다든지 준 프로 가수 생활을 해온 지망생이 대부분이었다. 올바른 창법에 대한 공부 없이 살짝 겉멋이 든 형태로 굳어진 틀이 문제였다. 물론 클럽이나 카페에서 노래하는 사람들 모두가 그렇다는 말은 아니다. 시청자는 버릇을 교정해서 좋은 가수로 만들면 참 좋겠다는 생각을 했지만 심사위원들은 한결같이 고개를 저으며 그들을 오디션에서 떨어뜨렸다.

▶ 고치기 어려운 습관, 그러나 알면 바꿀 수 있다

잘못된 습관이 밴다는 건 그런 것이다. 한 번 몸에 각인되어 버리면 털어내기 힘들다. 그런 사실을 잘 아는 각 분야의 프로들은 신인들에게 신신당부한다. 정석대로 기본을 튼튼히 쌓지 않고 편법과 요령으로 그럴듯해 뵈는 습관을 들이면 절대 고칠 수 없다. 그런 이유로 골프나 테니스, 볼링, 스키 등 모든 스포츠들도 처음부터 잘못 길이 들지 않게 기본자세를 가르치고 또 가르친다.

이처럼 말투는 말하는 사람의 신체적 특성, 의식, 심리, 사회적 위치, 출신지, 성장배경, 직업, 성격 등 많은 요소를 암암리에 드러낸다. 그의 말버릇에 영향을 준 가정이나 학교, 사회 등 언어 환경도 포함된다. 특정한 단어에 대한 개인의 취향도 드러난다. 말투는 자기 자신을 드러내는 거울이라고 할 수 있다.

구독자를 끌어들이는 목소리와 말투를 구현하기 위해서는 우선 자기 자신의 특성을 객관적으로 파악해봐야 한다. 그러기 위해서는 자신의 목소리를 녹음해 들어보는 것이 좋다. 거울을 보며 외모를 관리하듯 목소리도 녹음을 통해 듣고 살펴야 한다. 주변 사람에게 물어보는 방법도 있다. 하지만 누구든 평소 친하게 지내는 지인의 음성에 대해 100% 진실을 말해주긴 힘들다. 냉정하고 객관적인 평가가 불가능할 수 있는 것이다. 그런 의미에서 가감 없이 정확한 상태를 말해줄 수 있는 보이스 전문가의 진단과 평가를 받아보는 것도 괜찮다.

02

목소리는 말투에서 그 힘을 발휘한다

소크라테스는 자연중심의 고대철학을 인간중심으로 바꾼 철학사적 의의가 있는 인물이다. 일생을 철학에 전념했지만 의도하지 않게 정치에 휘말리면서 재판을 받게 된다. 재판정에 선 그는 하늘을 우러러 한 점 부끄러움 없다는 자부심이 있었다. 그에 기반하여 논리적으로 흠잡을 곳 없는 변론을 했다. 오히려 자신은 아테네 사회의 정신적·윤리적 숭고함을 드높인 공을 생각하면 귀빈으로 대접받아야 마땅하다고 말했다. 자신을 죽인다면 배심원들이 신에 대해 죄를 짓는 것이며 그 변론은 스스로를 위해서라기보다 그들을 위한 것이라는 의견도 밝힌다.

역사에 길이 남은 그의 명 변론은 그의 의도와는 반대로 배심원의 오해를 샀다. 그들은 소크라테스가 오만한 시각으로 자신들을 내려다본다고 생각했다. 결국 그에게는 사형이 언도되었다. 이 사건은 두고두고 평자들의 입에 오르내리고 있다. 재판 자체로만 보면 다수의 감정적 대응이 이성적 판단을 넘어선 잘못된 판결의 사례로 꼽힌다.

우리는 말투의 측면에서 이 사건을 볼 필요가 있다. 그는 법과 원칙을 존중하고 그간 살아온 삶과 견지해온 철학에 비추어 한 치도 어긋남 없는 소신을 밝혔다. 당시의 정황을 정확히 파악하긴 어렵지만 그의 변론이 갖춘 논리적 완결성을 생각하면 배심원들은 그의 의견에 동조를 표했어야 옳다. 그러나 사람들은 오히려 사형 판결 쪽에 더 많은 표를 던졌다. 심정적으로 그의 편을 들어주지 않은 것이다. 만약 소크라테스가 배심원의 감성적 측면을 헤아렸다면 어땠을까. 그의 논리를 뒷받침해줄 심정적 공감까지 얻을 수 있었다면 아마도 역사가 달라지지 않았을까.

▶ 때로는 내용보다 목소리가 중요하다

독백의 경우가 아니라면 말은 반드시 상대가 있다. 대화를 한다는 것은 내가 지닌 의도와 느낌을 상대에게 전해 공감을 얻고, 상대의 말을 경청하여 공감해주며 소통을 이뤄내는 목적을 지닌다. 타인의 공감을 얻는 것은 쉬운 일이 아니다. 건성으로 공감을 표하는 것과 진심으로 공감하는 건 다른 일이다. 우리가 얻고자 하는 공감은 당연히 후자이다. 진심 어린 공감을 얻기 위해서는 어떤 요소가 필요할까. 어떤 이는 말의 논리적 완결성이라고 말한다. 상대를 논리로 완벽하게 설득하면 내 말에 공감하리라 믿는 것이다. 논리는 타당성이나 개연성의 판단에 도움을 준다. 그로써 어떤 결정을 내리는 행동의 근거가 되긴 한다. 그러나 사람들은 논리에 의해 상대에게 심정적인 공감을 느끼진 않는다. "납득은 하는데 용납이 안 된다"거나 "이해는 하는데 받아들이진 못한다"는 말장난 같은 표현은 그래서 생겨난 것이다.

공감은 논리적 설득보다 감성적 감화 쪽에 가깝다. 호감이나 동정, 연민, 감동 등 감성에 속하는 요소들이 공감을 불러일으키기 쉽다. 공감이란 마음이 움직인다는 의미이다. 상대의 마음을 움직이기 위해서는 내 말에 진정성을 담아야 한다. 진정성이 주는 신뢰감은 공감의 가장 기본적인 조건이다.

그렇다면 사람이 말을 할 때 진정성을 감지하게 해주는 지표는 무엇일까. 사람들은 누군가의 말을 들을 때 말의 내용만 듣지는 않는다. 본능적으로 말하는 이의 의도와 심리상태를 함께 파악하려 한다. 그로써 말의 진위를 살피고 표면적인 말 표현 뒤에 숨은 의미를 유추해낸다. 앞서 살펴본 바와 같이 말투는 사람의 의식과 감정, 심리상태를 비롯한 많은 정보를 담고 있다. 말의 내용과 말투만 듣고서도 사람들은 말의 진정성과 신뢰성을 감별할 수 있는 능력이 있다.

앞장들에서 강조했던 것처럼 유튜버에게 있어 좋은 목소리는 콘텐츠의 내용 못지않게 중요하다. 콘텐츠의 품질을 향상시키는 핵심요인 중 하나이다. 파워 유튜버들의 공통점인 안정감과 신뢰감을 주는 중저음을 지녔다면 더욱 경쟁력이 있을 것이다. 하지만 목소리는 좋은데 말투가 엉망이라면 어떨까.

목소리와 말투는 서로 뗄 수 없는 말하기의 두 구성요소이다. 목소리는 말투를 통해 제대로 된 말로 구현된다. 목소리가 몸이라면 말투는 옷과 같다. 헬스와 트레이닝으로 다져진 몸매라 해도 상황과 자리에 맞는 옷차림이 아니라면 생뚱맞아 보일 수 있다. 분위기 파악 못한 미팅 자리처럼 겉돌기만 할 것이다. 드레스 코드가 있는 것처럼 목소리에도 보이스 코드가 있다. 상황에 맞는 적절한 목소리와 말투로 말을 해야 상대의 신뢰를 얻을 수 있고 센스 있는 제대로 말하기가 가능하다.

또한 목소리가 음식이라면 말투는 플레이팅에 비유할 수 있다. 따뜻한 음식은 보온이 잘 되는 재질에 담아야 온기가 오래간다. 찬 음식을 얼음 가득한 보울 위에 놓는다면 열전도가 잘되는 금속 재질에 담는 게 옳다. 어울리는 그릇에 제대로 담긴 음식은 시각적인 만족감과 함께 맛과 향을 극대화해 준다. 목소리도 말투를 통해 비로소 제 모습을 갖춘다. 목소리가 지닌 고유의 매력과 개성은 말투가 받쳐줘야 비로소 상대방에게 올바르게 전달된다. 목소리는 말투에서 그 힘을 발휘한다.

앞에서는 목소리와 말투의 특성과 관계, 본질에 대해 다루었다. 이번엔 유튜버에게 왜 말투의 개선이 필요한지에 대해 이야기해보자. 보이스 스타일링 훈련을 받지 않은 대부분의 유튜버들은 말투의 중요성에 대해 신경을 기울이지 않는다. 만약 말투를 개선해야 한다면 적당히 표준어를 사용하거나 상냥하게 말하기 정도로 충분하다고 여기는 듯했다.

그러나 상황에 적합한 올바른 말투는 유튜버가 필수적으로 갖춰야 할 덕목이다. 말투를 잘 챙겨야 콘텐츠 경쟁력이 살아난다. 그 이유는 말투가 전달력과 콘텐츠에 대한 첫인상을 좌우하기 때문이다. 두 가지 사항에 대해 상세히 알아보자.

말투는 전달력의 핵심이다. 말투가 불분명하거나 알아듣기 어려우면 콘텐츠의 내용 자체를 시청자에게 제대로 전할 수 없다. 유튜버들에게 보이스 스타일링 강의를 시작하기 전 그들의 목소리와 말투를 진단해보았다. 약간의 편차는 있었지만 그들 대부분은 몇 가지 공통점이 있었다. 이런 점들은 말하는 이가 무슨 말을 하는지 잘 알아듣기 힘들게 만든다. 전달력이 떨어지는 것이다. 이를 유형별로 살펴보고 개선방법을 알아보자.

❶ 너무 빠른 말

우선 말의 속도가 빨랐다. 유무선을 통틀어 우리 인터넷 환경은 "빠른 것이 정답이다"라는 개념이 널리 퍼져있다. SNS도 마찬가지이다. 유튜브도 예외는 아니다. 대부분의 1인 채널들은 화면 전환이 빠른 편집을 선호한다. 구독자가 잠시라도 한눈을 팔지 않도록 지속적으로 주의를 집중시키기 위해서이다. 그러다 보니 모두들 속도에 대한 강박관념이 생겨버렸다.

특히 초등학생 유튜버들의 경우는 한 명도 빠짐없이 말이 빨랐다. 각 단어의 음가를 제대로 내지 못할 정도로 말이 후루룩 흘러갔다. 스마트 기기와 인공지능, 네트워크와 빅데이터의 시대에 태어나고 자란 환경 탓일까. 진득하게 앉아서 열중하기보다는 빨리 해치우고 다른 걸 해야만 할 것 같은 초조와 불안이 엿보였다.

말이 빠르다는 것은 내 의식이 저 멀리 앞서가고 있다는 의미이다. 제대로 말을 하려면 의식과 몸이 일치되어야 한다. 여기서 몸이란 호흡과 발성, 발음을 말한다. 자신의 생각과 느낌을 말에 담아 다른 이에게 잘 전달하기 위해서는 의식의 흐름을 내 호흡 속도에 맞추고 그 위에 말을 싣는 게 바람직하다. 말을 천천히 한다고 해서 말의 속도감이 떨어지는 것은 아니다. 또한 말의 속도감은 그저 빨리 말한다고 낼 수 있는 것이 아니다. 키워드를 중심으로 중요하지 않은 말들의 자간을 좁혀주며 명확한 발음을 낼 수 있도록 조음 기관을 활발히 움직여줘야 한다. 오히려 중요한 의미가 담긴 이야기는 상대에게 제대로 전달될 수 있도록 천천히 또박또박 키워드를 중심으로 이야기하는 것이 좋다. 의식과 몸이 일치되면 떨리거나 긴장하는 증상도 바로잡아진다. 말의 중심이 잡혀 안정감을 얻기 때문이다. 이 경우는 말하기 호흡과 동그라미 호흡을 꾸준히 행하면 저절로 개선되는 경우가 많다.

❷ 목 발성으로 인한 쉰소리, 얼굴 발성으로 인한 비음

다음으로는 목이 쉰 것처럼 허스키한 목소리의 유튜버가 많았다. 하지만 이 경우는 타고난 음색이 그렇다기보다 목을 무리해서 쓴 결과이다. 조금만 들어보아도 듣는 사람의 귀가 피곤해질 정도로 목을 많이 쓰고 있다는 사실을 알 수 있다. 말할 때 호흡을 사용하지 않고 성대를 무리하게 사용한 것이 원인이다. 목 발성을 하는 이런 유형들은 대부분 목감기에 자주 걸린다. 조금만 말을 해도 목이 많이 아프다며 고통을 호소한다. 이런 증상을 개선하기 위해서는 말하기 호흡의 날숨에 말을 싣는 연습을 집중적으로 시켜야 한다. 목의 통증이 사라지며 말하기가 한결 편안해진다.

목 발성 못지않게 흔한 경우가 얼굴 발성이다. 얼굴 발성을 하면 비음이 심한 말투를 쓰게 된다. 이 경우 역시 제대로 된 호흡이 이루어지지 않는 것이 근본

원인이다. 말하기 호흡으로 목구멍을 통해 구강을 거쳐 바로 목소리를 낼 수 있게 유도하면 비음이 해소된다.

❸ 소극적인 움직임의 조음 기관

조음 기관의 움직임이 소극적이거나 올바른 방법대로 쓰지 못해 발음이 불분명한 경우이다. 말을 할 때 유심히 살펴보면 조음 기관이 굳어있거나 둔하게 움직이는 것을 발견할 수 있었다. 이 유형은 조음 기관의 움직임 훈련을 집중적으로 하면서 점차 명확한 발음으로 개선해나가야 한다. 입안에서 발음이 이루어질 때 가장 주도적 역할을 하는 것이 혀이다. 제 위치를 찾지 못하고 방황하는 혀를 각 자음의 조음 위치에 제대로 위치할 수 있도록 훈련하게 된다. 혀끝에 힘을 주어 정확한 위치에 놓는 연습과 함께 입 모양을 확실히 하여 명확하고 뚜렷한 발음이 나오도록 만든다.

❹ 아기 말투

유아 시절에는 성도와 얼굴 골격의 성장이 미숙하여 혀를 마음대로 움직일 만큼 입안의 공간이 충분하지 않다. 근육 발달이 이루어지는 중이라 혀의 움직임 자체도 완벽하지 않다. 혀를 자유자재로 움직여야 발음이 가능한 ㄱ, ㅋ, ㄹ, ㅈ, ㅉ나 ㅅ, ㅆ 같은 고난도의 음운들은 대여섯 살쯤 되어야 구사할 수 있다. 아기들만의 혀 짧은 발음이 날 수밖에 없는 이유이다. 그러나 우리가 가르친 유튜버 중에는 성인임에도 그런 말투를 쓰는 경우가 있었다. 본인들은 혀가 짧아서라고 생각하고 있지만 대부분은 조음 기관의 하나인 혀를 활발하게 움직이지 않는 평소 습관 때문에 근육이 탄력을 잃은 경우가 많다. 이 경우는 혀의 유연

성과 적극성을 길러주는 집중 훈련으로 혀 짧은 소리를 교정할 수 있다.

❺ 상대 없는 말하기

이른바 '책 읽기' 말투이다. 책을 읽듯이 말을 하고 있다는 것은 상대를 고려하지 않는 방식이다. 상대와 말을 할 때 문어체의 읽기식 대화를 한다고 상상해보자. 대화 자체가 겉돌고 희화적으로 변할 것이다. 이런 유형은 아직 유튜브 방송에서 뭘 보여줘야 할지 결정하지 못했거나 스스로에 대한 자신감이 없어서일수 있다. 콘텐츠의 방향이 명확해지면 그에 딱 맞는 가상의 시청자가 보이게 마련이다. 우선 자기 자신의 정체성을 찾고, 상대를 포용하며, 서로 소통할 수 있는 자세의 변환이 필요하다. 바로 동그라미 호흡을 통한 제대로 말하기를 꾸준히 훈련함으로써 문제점이 극복될 수 있을 것이다.

▶️ 콘텐츠의 첫인상을 망치는 말투의 유형 5가지

유튜버의 말투는 콘텐츠의 첫인상이다. 말투에 의해 콘텐츠에 대한 시청자의 인상이 달라진다. 유튜버의 말투는 콘텐츠에 대한 시청자의 호감과 신뢰도를 좌우한다. 시청자의 마음에 들고 믿을 수 있는 콘텐츠는 공감으로 이어진다. 공감의 층이 두텁고 폭이 넓어진다는 것은 곧 구독자수의 상승을 의미한다. 그런만큼 적합하지 않은 말투의 개선은 필수적이다. 첫인상을 망치는 말투를 일정유형으로 나눠 살펴보고 개선 방법을 적어보았다.

만약 자신이 아래에 열거한 말투의 소유자임이 의심된다면 당장 목소리와 말투를 녹음하여 자기 자신을 객관적인 위치에서 바라보아야 한다. 자신의 말투에 대해 잘못된 점을 발견하고 스스로 인정하는 과정이 필요하다. 그런 후 말하기 호흡으로 마음을 다스리고 동그라미 호흡 훈련을 통해 상대를 배려하는 마음을 길러야 한다.

❶ 공격형 말투

일상 속에서도 조금만 말을 나누면 피곤하게 느껴지는 말투가 있다. 무슨 말을 해도 가시 돋은 고슴도치 같은 말을 내뱉는 유형이다. 속사포같이 빠르게 자기 말만 쏟아내기도 한다. 에너지가 넘치는 것이 원인인 경우도 있다. 이 유형의 사람과 마주 앉아 있으면 제 아무리 순한 사람이라 해도 마음의 무장을 하게 마련이다. 시청자에게 좋은 인상을 주기는 당연히 힘들다.

❷ 가르치는 말투

"(내가 다 해봐서 아는데) 이건 이렇게 하는 거야", "(너는 모르겠지만) 이러이러한 게 있어"식으로 상대를 가르치려는 말투는 듣는 사람에게 반감을 불러일으킨다. 한 술 더 떠 조언을 빙자한 잔소리로 시청자의 생각과 행동에 관여하려는 자세를 취하면 지켜보던 시청자가 기분이 좋을 리 없다. 이런 말투는 자기 자신의 경험만 가치가 있고 상대의 경험은 존중하지 않는 일방적인 생각에서 비롯된다.

❸ 성의 없는 말투

말을 기계적으로 하는 사람들이 있다. 이런 유형은 "제발 영혼 담긴 말을 해"라는 말을 주변에서 자주 듣는다. 남의 말을 들을 때도 시큰둥, 시청자의 슈퍼챗을 읽을 때도 건성건성이라면 제 아무리 콘텐츠가 좋고 훌륭해도 봐주고 싶은 마음이 사라진다. 세상 모든 일은 성의를 기울였을 때 생명력을 갖춘다. 시인이 눈여겨본 연탄재처럼 누군가에게 한 번이라도 뜨거운 사람이 되어보자.

❹ 평가형 말투

자기 자신의 생각이나 느낌을 말하기보다 상대의 외모나 상태, 생각에 대해 평가하듯 말하는 유형이 있다. 말투는 습관이기 때문에 자신도 모르게 튀어나올 수도 있다. 유튜버가 방송에서 가장 조심해야 할 것은 구독자에 대한 평가이다. 구독자는 여러 성향과 배경의 사람들이 모인 집단이다. "요즘 10대들은…", "나이 든 사람들은…" 등의 표현에서 언제 누가 상처를 입을지 모를 일이다. 밑에 '아줌마 말투'에 대해 썼지만 그것은 하나의 유형화된 말투이기 때문에 언급한 것이지 아줌마를 평가하려는 의도는 아니다. 심리학자들은 충고한다. 대화를 통해 공감을 얻고 진정한 소통을 이루려면 상대를 불쾌하게 만들 수 있는 평가형 말투보다 나 자신의 느낌과 생각을 말하는 편이 낫다고 말이다.

❺ 아줌마 말투

항간에서 '아줌마 말투'로 불리는 말의 버릇이 입에 밴 유튜버도 있었다. 주로 서술어 부분에 악센트를 주는 말투이다. 친근감을 주기 위한 캐릭터 설정이나 콘셉트라면 그것도 하나의 개성이 될 수 있다. 그러나 그런 경우가 아니라면 시청자에게 느슨하고 긴장감이 부족한 인상을 줄 수 있으므로 고쳐야 할 말투이다.

04

시청자와 함께하는 포물선 대화

앞에서는 유튜버 자신의 목소리와 말투를 점검해보았다. 이제는 그에 대한 구독자의 반응을 살펴볼 때다. 그들은 유튜버의 목소리와 말투에서 무엇을 느낄까? 가장 직접적으로 구독자 반응을 살펴볼 수 있는 것은 댓글이다. 우리는 30만 명 이상의 구독자를 지닌 유튜브 채널의 시청자 댓글을 살펴보았다. 그 결과 흥미로운 사실을 발견했다. 아래의 이미지를 참고해보자.

> ◯◯◯◯◯◯◯◯◯◯◯ 1년 전
> 선민언니 마음씨가 너무 예쁘셔요💜 저런 사소한?어쩌면 지나갈 수 있었던 글인데도 이렇게 영상까지 올려서 감사의 뜻을 전해주시니 선민님 구독자로서 행복합니다 :) 언니 항상 힘내시고 행복하세요 응원하겠습니다 ❘❘❘❘
>
> 👍 2 👎 💬 답글

> ◯◯◯◯◯◯◯◯◯◯◯◯◯◯ 1년 전
> 사람이 너무 좋아서 사람이 너무 착해서 너무 긍정적인 사람인거같아서 모든 사람들도 선민씨를 좋아하는거같아요! 잘웃고 말하는것도 예쁘고 특히 웃는게 너무예쁨! 세상에는 나쁜사람도 많지만 좋은사람이 더 많다는걸 선민님을 응원하는 몇만명에 사람들이 있다는걸 잊지마시고! 좋은 영상 부탁드려요^^ 행복한 모습만 보고싶네요!
>
> 👍 89 👎 💬 답글

구독자 약 30만 명의 라이프 스타일 유튜버 선민의 채널에 달린 댓글들이다. 선민은 소탈하고 진정성 있는 진행으로 20~30대 여성의 감성을 자극하며 수많은 공감과 지지를 얻고 있다. 그녀 채널의 댓글 란은 말 그대로 '클린'하다. 주로 그녀의 인성을 칭찬하는 글들이 오른다.

구독자 30여만 명의 게임 유튜버 혜안의 경우는 압도적으로 착하다는 댓글이 많다.

물론 이것은 선의의 댓글이 많은 채널 위주의 선정일 수 있다. 감정이 섞인 악의적인 댓글이 넘쳐나는 곳도 적지 않다. 그러나 그런 채널이라 해도 악플이 달리면 다음과 같이 악플러를 대신해서 유튜버에게 사과하거나 자정을 촉구하는 댓글들이 조정자로 나선다.

구독자가 유튜버에게 끌리는 이유를 담은 댓글 중에는 "착할 것 같다"거나 "따뜻해 보인다", "예의가 있다"는 등, 유튜버에게서 느껴지는 인상과 인성 측면의 호감에 대한 표현이 적지 않다. 이런 댓글들에서 우리는 어떤 사실을 짐작할 수 있을까? 물론 이에 대한 객관적 평가가 있기 위해서는 별도의 연구가 필요할 수도 있다. 또한 이런 결과가 유튜브 채널의 구독 성향에 대해 확정된 결과를 보여주는 것은 아니다. 하지만 우리는 학술적 목적을 위해 이 책을 쓰고 있는 게 아니다. 현실을 참고하는 선에서 가볍게 보아주면 좋겠다. 적어도 참고는 해볼 수 있을 것이다.

▶️ 진정성 있는 면모가 시청자를 끌어당긴다

우리는 시청자가 채널 구독을 결정할 때 단지 '재미'의 측면만 볼 것이라 생각한다. 재미만 있으면 모두 용서되는 게 우리 방송 프로그램의 현실이기 때문이다. 그러나 유튜브는 다른 면을 보여준다. 유튜브 시청자들의 구독 채널 리스트는 본인이 만드는 것이다. 철저히 본인의 취향이 반영된다. 자극적인 콘텐츠는 오래가지 못한다는 것이 파워 유튜버들의 공통된 의견이다. 적어도 게시판의 댓글을 통해 유튜버와 소통하고 있는 시청자는 자극적이어서 인간성이 상실된 쪽보다는 소탈하고 인간적이며 진정성 어린 콘텐츠를 더 선호한다는 사실을 짐작할 수 있다. 재미있어야 하는 건 당연하며, 거기에 플러스알파가 붙는 것이다.

시청자가 유튜브 채널을 구독하는 데는 여러 가지 개별적 이유가 있다. 사연은 달라도 구독을 통해 심정적 혹은 개인적 필요를 충족시키고 싶을 것이다. 바이올린을 배우고 싶다거나 유튜브 잘하는 법을 알고 싶다는 등의 실용적 목적일 수도 있다. 그러나 그 외에 구독을 신청하고 꾸준히 조회수를 올린다는 것은 그에 대한 지속적 관심을 가지게 되었다는 의미이다. 채널에서 내가 원하는 쪽의 만족감을 얻을 거라는 기대감이 있다는 것이다. 그것은 마음의 위안일 수도 있고 재미일 수도 있다. 그런데 그런 기대감을 갖게 하는 중요 지표가 목소리와 말투일 수 있음에 주목해야 한다. 시청자가 유튜버의 인성에 대해 평가할 수 있는 가장 중요한 지표 중 하나가 목소리와 말투임은 앞에서 살펴보았다.

▶️ 그들이 구독을 누르는 이유

동일한 콘텐츠라 해도 계속 보고 싶은 콘텐츠가 있고 한 번 보고 말 콘텐츠가 있다. 호감 가는 유튜버가 전하는 콘텐츠를 계속 보고 싶은 건 당연한 일이다. 유튜버의 목소리와 말투는 장기구독으로 들어가는 일종의 관문이 될 수 있다. 시청자는 '착해 뵈는', 혹은 '나쁜 사람 같지는 않은', '예의 바른', '인간성 좋은' 느낌을 풍기는 유튜버의 목소리와 말투에 좌우된다. 그들이 단순히 재미나 흥미만 찾고 있다고 생각하긴 힘들다. 그들은 게임 방송에서조차 사람과 콘텐츠에 의한 마음의 위안을 얻고 싶어 한다. 선한 유튜버, 착한 콘텐츠에 대한 열망이 있는 것이다. 물론 그것은 가식이 아닌 진정성에 기반한 것이라야 한다.

먹방 유튜버 쯔양은 가냘픈 몸매에 예쁜 얼굴로 10인분 이상의 음식을 정말 맛있게 먹어치우며 먹방계의 기대주로 부상했다. 우리가 만난 그녀의 한 구독자는 쯔양을 좋아하는 이유에 대해 이런 의견을 들려준다.

"저는 그 먹는 소리 듣는 게 참 좋더라고요. 일종의 대리만족이죠. 굉장히 많은 양이지만 전혀 힘들어하지 않아요. 처음부터 끝까지 행복해하면서 먹죠. 무엇보다 이 사람은 인간적인 면이 좋아요. 인간성이 좋을 거 같다는 느낌으로 다가와요. 방송을 쭉 보다 보면 느껴지죠. 기본적인 에티켓도 있고 나쁜 사람 같지는 않아요. 실제로는 어떤 사람인지 알 수 없을지도 모르지만요. 사람들은 각자의 느낌으로 유튜버를 판단하죠. 선한 느낌이 있는지 아니면 인간에 대한 예의가 있는지. 그런 면에서 그 유튜버가 좋은 사람이라고 느껴지면 콘텐츠를 더 좋아하게 되는 거죠."

또 하나 주목해봐야 하는 것이 있다. 시청자의 인기를 얻고 구독자수가 백만, 2백만이 넘는다는 걸 표면적으로만 본다면 해당 유튜버가 만든 콘텐츠의 힘이라고 생각할 수 있다. 하지만 제 아무리 콘텐츠 내용이 우수하다 해도 시청자가 공감하지 않으면 장기 구독으로 이어지지 않는다. 콘텐츠가 먹힌다는 건 실은 수많은 구독자의 가슴에 잠재하던 갈망, 혹은 기대에 유튜버가 제대로 응답한 것일 수 있다. 다수의 구독자가 지닌 폭넓은 공감대를 유튜버가 자신만의 방식으로 잡아내 표현해낸 것이다.

사실 광고든 방송이든 대중이라는 소구 대상이 있는 모든 콘텐츠는 기획 단계에서 어떻게 하면 그들의 마음을 사로잡을까 고민한다. 그들의 취향에 맞는 내용으로 콘텐츠의 방향을 잡는다. 유튜버의 콘텐츠 역시 시청자의 기대와 바람, 취향이 반영된 결과물이라 볼 수 있다. 구독자의 갈망이 콘텐츠의 성공을 좌우한 것이나 마찬가지이다. 유튜버도 시청자를 향해 콘텐츠를 만들어 방송하지만, 반대로 생각하면 구독자 자신의 갈망이 콘텐츠를 그렇게 만들도록 영향을 주었다. 둘 사이에 공감의 일치가 이루어진 것이다.

댓글에서 확인되듯 콘텐츠를 만들어 전달하고 그것을 구독하며 좋아해 주는 유튜버와 구독자 사이에 오간 이 선하고 따뜻한 공감의 교차점을 우리는 어떻게 설명할 수 있을까. 실체가 눈에 보이지는 않지만 엄연히 존재하고 있는 이 선량한 소통과 교감을 우리는 무엇이라 부를 수 있을까.

여기서 동그라미 호흡을 떠올려보자. 우리는 말하기 호흡을 통해 자기 자신을 찾았다. 그리고 동그라미 호흡을 연습하면서 상대방을 존중하고 이해하며 배려하는 방법을 알게 되었다. 나뿐 아니라 상대도 동그라미 호흡을 통해 내게 말하고 있다면 어떻게 될까. 양쪽이 그리는 동그라미가 겹치는 부분이 있을 것이다. 그렇게 겹치는 곳에는 두 개의 포물선이 만들어지게 된다. 이때 두 개의 포물선 안에 자리한 부분이 바로 나와 상대의 공감과 소통이 이루어지는 교감의 지점이다. 동그라미 호흡을 통해 내가 그린 원과 상대가 그린 원이 교차하며 만드는 공감과 소통의 포물선을 이용한 대화법을 우리는 '포물선 대화'라고 부른다.

　사회의 한 구성원인 하나하나의 '나'가 저마다 말하기 호흡으로 자신의 정체성을 찾고 동그라미 호흡을 통해 상대를 이해하고 배려하며 포용한다면 온 사회에 공감과 소통의 포물선 대화가 가능해진다. 그렇게 사회 곳곳에 산재한 나와 상대, 상대와 또 다른 상대가 포물선 대화를 하다면 우리 사회에 자리한 몰이해와 일방성, 독선과 같은 불통이 사라질 것이다. 그리고 그 출발점은 내가 행하는 말하기 호흡과 동그라미 호흡이다. 나 자신이 먼저 나를 찾고 진정성과 배려, 예의를 담아 상대에게 말하면 상대 역시 내게 진심 어린 말을 건네게 된다. 우리 사회 구성원 한 명 한 명이 모두 이런 식의 대화를 한다면 사회 구성원 전체가 서로 존중하고 소통하는 아름다운 세상을 만들 수 있다. 포물선 대화는 그런 선순환 구조로 이루어진 대화법이다.

　'나'라는 존재에 집중한 말하기 호흡법에 '상대에 대한 이해와 배려'라는 개념을 포용한 것이 동그라미 호흡이라면 포물선 대화는 나와 상대의 교감을 통해 서로 간의 공감과 소통을 이루고 나아가 사회 전체 구성원 간의 공감과 소통을 달성하는 동그라미 호흡의 확장 개념이다.

　유튜버와 시청자가 그린 동그라미가 겹쳐 만드는 접점의 공간을 포물선 대화로 볼 수 있다. 유튜버는 콘텐츠를 통해 말하고 시청자는 댓글과 구독을 통해 자신의 의견을 드러낸다. 유튜버인 내가 콘텐츠에 담긴 동그라미 호흡을 통해 상대인 시청자를 감싸며 원을 그리면 그에 감화된 시청자 역시 유튜버와 콘텐츠를 감싸는 동그라미 호흡으로 원을 그리며 화답한다. 두 개의 원이 만나 그리는 두 포물선의 내부엔 서로를 향한 신뢰와 소통이 깃들어 있다.

강의를 들은 제자들은 종종 우리에게 묻는다. 청중 앞에 서면 어떻게 동그라미를 그릴 수 있냐는 것이다. 가끔 사회를 보거나 외부 강의를 하면 수많은 청중 앞에 서게 된다. 그럴 땐 단 둘이 마주 앉아 대화를 나눌 때와는 달리 가상의 큰 동그라미를 그리게 된다. 시청자의 경우는 더더욱 커다란 동그라미일 수밖에 없다. 그 규모가 얼마인지 짐작하기 힘들기 때문이다. 유튜버는 시청자를 향해 커다란 동그라미 호흡을 하게 되는 것이다. 이 호흡이 시청자의 호흡과 만나 이루는 포물선의 안쪽에 콘텐츠에 대한 지지와 공감, 소통이 자리하게 된다.

포물선 대화는 갈등과 불신의 늪에 빠진 많은 사람들에게 관계 개선의 해답을 제시한다. 앞에서 동그라미 호흡에 대한 우리 두 사람의 경험담을 적었다. 주로 각자 동그라미 호흡을 수행하며 얻은 개인적인 체험과 깨달음에 대해 이야기했었다. 이번에는 선후배 사이인 우리가 동그라미 호흡을 통한 포물선 대화로 갈등 상황을 극복한 경험에 대해 적어본다.

▶❙❙ 김나연 성우의 **포물선 대화 이야기**

저희는 방송국 공채 선후배 사이입니다. 지난 연말 후배인 호제는 투니버스 연말 송년회에서 성우 데뷔 10년 차 기념 상패를 받았습니다. 상패는 10년이란 경력과 함께 에이급 성우로 거듭난다는 의미입니다. 성우 생활 10년이면 쌓아온 역사가 있기 마련이지요. 추억이 담긴 에피소드도 많습니다. 그 자리에 함께 나온 동기들 한 명 한 명에 대한 소개와 더불어 추억담이 이어졌습니다. 그런데 단연 기억에 남는 사건이

화제가 되었습니다. 굳이 제목을 붙이자면 '선호제 황당 지각 사건'이랄까요.

방송 녹화가 있는 날이었습니다. 더빙이 있는 날이면 전속 성우들은 오전 9시 이전에 스탠바이를 합니다. 회사원들이 출근 시간 전에 업무 준비를 마쳐야 하는 것과 비슷합니다. 전속은 방송국에 소속된 반 직원이나 마찬가지이기 때문이지요. 더군다나 공채 성우 후배들은 기수가 높은 선배를 어려워하기 마련입니다. 미리 나와 선배들을 맞이할 준비가 되어있어야 합니다.

저를 비롯한 선배들이 모두 도착했습니다. 그런데 후배 두 명이 눈에 띄지 않았습니다. K라는 성우와 호제였습니다. "어, K가 안 보이네. 어떻게 된 거니?"하고 선배 하나가 물었습니다. "15분 늦는다고 합니다"라는 다른 후배의 답이 돌아왔습니다. "그럼 호제는?"하고 또 다른 선배가 물었습니다. 이번엔 황당한 대답이 들렸습니다.

"전화기가 꺼져 있습니다."

K와 호제는 둘 다 광고를 하는 친구들입니다. 다른 후배들과 달리 좀 튀는 면이 있었습니다. 그런데 호제는 K가 묻힐 정도로 아예 대형 사고를 친 것입니다. 전속이 늦는다는 건 상상할 수 없는 일입니다. 둘 이전에는 한 번도 그런 사례가 없었습니다. 설사 전속에서 벗어나 프리가 된다 해도 방송 현장에 늦는 건 있을 수 없는 일입니다. 9시에 슛 들어가는 거면 적어도 10분 전에는 스탠바이를 해야 합니다. 방송은 혼자 하는 게 아니기 때문이지요. 열몇 명, 많게는 오십 명이 참여하는 작업이었습니다. 선후배를 비롯해서 모든 관계자가 스케줄에 맞춰 와야 합니다. 게다가 전속의 경우는 사정을 봐주고 말고에 해당할 수도 없었습니다. 무조건 오는 분위기니까요. 이후로도 호제는 몇 번 더 늦었습니다.

더 황당한 것은 호제의 반응이었습니다. "너 왜 그랬니?"하고 물으면 보통은 변명을 하기 마련입니다. "선배님 죄송해요. 사실 제가 어제 아버님이 아프셔 가지고 병원에 다녀오느라고…" 뭐 이런 종류의 말이 나오는 게 당연합니다. 제 제자 중에는 늘 똑같은 핑계를 대는 친구도 있습니다. 늘 아프시던 할머니가 분명 돌아가셨었는데 다시 일어나 아프시기도 합니다. "잠깐, 쟤 할머니가 몇 분이지?"라는 저의 의문 제기에 할머니가 고모로 바뀌긴 했습니다. 하지만 호제의 말은 늘 똑같았습니다.

"술 먹고 못 일어나서요."

변명이라도 했으면 좋을 텐데 너무 솔직한 게 탈인 것이지요. 그런 대답이 나오면 선배들은 할 말이 없습니다. 어떻게 보면 뻔뻔하다고 볼 수도 있고 한편으론 안쓰럽기도 했습니다. 그래서 어느 날 맘 잡고 호제를 불러냈습니다. 그리고 눈물이 쏙 빠지도록 혼을 내주었습니다. 결론적으로는 그 사건이 호제와 오늘날까지 함께 일하게 된 계기가 되었습니다.

▶▶⏸ 선호제 성우의 **포물선 대화 이야기**

당시 감나연 선배님은 공채 1기였고 저는 7기였습니다. 하늘 같은 선배인 1기가 아직 전속에 매인 까마득한 후배에게 말을 걸진 않죠. 이름이나 물어보고 마는 게 보통입니다. 더욱이 1기가 7기를 불러내 직접 야단을 치는 건 드문 일입니다. 7기 중 누군가 늦는다 치면 일단 6기들이 데리고 나갑니다. 일차적으로 혼을 내고 들어오면 5기들은 한 마디쯤 거들고, 4기 정도 되면 "아휴"하며 한심해하는 선에서 그치기 마련입니다. 그 윗대 선배들까지는 안 올라가는 게 정석인 것입니다. 그런데 그런 순차적인 과정을 건너뛰고 1기 대선배인 감나연 선배님이 직접 일어나 저를 호출한 것입니다.

"야, 선호제. 이리 나와!"

"반쯤 죽여 놨다"는 선배님의 표현처럼 그날 저는 태어나서 처음으로 선배에게 호되게 야단을 맞았습니다. 하지만 그 사건으로 선배님과 사이가 틀어진 건 아닙니다. 오히려 선배님에 대해 신의를 갖는 좋은 계기가 되었습니다. 그날 저녁 선배님은 따로 나를 부르더니, 조용히 한 마디 남기셨습니다.

"내가 너를 이렇게 한 번 혼내야 네가 더 이상 욕을 안 먹지."

순간, 선배님의 그 한 마디가 내 마음속으로 훅 치고 들어왔습니다. 엄하고 직설적인 말투 뒤에 숨은 인간미와 사람 냄새를 그 한 마디로 알아버린 것입니다.

▶❚❚ 김나연 성우의 포물선 대화 이야기

그렇게 시작된 인연으로 호제와 많은 일을 함께 도모해왔습니다. 저희는 선후배로서 또 성우라는 같은 길을 가고 있는 동료로서 일에 대한 각자의 경험을 토로하고 성장에 도움을 주는 서로의 멘토와 멘티 역할을 해왔습니다. 하지만 이 관계에 보이지 않는 금이 가기 시작했습니다. 바로 동그라미 호흡 때문입니다.

몇 년 전, 동그라미 호흡과 보이스 스타일링을 만든 후 제가 겪은 놀라운 효과를 제일 먼저 호제와 공유하고 싶었습니다. 그러나 호제는 보이스 스타일링을 거부했습니다. 동그라미 호흡에 대해서도 호의적이지 않았지요. 이해되는 측면도 있었습니다. 호제는 지금까지 자신만의 노하우로 여러 일들을 성취해왔습니다. 중견 성우가 되어가는 마당에 이제껏 쌓아온 모든 것을 버리고 새로 시작하기는 쉽지 않았을 것입니다.

　그러나 서운한 건 사실이었어요. 저는 오랜 세월 시행착오를 겪으며 제대로 말하는 방법에 대해 탐구를 계속해왔습니다. 이렇게도 해보고 저렇게도 해본 끝에 어느 날 문득 호흡과 발성, 발음이 각각 따로 존재하는 게 아니라 하나로 연결된 것임을 깨달았습니다. 날숨에 말을 싣는 말하기 호흡을 통해 말하기의 세 요소를 모두 아우를 수 있는 것입니다. 하지만 누구보다 잘 이해해줄 것 같던 호제가 제 경험에 동의하지 않는 게 섭섭했습니다. 이렇게 좋은 방법을 알려주는데 왜 몰라주는 걸까. 마음속에 앙금이 있으니 서로 부딪히는 일이 잦아졌습니다.

▶▶❙❙ 선호제 성우의 **포물선 대화 이야기**

"그건 일종의 명현현상이야"라고 후일 선배님이 표현하셨지만, 처음 동그라미 호흡을 대했을 때 저는 그 효과를 반신반의했습니다. 선배님은 걸 크러쉬 기질을 지닌 분입니다. 그게 매력이지만 동시에 공격적인 말투의 특성도 있었습니다. 공격적인 말투는 경우에 따라 상대가 상처를 받을 수도 있습니다. 동그라미 호흡 훈련이 본인을 다스리고 상대에 대한 배려를 길러준다면 선배님의 말투는 왜 아직 변함이 없는 걸까 하는 짧은 생각을 했었습니다. 그래서 일종의 반감이 있었어요.

　무엇보다 저는 저 나름의 방식대로 쌓아온 세월이 있는데 이제까지의 모든 것을 버리고 기본부터 새로 시작한다는 게 내키지 않았습니다. 아직 절실히 체감되지 않는 동그라미 호흡에 저를 맞춰야 하는 것도 부담스러웠습니다.

그렇게 6개월 이상 서먹서먹한 시간을 보냈습니다. 도대체 제 실제 경험에서 비롯된 이렇게 좋은 이론을 왜 안 받아줄까 싶었지요. '다른 사람들은 모두 잘 따라와 주는데 왜 호제만 나를 믿어주지 않는 걸까' 생각했습니다. 안타까운 시간이 흘렀고, 답답하기도 했습니다. 불만이 쌓여갔고 갈등의 순간도 잦아졌습니다. 그러나 워낙 아끼던 후배였기 때문에 가끔은 엄마의 마음이 되었다가 누나의 마음이 되기도 했습니다. 그렇게 혼란스러운 일들이 반복되던 어느 날 드디어 참지 못하고 호제에게 한 마디 했습니다.

그런데 놀라운 경험을 했습니다. 그런 이야기를 하는 순간 일그러진 제 얼굴을 보게 된 것입니다. 상대에게 나쁜 말을 내뱉었는데 저 자신의 표정이 변했습니다. 상대에게 한 말이 제게로 고스란히 돌아오는 것이었지요. 동그라미 호흡의 개념을 잡고 사람들에게 열심히 가르치면서 막연하게 느끼고 있던 그 실체를 그제야 확실히 체감했습니다. 멀리 있는 사람들에게는 명쾌하게 설명되던 그 이론이 정작 가까운 사람에게는 적용되지 않고 있었습니다. 실은 딸과의 사이에도 동일한 경험을 했어요. 사랑하는 딸이니 늘 걱정될 수밖에 없는 게 부모 마음입니다. 그러다 보니 본의 아니게 상처를 주는 표현도 있었습니다. 보이지 않는 신경전을 벌이는 날도 있었고요. 그러나 가슴속에 내재한 갈등을 표출할 때면 어김없이 그것이 제게로 다시 돌아오더군요.

결국 모든 것의 주체는 나 자신이었습니다. 나한테서 비롯되고 나한테로 돌아오는 것입니다. 상대는 거기 그대로 있는데 그런 감정이 생기고 사라지는 건 모두 나 때문이란 걸 알게 되었습니다. 그런 깨달음이 들자 마음이 편안해졌습니다. 어느 순간 딸도 호제도 원래의 모습이 보였습니다.

그때부터 갈등에서 벗어나 호제를 온전히 제 마음에 품기로 했습니다. 대화를 할 때마다 저는 상대를 품고 또 품었습니다. 말도 마음도 한결 부드러워졌습니다. 그래서일까요. 6개월이란 긴 시간 동안 서로 마음을 닫고 지내며 저에 대해 갖고 있던 호제의 적대감이 요즘 들어 차츰 사라져 감을 느낍니다. 사실 저는 호제의 눈치를 봤어요. '지금 심리상태가 어떤가? 오늘은 이 얘기를 해도 되나?' 그런데 요즘은 그런 버릇이 사라졌습니다. '내 마음 같겠지, 얘기하면 되겠지'하며 믿는 마음으로 행동하게 되었습니다. 모든 게 심플해지니 더 이상의 감정 소모가 없어 좋아졌습니다. 아마 지금은 본인도 느끼고 있지 않을까요. 선배인 제가 자신을 많이 아끼고 사랑한다는 것을. 동그라미 호흡을 통해 제가 자신을 품은 결과 우리 사이가 다시 예전의 신뢰를 회복하고 있다는 걸요.

▶▶❚❚ 선호제 성우의 포물선 대화 이야기

선배님이 그리 생각하고 계시다니 놀랍습니다. 사실 저는 반대로 생각하고 있었어요. 동그라미 호흡을 일상화한 이후 제가 선배님을 이해하고 받아들이며 감싸 안게 되었다고 여겼습니다. 저희 두 사람은 드디어 진정성 어린 공감과 소통의 포물선 대화를 하게 된 것일까요.

처음엔 내키지 않았지만 어느 순간, 저를 설득하는 선배님의 진정성이 느껴졌습니다. 고민을 거듭하던 저는 아집을 내려놓고 동그라미 호흡을 받아들이기로 했습니다. 늘 저를 아끼고 살펴주시던 선배님을 믿어야겠다고 마음먹게 된 것입니다. 함께 동그라미 호흡을 연습하고 가르치면서 많은 걸 배웠고 또 성장했습니다.

점차 말투도 성격도 예전과는 확연히 달라지시는 선배님의 모습이 보입니다. 더불어 스스로도 달라지고 있다는 걸 느낍니다. 예전에 제 안엔 유니콘처럼 삐져나온 뿔이 하나 감춰져 있었어요. 평소엔 별 말없이 넘어가는 편이지만 참다 참다 불만이 쌓이면 꼭 한 마디 하곤 했죠. 술을 빙자하든, 기분이 진짜 안 좋은데 나를 안 알아주는 것 같은 날이면 날카로운 뿔을 세우고야 말았습니다. 그런데 그런 성격이 싹 사라졌습니다.

마음이 혼란스럽고 복잡한 기분이 들 때면 동그라미 호흡을 통해 있는 그대로 모든 걸 동그랗게 품어야겠다고 마음먹게 됩니다. 다소 불만이 있다 해도 마음 맞는 사람들과 함께 일하는 게 행복하면 된 것입니다. 한편으로 요즘의 제가 얼마나 많이 발전했는가 하는 겸허한 마음을 지니게 됩니다. 그런 생각으로 바라보면 잡념이 사라집니다. 엉뚱한 생각이나 화도 나지 않습니다.

물론 지치는 날도 있어요. 그런 날엔 동그라미를 좀 천천히 그리면 됩니다. 한 번 한 번의 호흡으로 동그라미를 그리다 보면 어느새 하루의 동그라미가 그려집니다. 그 하루의 동그라미들이 모여 일주일의 동그라미도 그려집니다. 아마 이렇게 끊임없이 동그라미를 그려 나가면 앞으로의 제 인생도 커다란 동그라미의 궤적으로 기록되지 않을까요.

유튜브 방송에서는 되도록 대화를 하듯 말을 이어가는 게 좋다. 자연스럽고 상대에 대한 배려가 가능하며 소통의 느낌이 강하기 때문이다. 구어체의 대화형 멘트는 시청자와 나누는 포물선 대화를 위해 가장 효과적인 방식이다. 이런 생각을 방증이라도 하듯, 최근 트렌드는 보도 프로그램에서조차 앵커가 시청자와 대화를 하듯 뉴스를 진행한다. 다큐 내레이션의 종결어미 역시 프로그램 내용을 일방적으로 전달한다는 느낌을 줄 수 있는 "했다"보다 시청자에게 말을 건네는 듯한 "합니다"를 많이 사용하는 추세이다. 현재 유튜브의 주류를 이루고 있는 먹방이나 뷰티, 언박싱, 키즈, 일상, 과학 실험, 브이로그 등 대부분의 콘텐츠 역시 시청자와의 직접 대화가 대세이다.

그러나 대화를 한다는 것이 반드시 대화 형식을 사용한다는 의미는 아니다. 1인 미디어도 방송이다. 일상과 달리 방송이 지닌 특별한 형식을 차용해야 하는 경우도 있다. 콘텐츠의 종류에 따라 대화체가 필요한 경우가 있고 리포트 형식이 필요할 수도 있다. 영상 시詩 스타일이라면 시 낭송을 해야 한다. 영상을 먼저 찍어 편집한 뒤 내레이션을 후시 녹음해야 하는 경우도 있을 것이다. 유튜브에서 가장 강세를 보이고 있는 게임 콘텐츠는 대화를 곁들인 중계방송의 형태로 진행되는 경우가 많다. 영화 리뷰 콘텐츠 역시 기존 지상파 방송 영화 프로그램의 문법대로 내레이션 형식이 대부분이다.

하지만 그 어떤 경우라 해도 일방적인 전달은 금물이다. 시청자와 친근하게 대화를 나누듯 멘트를 진행해야 한다. 어떤 형식이든 듣는 상대인 시청자를 배려하고 공감과 소통이라는 상호작용이 이루어져야 하기 때문이다. 내레이션을 할 때도, 시를 읊을 때도, 혹은 뉴스와 정보를 전달하는 리포터의 역할을 할 때도 유튜버는 마음속으로 가상의 동그라미를 그리면서 시청자를 감싸듯 호흡하고 대화해야 한다. 시청자가 발하는 무언의 호흡을 포착하여 끊임없이 자신의 콘텐츠에 반영해야 한다. 그러다 보면 어느 순간 시청자의 호흡이 그리는 동그라미와 자신의 호흡이 그리는 동그라미 사이에서 이루어지는 포물선의 소통과 공감을 느끼는 순간이 올 것이다.

▶️ 구독자 한 명 한 명의 마음을 잡아당기는 대화의 힘

대화를 잘한다는 것은 어떤 것일까. 언뜻 막막하게 느껴질 수도 있다. 그러나 보이스 스타일링의 정의를 떠올려 보면 방향성이 보인다. 보이스 스타일링이란 말하기 호흡으로 나의 정체성을 찾고, 동그라미 호흡으로 상대를 이해하고 배려하며, 포물선 대화를 통해 서로 공감하고 소통하는 제대로 말하기 위한 훈련이다. 이 말 속에 담긴 핵심단어들을 살펴보자. 나, 정체성, 상대, 이해, 배려, 공감, 소통이란 말이 눈에 띌 것이다. 바로 여기에 대화의 방법론이 있다.

유튜버는 콘텐츠를 통해 시청자와 대화를 하기 전 먼저 자기 자신을 찾아야 한다. 자기 정체성의 확립에는 스스로를 사랑하고 믿는 마음이 포함된다. 자신의 모든 것을 인정하고 받아들이는 태도는 세상 모든 것에 대해서도 긍정적인 시각을 갖게 해 준다. 또한 상대에게 전하는 내 말 속에 성의 가득한 진정성을 담을 수 있다. 성의와 진정성이란 스스로에 대한 충실을 뜻한다. 내가 하는 말, 내가 하는 행동에 내 온 마음을 싣는 것이다.

상대를 이해하고 배려하기 위해서는 우선 상대의 마음을 헤아려 내 말의 콘텐츠에 반영해야 한다. 상대에게 내 진심이 잘못 전달되지 않도록 표현에 주의를 기울여야 한다. 댓글에 담겨있던 시청자의 반응 등을 참고하며 몇 번이고 대본을 고치고 또 고칠 필요가 있다.

서로 공감하고 소통하는 것의 출발은 상대에게 주는 선한 감화이다. 되도록 따뜻하고 부드러운 심경이 담긴 말로 시청자를 감싸 안아야 한다. 내가 뿌린 고운 말의 씨앗이 시청자의 가슴속에서 싹트고 자라나 갖가지 댓글의 꽃으로 피어난다면 내 채널은 다채로운 공감과 소통의 꽃밭이 될 것이다. 그런 꽃들은 다시 유튜버의 콘텐츠에 화사한 감동으로 반영되고 시청자에게 풍성한 열매의 기쁨으로 다가간다.

반대로 모난 말, 누군가를 헐뜯는 말과 시니컬한 말을 전파한다면 좋지 않은 기(氣)가 방송을 본 날 시청자의 기분을 하루 종일 공격적이거나 우울하게 만들수 있다. 그날의 콘텐츠 내용이 아무리 뛰어나다 한들 시청자가 유튜버의 말에 제대로 귀 기울일 리가 없다. 공감과 소통의 단절이 생기는 것이다.

진정성이 담긴 이해와 배려로 선한 감화에 이르는 모든 과정은 유튜버의 목소리와 말투에 고스란히 실려 전달된다. 녹음을 통해 들어본 내 목소리에 성의가 담겨있지 않다면 마음 자세를 가다듬어보자. 내 말투의 어떤 부분이 시청자에게 불쾌감을 줄 소지가 있다면 지금부터라도 고치기 위한 노력을 기울여야 한다. 말이 너무 빠르거나 속사포처럼 일방적으로 퍼붓기만 하는 타이프라면 시청자가 편안하게 들을 수 있도록 말의 속도를 조절하는 게 좋다.

또한 말의 중간중간 여백을 두어 시청자가 내 말에 담긴 의미와 여운을 느낄 수 있도록 배려해야 한다. 예를 들어 자신의 방 같은 작은 공간에서 촬영이 이루어진다면 벽에 걸린 소품의 변화에 잠시 눈길이 가도록 만들면 된다. 나무마다 연초록 잎이 돋기 시작한 아침 산책길의 공원 풍경을 슬쩍 삽입해보아도 좋다. 단 몇 초간이라도 빗소리 촉촉한 산사의 고즈넉함을 시청자의 가슴에 스미게 할 야외 촬영의 성의를 기울여보자. 자기 방이나 거실 같은 스튜디오 촬영이 정해진 포맷이라고 꼭 그 배경만 고수할 필요는 없다.

시청자의 댓글들 중 공통적으로 보이는 게 있다. 유튜버가 일일이 답글을 달아주는 성의에 감동했다는 내용이다. 혹은 라이브 방송에서의 소소한 해프닝이나 예전 댓글을 기억하고 그에 대한 언급을 하면 다들 아이처럼 기뻐하는 모습이다. 마주 앉아 대화를 나눌 때 상대의 취향과 정보를 기억하고 그에 따라 배려해주는 사람은 상대의 마음을 얻게 된다. 유튜버와 구독자의 만남도 두 주체 사이의 대화이다. 내 말만 하고 말면 소통이 이루어지지 않는 게 당연하다. 바쁘다는 핑계로 외면하거나 댓글 관리자를 두기보다 되도록 하루 일정 시간을 할애하여 직접 답글을 달아보자. 현재도 시청자와의 사이가 돈독한 몇몇 파워 유튜버는 그런 방식을 고수하고 있다.

"타고난 목소리와 입에 밴 말투를 어떻게 고치겠어" 혹은 "원래 무덤덤한 성격인데 뭐"라고 자포자기하는 유튜버가 있을지 모르겠다. 그러나 우리가 지금까지 가르친 사람들은 모두 동그라미 호흡을 이용하여 자신의 목소리와 말투를 고쳤다. 동그라미 호흡을 통해 자기 자신을 다스림으로써 상대에게 선한 기운이 담긴 말을 전달할 수 있게 되었다. 그렇게 이루어진 포물선 대화 속에서 상대와 소통하며 따뜻한 관계를 이어가고 있다. 이런 임상적 사례의 축적에 바탕하여 자신 있게 말할 수 있다. 포기하지 말고 동그라미 호흡을 일상화시켜보자. 그 결과 자신의 개성을 확립하고 콘텐츠 품질을 높일 수 있으며 더 많은 구독자를 확보할 것이다. 궁극적으로는 시청자와 소통을 이루고 사회적으로 긍정적 영향을 끼쳐 말뿐이 아닌 실질적으로 아름다운 세상 만들기의 일원이 될 수 있다. 왜 망설이는가.

시청자와 포물선 대화를 시도하고
가상으로 느껴라

말하기 호흡은 자신만의 목소리를 찾아 정체성을 확립하는 과정이다. 내 호흡과 함께 상대의 호흡을 느끼며 말하는 동그라미 호흡을 훈련하면 자기 자신을 다스리고 상대를 배려하는 말하기가 가능해진다. 동그라미 호흡을 통해 내가 그리는 동그라미는 상대가 그리는 호흡의 동그라미와 겹쳐지며 두 개의 포물선을 만든다. 두 개의 포물선이 맞닿아 이루는 공간이 바로 나와 상대 사이의 심정적 공감대이다. 공감의 포물선을 이용하여 서로 소통하는 방식을 포물선 대화라고 한다.

포물선 대화법은 동그라미 호흡을 통해 말에 성의와 진정성을 담고 상대를 배려하는 긍정의 말투에서 시작된다. 이쪽에서 먼저 건네는 따뜻하고 부드러운 말 한마디는 상대의 생각과 말투를 호의적으로 변화시킨다. 상대 역시 나에 대한 배려가 담긴 답변이 오고 또 내가 그에 대해 이해의 시각으로 답을 해주면 바람직한 대화의 선순환이 이루어진다. 포물선 대화를 이용해 상대와 소통하는 방식이 널리 퍼지면 온 사회가 서로를 아끼고 배려하는 공감과 소통의 장이 된다.
상대를 배려하지 않는 거친 말투의 일방적인 말하기와 따뜻한 배려가 깃든 포물선 대화는 다음의 예문을 읽어보면 그 차이를 잘 알 수 있다.

일반적인 말하기의 사례

호제야, 넌 허구한 날 할 수 있는 말이 "네, 아니요, 죄송해요, 선배님"밖에 없니? 제발 죄송하다고 말하기 전에 죄송한 일을 만들지 마. 어쩜 하는 일마다 핵폭탄만 팡팡 터트리니? 너 사실 속으로는 내가 망하기라도 바라는 거 아냐? 어휴, 정말 이런 녀석을 어디에 쓰라고 껌은 쫙쫙 씹으면서 스트레스라도 풀 수 있지…. 얘는…, 선호제! 야, 이 자식아! 내 말 안 듣고 어디 가.

포물선 대화로 말하기의 사례

호제야, 일이 많이 힘들지? 그래. 항상 프리랜서로 일하다가 사회생활을 하게 되니 얼마나 힘들겠니. 네가 참 고생이 많다.

▷ 호제　아니에요, 선배님. 이렇게 이해해주시는 것만으로도 너무 감사드려요. 더 열심히 일해서 보이스 스타일링을 통해 사람들이 더 웃는 일이 많아질 수 있도록 노력할게요.

그래. 우리 조금 힘들지만 더 노력해보자. 그런데 이건 이렇게 두루뭉술한 것보단 조금 더 명확하고 구체적으로 씨주면 좋을 것 같은데, 어때?

▷ 호제　네, 선배님 말씀이 맞는 것 같네요. 다시 수정하겠습니다.

그래 줄래? 고마워, 호제야.

포물선 대화를 염두에 두며 대화 방식의 방송 대본을 읽어보자.

◀ 아래의 예문을 보이스 스타일링 방식으로 읽어 보세요

안녕하세요? 따스한 봄날이 성큼 다가왔네요. 오늘 보이스 스타일링은 이런 봄날의 햇살과 닮은 따스한 영화가 있어 소개해드리려고 합니다. 봄바람에 살랑거리는 마음을 더욱 흩뜨려 놓을 오늘의 영화는 바로 <그렇게 아빠가 된다>입니다. 이 영화는 2013년에 개봉한 일본 영화인데요, 이 영화의 감독은 지극히 극적이지만 현실적인 일상을 담담하면서 세심하게 담아내는 것으로 유명합니다. 그런데 이미 몇 년 지난 영화를 왜 갑자기 리뷰하나 하시는 분들도 계시겠지만 그건 바로 제 마음이기 때문입니다. 흠흠. 그리고 제 마음이 왜 그러냐…, 왜냐하면 이제 저도 장가도 가야 하고 곧 아빠가 될 준비도 해야 하기 때문이죠. 자, 지금까진 지극히 개인적인 얘기였고요. 이제 본격적으로 영화 속으로 들어가 보겠습니다. 자신을 닮은 똑똑한 아들, 그리고 매우 사랑스러운 아내와 함께 성공적인 삶을 살고 있는 비즈니스맨이 있습니다. 어느 날 병원에서 한 통의 전화를 받게 되는데요. 사건은 바로 여기서부터 시작됩니다. 그 전화는 바로 6년간 키운 아들이 자신의 친자가 아니라는 것이었죠.

유튜브 크리에이터를 위한 보이스 스타일링

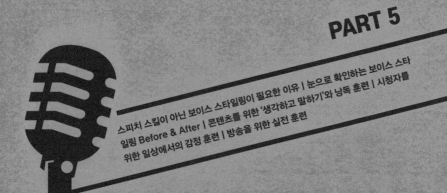

PART 5

스피치 스킬이 아닌 보이스 스타일링이 필요한 이유 | 눈으로 확인하는 보이스 스타
일링 Before & After | 콘텐츠를 위한 '생각하고 말하기'와 낭독 훈련 | 시청자를
위한 일상에서의 감정 훈련 | 방송을 위한 실전 훈련

감수성과 감성의 베이스도 실은 감정이다. 감정 훈련을 하면 감
정을 불러일으키는 세상과 사물에 대한 감수성이 향상된다. 그
결과 감성이 풍부해지며 말에 느낌을 싣는 일도 어렵지 않다. 유
튜버는 이 과정을 집중적으로 훈련해야 한다. 사람의 마음을 사
로잡는 것은 이성적인 논리보다 감정과 감성에 의한 심정적 공
감이기 때문이다. 또한 앞에서 얘기한 것처럼 유튜버는 전달력
외에 말에 느낌을 담는 연기가 필수이다.

유튜브 채널은 1인 미디어다. 방송사라는 거대한 조직이 주체가 되는 기존 방송과 달리 철저히 유튜버 한 사람에게 초점이 맞춰져 있다. 콘텐츠에 있어서도 차이가 난다. 방송사의 프로그램은 작가와 연출, 출연자나 연기자, 카메라와 음악, 편집 등 여러 주체들의 창의력이 종합되어 이루어진다. 튀는 작가와 연출, 아이돌 배우 등이 관여하는 프로그램을 제외하고는 개인의 색채가 드러나기 쉽지 않다.

그에 비해 유튜브 채널은 유튜버 개인의 성향과 개성, 자질이 콘텐츠의 전부라고 해도 과언이 아니다. 유튜버 자신의 특성을 강화할수록 콘텐츠의 정체성이 확실해진다. 자질을 향상시켜야 콘텐츠의 완성도와 품질이 높아진다. 개인의 특성을 찾아내어 개성을 강화하고 자질을 향상시키며 콘텐츠 내에서 필요로 하는 역할에 최적화될 수 있는 훈련이 필요하다.

보이스 스타일링은 호흡에 생각과 느낌을 담은 말을 실어 나를 표현하고, 상대와 교감과 소통을 이루는 과정을 통해 세상과 더불어 함께하게 되는 제대로 된 말하기 방식이다. 자기 목소리를 찾는 과정에서 자신만의 개성과 정체성을 확립하게 된다. 보이스 스타일링을 훈련한 유튜버는 자신의 생각과 느낌을 자신의 목소리에 실어 표현할 수 있다. 나만의 특성이 담긴 콘텐츠 만들기가 가능하다.

유튜버 개인의 자질을 향상시킬 수 있는 방법은 여러 가지가 있다. 우선 콘텐츠를 만들 때 필요한 자질을 떠올려보자. 영상 촬영, 멘트나 음성 연기 등 목소리와 말의 측면, 편집 등이 있다. 영상 촬영이나 편집 기술은 학원이나 독학을 통해 얼마든지 습득할 수 있다. 물론 선천적 감각의 차이에 의한 개인차는 있을 수 있다. 하지만 영상 위주의 감각적인 채널이 아닌 이상 대부분은 일정 정도의 기술만 있어도 동영상을 깔끔하게 잘 만들 수 있다. 문제는 목소리와 말이다. 유튜브 동영상에서 멘트와 음성 연기가 차지하는 비중과 중요성에 대해서는 앞장들에서 이미 여러 차례 강조했다.

목소리와 말의 자질은 어떻게 향상시킬 수 있을까? 단순히 목소리를 듣기 좋게 다듬고 말의 기술을 익히면 되는 것일까? 말을 잘하기 위해 많은 사람들이 스피치 기술을 배운다. 스피치 기술을 가르치는 곳에서는 학교에서 발표나 웅변을 잘하는 법, 말에 자신이 없거나 서툰 사람을 위한 화술 등을 다룬다. 입사 면접이나 세일즈, 강연, 각종 프레젠테이션 등에서 면접관과 소비자, 청중의 마음을 사로잡는 화법도 포함된다. 고등학교와 대학 입시에서 면접의 중요성이 커짐에 따라 중고등학생을 위한 면접법도 다루고 있다. 주로 단기간에 효과를 볼 수 있는 말하기 기술 위주의 수업이 진행되고 있다.

스피치 기술을 배우는 것은 나름의 유용성이 있다. 일상 속에서 마주칠 수 있는 대표적 유형의 상황에 특화된 교육을 받을 수 있다. 또한 단기적 성과가 필요한 사람들에게 유용한 측면이 있다. 그러나 말하는 기술, 즉 틀이 정해진 음성과 화법에 중점을 둔 교육이기 때문에 특성이 다른 개개인에 대한 고려가 부족할 가능성이 있다. 또한 가변적이고 다양한 상황에 대한 유연한 대처력까지 배우긴 힘들다.

그에 비해 보이스 스타일링은 제대로 말하기의 본질에 기초한 원리를 가르친다. 보이스 스타일링을 훈련하면 어떤 상황에 갖다 놓아도 그에 맞는 말하기를 해낼 수 있다. 보이스 스타일링은 특정 상황과 유형을 암기하듯 몸에 익혀 배우는 스피치 기술과는 전혀 다른 차원의 훈련법이다.

유튜브 채널에서 필요로 하는 목소리와 말은 스피치 기술에서 다루는 것처럼 어디선가 많이 들어본 듯한 천편일률적인 것이어서는 안 된다. 틀에 박힌 기술적인 음성을 구사하기보다는 차라리 어눌할지언정 본인의 음성인 경우가 더 낫다. 유튜브 채널의 핵심 요소인 개인의 진솔한 개성과 그로 인한 진정성을 해칠 수 있기 때문이다. 진정성이란 자신이 지닌 목소리로 자신의 생각과 느낌을 솔직하게 표현해낼 때 비로소 전해지는 것이다. 듣기 좋은 음성이라고 정해진 남의 음성을 흉내 내거나 틀에 박힌 말투 속에는 깃들지 않는다. 나 자신을 찾고 목소리와 말에 진정성을 담아 상대와의 공감과 소통을 이루는 과정이 바로 보이스 스타일링이다.

또 한편으로 유튜버는 전천후 음성 연기자가 되지 않으면 안 된다. 콘텐츠의 내용과 장르에 따라 목소리와 말에 다양한 생각과 느낌, 각기 다른 톤의 음성을 사용할 줄 알아야 한다. 스피치는 원리가 아닌 각 경우에 맞는 암기식 적용이다. 하지만 연기는 실전이다. 실전 상황에 맞는 다채로운 적응력, 응용력을 갖기 위해서는 보이스 스타일링이 반드시 필요하다.

보이스 스타일링은 잘못된 호흡과 발성, 발음에 가려 고유의 매력을 발휘할 수 없었던 유튜버 자신의 본 목소리를 찾게 해 준다. 자기 자신의 목소리와 말이 지닌 장점을 극대화하고 단점을 개선하여 콘텐츠에 맞는 최적화된 목소리로 거듭나게 하는 방식이다. 보이스 스타일링을 장착하면 유튜버의 중요한 자산 중 하나인 목소리와 말의 자질이 향상된다. 그로 인해 콘텐츠의 품질과 완성도가 높아진다.

보이스 스타일링의 핵심인 동그라미 호흡은 호흡명상의 측면을 지니고 있다. 유튜버 자신이 스스로의 생각과 감정을 컨트롤할 수 있게 만들어준다. 스스로를 제어할 수 있다는 것은 어떤 상황에서도 자유자재로 자신의 능력을 발휘할 수 있다는 의미이다. 평정심을 유지하는 방식을 획득했기 때문에 그날의 기분, 감정 등에 휘둘리지 않고 침착하게 촬영과 편집, 혹은 라이브 방송 등을 해낼 수 있다. 일의 항상성을 유지하게 되는 것이다. 그것은 일에 대한 자신감을 갖게 해 주고 콘텐츠에 안정감을 부여한다.

또한 보이스 스타일링은 제대로 말하기를 위한 방법론뿐 아니라 말의 본질인 자기 정체성의 표현, 상대와의 공감, 사회 속의 소통을 포함한다. 보이스 스타일링을 몸에 익히면 유튜버에게 중요한 구독자와의 공감과 소통이 원활해질 수 있다. 이는 자연스럽게 구독자의 상승으로 이어질 수 있다.

보이스 스타일링은 총 다섯 가지 내용으로 이루어진다. 제일 먼저 말하기 호흡법으로 나만의 목소리를 찾아 목소리와 말에 진정성을 담는다. 두 번째는 상대의 호흡을 느끼고 배려하는 동그라미 호흡에 말을 실어 내 의도와 감정을 표현하는 방법을 배운다. 세 번째는 긍정적인 기운의 목소리와 말로 상대와 공감과 소통을 이루는 포물선 대화를 배운다. 네 번째로 생각 훈련, 낭독 훈련, 감정 훈련 등 다양한 실전 훈련을 통해 내 목소리를 다듬게 된다. 그런 과정들을 모두 거치면서 일상의 어떤 상황에서도 자신의 목소리를 최적화할 수 있는 나만의 보이스 캐릭터를 완성하게 된다.

보이스 스타일링은 어떻게 진행될까? 크게 전달력 기르기와 느낌 추가하기의 두 파트로 나뉜다. 첫 번째 단계인 전달력 기르기에서는 보이스 스타일링의 기본 이론을 배우고 연습하며 각자의 말하기 방식을 점검하여 북돋고 개선한다. 그러한 과정을 통해 자신의 말을 상대에게 제대로 전달하는 방법을 습득할 수 있다. 전달력이 갖춰지면 느낌 추가하기의 두 번째 단계를 배우게 된다. 느낌 추가하기는 말에 감정과 느낌을 담는 과정이다. 이 과정을 거치며 실전에 필요한 음성 연기가 가능해진다. 유튜버를 지망하거나 백만 구독자를 꿈꾸는 유튜버라면 반드시 거쳐야 하는 과정이다.

보이스 스타일링은 편안한 분위기에서 상담을 통해 수강자 개인의 이야기를 듣는 것으로 시작된다. 그 과정에서 그들이 어떤 사람이며 어떻게 살고 있는지, 또는 음성 훈련을 통하여 무엇을 얻고 싶은지 등에 대해 알게 된다. 또한 이야기를 나누다 보면 그들의 음성 특성을 파악할 수 있다. 보이스 스타일링을 통해 더욱 북돋아주어야 할 장점, 고치고 개선해야 할 단점도 보이게 된다.

상담을 마치면 평소의 음성으로 준비된 예문을 낭독하여 녹음하는 과정을 거친다. 이 과정이 있어야 보이스 스타일링 교육 전과 후에 달라진 본인의 목소리를 확인할 수 있다. 또한 녹음된 음성을 토대로 한 과학적이고 전문적인 분석이 이루어진다. 수업은 그렇게 얻어진 개개인의 상담 포트폴리오에 따른 맞춤형 커리큘럼으로 진행된다. 한 사람 한 사람에 집중한 맞춤 수업은 강의하는 이가 혼신의 열정을 기울여야 한다. 에너지가 많이 드는 수업 방식이다. 하지만 개인의 특성을 고려하여 자신만의 캐릭터를 정립하고 각각의 목적과 경우에 맞는 전방위적인 말하기가 가능하도록 만들기 위해서는 가장 효과적이고 필수적인 방법이다.

다음은 실제 보이스 스타일링 교육으로 자신의 목소리를 찾고 전달력이 향상되었으며 말에 느낌을 담는 게 가능해진 여러 가지 사례이다. 눈으로 변화를 직접 확인해할 수 있도록 목소리의 파형 이미지를 실었다. 이 외에도 저자의 홈페이지 voiler.modoo.at에 몇몇 분의 놀라운 목소리 변화를 공개하였으니 직접 들어보면 보이스 스타일링의 효과가 확연히 체감될 것이다.

▶▶ 이게 진짜 내 목소리군요

말하기 호흡은 복식호흡의 날숨에 말을 싣는 호흡법이다. 대부분의 사람들은 호흡을 배제하고 입에서만 이루어지는 '입소리'로 말을 하며 살고 있다. 목 발성이나 얼굴 발성 등, 잘못된 발성이 습관화되어 있기도 하다. 그들은 말하기 호흡을 배우고 연습하는 과정을 통해 자신의 호흡 리듬과 진짜 목소리를 찾게 된다. 이제껏 한 번도 들어보지 못한 자기 고유의 목소리와 처음 대면한 사람들의 반응은 어땠을까? 한결같이 깜짝 놀란다. 어떤 이는 감동에 못 이겨 눈물을 흘리기도 한다.

심리상담사인 정희영가명·58세 님은 수업할 때마다 매번 우시는 분이다. 그리고 수업이 끝나면 강의를 했던 우리를 차례로 안아주며 감사의 마음을 표현한다. 희영 님은 본인의 아픔을 치유하고자 느지막이 심리 공부를 시작했다고 한다. 심리적 소통에 대한 감수성을 지닌 분이어서 그런지 보이스 스타일링의 매

과정을 굉장히 빠르게 흡수하고 있다.

"동그라미 호흡은 엄청나요. 아주 심오하죠"라며 동그라미 호흡의 이론과 실제에 대해 누구보다 깊이 공감하는 분이기도 하다. 동그라미 호흡을 몸에 체화시키기 위해 1년 동안 강의를 받겠다고도 했다. 심리학과 소통에 대한 강의를 해왔지만 동그라미 호흡을 알게 된 이후 이제까지의 강의가 얼마나 겉핥기였는지 깨달았다고도 했다. 요즘은 자신의 심리클리닉에서 진행되는 심리치료에 동그라미 호흡과 포물선 대화를 이용하고 있다. 상담자들에게 소통을 위한 대화법을 가르쳤지만 말이라는 게 워낙 포괄적인 개념인 까닭에 말투 한두 개 바꾸는 것으로 체화되긴 힘들었다는 것이다. 그런데 동그라미 호흡이 그 모든 애로사항을 해결해주었다. 동그라미 호흡으로 대화를 하면 목소리나 억양, 말투 등, 내 진심을 전하고 상대를 배려하며 소통하기 위해 꼭 필요한 실질적 요소들이 모두 개선되기 때문이다.

비포 녹음과 함께 목소리와 말투를 분석해본 결과 정희영 님은 성격이 급하고 말이 빠르며 상대를 가르치려고 하는 말투를 지니고 있었다. 상대가 없는 말하기 습관도 개선이 필요해 보였다. 또한 특유의 리듬이 있었고 조음 기관은 활발하게 움직이지만 혀끝에 탄력이 없었다. 천식이 있어 호흡이 짧은 특성도 있었다. 무엇보다 의식과 몸말하기 호흡, 발성, 발음을 일치시키는 훈련이 필요해 보였다. 상대가 없는 빠른 말투는 몸이 따라가지 못하는 상태에서 의식만 앞서가기 때문에 벌어지는 결과다. 동그라미 호흡으로 내 의식과 몸이 일치하는 대화를 훈련하면 동그라미 안에서 부정적 감정이 사라지며 상대를 배려하는 어투나 억양을 갖게 된다.

말하기 호흡으로 자신의 목소리를 찾은 희영 님은 스스로의 음성이 너무나 매력적이라며 눈물을 흘렸다. 동그라미 호흡과 생각하고 말하기 훈련이 동시에 들어가자 다소 힘들어하는 면이 보였지만 잘 참고 인내하며 각 과정을 순조롭게 따라와 주었다.

얼마 전 우리에게 동그라미 호흡을 이용한 책을 내고 싶은데 괜찮겠느냐며 의견을 물어왔다. 대신 동그라미 호흡을 만든 이와 출처를 밝히겠다고 한다. 동그라미 호흡의 심리 상담 스핀오프 버전인 셈이다. 우리는 흔쾌히 동의했다. 동그라미 호흡을 통해 본인이 겪은 심리적 치유의 효과를 더 많은 사람들과 공유하고 싶다는 좋은 의도에 공감이 갔다. 무엇보다 그분의 이 한 마디가 우리의 마음을 움직였다.

"한 명이 천 명을 살립니다. 한 사람이 바뀌면 천 명이 잘 살게 되죠. 보이스 스타일링이 널리 퍼져 전 국민 한 사람 한 사람이 모두 행복해졌으면 좋겠습니다."

●● 왼쪽은 보이스 스타일링 강의를 받기 전 파형,
오른쪽은 강의를 받은 후의 파형이다.
짧고 불규칙한 진폭이 전체적으로 풍성하고 고른 모양(음성)으로 바뀐 것을 알 수 있다.

대전에 사는 공무원 한 분이 어느 날 우리를 찾아왔다. 《말의 품격을 더하는 보이스 스타일링》 책을 읽고 보이스 스타일링을 배우기 위해 서울까지 올라온 것이다. 길창윤가명·55세 님이다. 창윤 님은 '내 목소리를 찾고 싶다'는 확고한 의지를 갖고 있었다. 직위가 높아질수록 직원들 앞에 서서 말을 해야 할 일이 많아 이전에는 주로 인강을 듣는 방식으로 스피치 강의를 들었다.

그러다 서점에 갔다가 우연히 책을 통해 보이스 스타일링의 존재를 알게 되었다. '아, 이거다!' 싶은 생각에 직접 교육을 받기로 결심했다. 책에 수록된 예문을 모두 다 듣고 연습해 볼 정도로 의욕이 충만했다. 책을 낸 사람에게 직접 배우겠다고 해서 1대1 강의를 청했다.

상담과 함께 비포 녹음을 진행해보니 목소리 자체는 크고 울림이 좋았다. 목 발성을 하고 있어 개선이 필요했다. 그런데 주목할 만한 특이점이 발견됐다. 그는 흔히들 말하는 '혀 짧은 소리'가 심했다. 혀가 뒤쪽으로 이동하는 발음은 양호했지만 앞으로 이동하는 발음들을 힘겨워했다. 구조적으로는 특별한 이상이 없음에도 본인의 의지대로 혀를 사용하지 못하고 있다는 인상이 강했다. 의아한 일이었다.

알고 보니 그분에겐 남다른 사연이 있었다. 다섯 살 때 작은 아버지가 너는 발음이 왜 그러냐며 가위를 들고 아이의 설소대를 생으로 잘라버렸다고 한다. 하지만 정작 본인은 그런 적이 있다는 이야기만 전해 들었을 뿐, 당시 일에 대한 기억이 없다. 아이의 의식에서 잊힌 그 일은 무의식적인 혀의 기억으로 남았다. 외형의 혀는 정상적인 어른으로 자랐지만 마음의 혀는 그 시절에서 성장을 거부한 채 아직도 공포감 가득한 그 순간의 아이로 남아있는 것이다. 어린 시절 무방비한 상태에서 끔찍한 일을 당한 기억이 트라우마가 되어 성인이 된 그의 혀 근육을 위축시키고 있는 것으로 보였다.

보통 혀의 움직임이 둔할 경우는 혀에 대한 근력 운동을 시켜주고 정확하게 조음점을 알려주는 방법으로 발음의 개선을 꾀한다. 그러나 그의 경우는 그보다 앞서 마음을 편안하게 해 주면서 아직 그 시절의 공포감에서 헤어나지 못하고 있는 혀의 상처를 감싸 안아줄 필요가 있었다. 또한 혀의 움직임이 둔하고 소극적일 뿐, 특별한 이상이 없다는 긍정적인 생각과 자신감을 갖게 하는 것이 개선의 포인트였다. 처음 수업을 진행하자 그는 평생 처음 자기 소리의 울림을 들었다며 놀라워했다. 대부분의 수강자들은 단 한 번의 수업만으로도 이전과는 비교할 수 없을 만큼 다른 목소리를 낸다. 이후 강의를 거듭할수록 발음이 현저히 개선되고 있다. 한 번 올라올 때마다 2강이고 3강이고 다 듣겠다고 할 만큼 강의에 대한 의욕과 열정을 보인다.

●● 왼쪽은 첫 번째 강의를 받기 전 파형, 오른쪽은 첫 강의를 받은 후의 파형이다. 소리 자체가 풍성하고 여유로워졌다는 걸 알 수 있다.

스피치 강의와 보이스 스타일링을 한 마디로 비교하면 기술과 본질의 차이라고 할 수 있다. 스피치 강의는 표면적인 말하기 기술을 가르치는 것이다. 그에 비해 보이스 스타일링은 목소리와 말의 원리와 의미를 담은 말하기의 본질을 가르친다. 이 같은 사실을 실증으로 보여주는 사례가 있다.

강승원가명·35세 씨는 사실 뜻밖의 수강생일 수도 있었다. 현직 스피치 강사이기 때문이다. 레크리에이션 강사를 겸하며 기업에 강의도 나가고 있다. 승원 씨의 비포 음성은 스피치 강사답게 매끄럽고 정제되어 있었다. 흠잡을 곳 없는 말하기이다. 하지만 말 그대로 기술적인 말하기를 하고 있었다. 어디선가 많이 듣던 틀 그대로의 정해진 말투였다. 본인 자신도 사람들을 가르치며 너무 기술적인 면에만 치우친 게 아닌가 하는 아쉬움을 느끼고 있었을지 모른다.

말하기 호흡을 통해 변화된 자신의 목소리를 들어본 승원 씨는 깜짝 놀란 표정이었다. 그렇게 울림이 있는 자기 목소리를 태어나 처음 들어 봤다며 너무나 행복하다고 했다. 그리고 진심으로 고마워했다. 그 자신 스피치 강사로서 사람들에게 말하는 방법을 가르쳐왔다. 하지만 정작 자기 자신의 목소리로 말한다는 게 어떤 것인지는 모르고 있었다. 보이스 스타일링을 통해 그는 편안하고 자기 자신의 내면이 담긴 진짜 말을 하게 된 것이다.

어른들은 "너 입만 살았구나"라는 얘기를 종종 한다. '입만 살아있다'는 표현은 진심이 담기지 않고 행동화의 가능성이 없으며 입으로만 하는 말을 지칭할 때 쓰인다. 스피치 기술에 의한 말이 입으로만 나오는 이야기라면, 동그라미 호흡을 통한 말은 내 가슴속에서 우러나는 것이다. 진정성이 담긴 내 목소리로 전해지는 내 마음의 소리이다. 그것이 바로 진짜 내 목소리이고 내 말이다.

강의를 진행하며 승원 씨에게 너무 많이 배우고 있고 고맙다는 문자를 자주 받았다. 그는 전문 유튜버들과 함께 영상작업을 하는 기획자가 되는 게 꿈이다. 자신의 목소리를 찾은 기쁨과 보이스 스타일링에 대한 고마움을 담아 우리 홍보영상을 무료로 만들어주겠다는 제안도 해왔다.

승원 씨의 비포와 애프터 음성을 비교해보니 기술적인 말하기와 가슴속에서 우러나는 말하기의 차이점을 알 수 있었다. 비포 음성 속 그의 목소리는 위로 붕 떠있다. 그러나 강의 후에는 차분히 가라앉아 자기 자신의 말을 하고 있음이 느껴졌다. 또한 호흡을 통해 말하게 되었기 때문에 목소리가 확 트이고 볼륨감이 커진 것을 알 수 있었다. 독자들도 아래 파형으로 확인하길 바란다.

●● 왼쪽은 보이스 스타일링 강의를 받기 전 파형, 오른쪽은 강의를 받은 후의 파형이다.
승원 씨는 강의 후 전체적으로 볼륨감이 커지고 울림이 좋은 목소리를 가지게 되었다.

지금까지 다양한 분들이 보이스 스타일링 수업을 들었다. 나이와 직업, 성격과 외모는 달라도 모든 사람의 공통된 희망은 한결같았다. 바로 '내 목소리를 찾고 싶다'는 간절한 바람이다. 정휴 스님38세·가명 역시 마찬가지였다. 스님은 불교방송에서 프로그램을 진행하신 경력이 있었다. 그런 이유인지 말을 잘하는 법과 전달력에 관심이 많았다.

스님이 보이스 스타일링을 받기로 결정한 이유는 얼마 전부터 지녀온 꿈을 이루기 위해서였다. 낭독 유튜버가 되어 유튜브 채널에서 구독자에게 불경을 읽어주고 싶었다. 그러나 그가 원하는 것은 우리가 흔히 상상하는 식의 독경이 아니다. 스님은 오래전부터 불가에 전해 내려온 독경 방식에 불만이 있었다.

스님들의 독경 소리를 떠올려보자. 비음이 약간 섞인 음성으로 가볍게 읊조리듯 "마하반야바라밀다…"하며 경을 읽는 소리가 생각날 것이다. 코를 이용하면 말할 때 필요한 에너지를 많이 쓰지 않아도 된다. 그만큼 편하고 오래 읽을 수 있다. 아마 그 같은 이유로 그런 방식의 독경이 전형화되었을 것이다. 우리나라뿐 아니라 다른 나라에서도 비슷한 독경 방식이 널리 퍼져있다. 그러나 스님은 불경의 톤과 '쪼'를 가지고 독경을 하는 게 싫었다. 불법을 말로 전해주고 싶었다. 평소 설법을 할 때도 대화하듯 친근한 말로 신도들의 마음을 움직이고 싶어했다. 유튜브 채널을 만든다면 불경을 처음부터 끝까지 말로 풀어서 읽어주겠다는 계획이었다.

비포 음성을 통해 분석해본 결과 스님은 목 발성이 습관화되어 있었다. 그 때문에 평소 불경을 읽다 보면 목이 쉬 피로해지는 경향이 있다고 했다. 스님에게는 코와 목으로 목소리가 치우치지 않도록 호흡을 내려드렸다. 그리고 동그라미 호흡을 통한 편안한 말 얹기 훈련을 계속했다. 그 결과 스님은 설법과 독경을 오래해도 목이 상하는 경우가 없어졌다. 요즘은 낭독에 재미를 느껴 우리 직원에게 마이크를 추천해달라고 하시더니 당장 하나 사서 열심히 연습에 매진하고 계신다.

●● 왼쪽은 보이스 스타일링 강의를 받기 전 파형, 오른쪽은 강의를 받은 후의 파형이다. 동그라미 호흡에 말 얹기 훈련을 통해 목 발성을 줄인 결과 훨씬 안정된 목소리로 독경할 수 있게 되었다.

▶ 내 목소리와 내 느낌으로 들려주는 나의 시

보이스 스타일링은 제대로 말하기 위한 훈련법이다. 문어체의 예문으로 낭독 연습을 하지만 그조차도 평소 자신이 말하는 것처럼 자연스럽게 읽기를 권한다. 읽기를 위한 낭독이라기보다 호흡으로 말하기에 익숙해지기 위한 사전 연습이기 때문이다. 낭독에 감정을 담을 때도 현실과 동떨어진 말하기가 되면 듣는 사람이 거북해진다. 뒤에서 다루겠지만 문장 속 단어에 감정을 싣는 것은 담담하게 느낌을 담아 읽는 것으로 충분하다. 감정이 과잉되면 마치 상대에게 강요하는 것처럼 느껴지기 때문에 오히려 말이나 글이 지닌 감성을 해칠 수 있다.

'시 낭송회'라고 하면 으레 떠오르는 장면이 있다. 시인들이 자기감정에 취해 마치 극적인 오페라의 한 장면처럼 소리 높여 시구를 읊는 모습이다. 시 내용이 아무리 좋아도 시인만큼 시에 몰입해있지 않은 독자는 그런 몰두가 낯설고 생경하다. 김채연가명·36세 시인도 이 독특한 광경이 맘에 들지 않았다. 부담 없고 소탈한 음성으로 자신의 시를 독자에게 들려줄 수 있다면 좋겠다는 바람이 있었다.

최근 그녀는 출간을 앞둔 자작 시집 속의 시를 모두 자신의 목소리로 녹음하려는 계획을 세웠다. QR코드로 담아 시와 함께 수록하기 위해서이다. 그렇게 되면 독자는 텍스트로 시를 읽으면서 동시에 그녀가 직접 읊어주는 시도 들을 수 있다. 김 시인은 비포 녹음 때 아예 목소리를 잘못 내는 스타일이었다. 우선 말하기 호흡을 통해 목소리를 내는 법부터 가르쳤다. 또한 시를 읽을 때 가장 중요시되는 전달력을 기르기로 했다.

시 낭송은 일단 전달력이 중요하다. 단어 하나하나의 발음을 정확하게 조음해 내야 한다. 시 속의 단어들은 그 자체가 고도로 함축된 상징적 의미를 지니기 때문이다. 그다음엔 담백하게 느낌을 담고, 시어에서 느낄 수 있는 이미지를 그

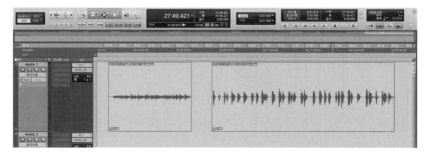

●● 왼쪽은 보이스 스타일링 강의를 받기 전 파형, 오른쪽은 강의를 받은 후의 파형이다.
호흡이 한결 고르고 여유로워짐에 따라 전달력과 표현력 또한 개선되었다.

려볼 여백을 주어야 한다. 강의를 받은 후 전후의 목소리를 녹음해보니 마치 자기 얘기를 들려주듯 편안하고 여유로워진 목소리와 말하기로 바뀐 것이 도드라졌다. 참고로 김 시인은 원주에 살고 있음에도 보이스 스타일링에 매료되어 현재 23강째 듣고 있는 최장기 수강생이다.

▶️ 쉽지 않은 감정 마주하기

위의 사례에서 살펴본 것처럼 제대로 말하기 위해서는 감정을 과도하게 표출하는 것을 경계해야 한다. 하지만 그 반대의 경우도 극복되어야 할 과제이다. 감정을 표현한다는 것은 자기 자신에 솔직해지는 일이다. 우선 스스로 자아를 마주하고 자신의 내부에서 일어나는 감정 변화를 있는 그대로 인정해야 그것을 밖으로 표출할 수 있기 때문이다. 하지만 우리 사회의 사람들은 자신의 감정을 밖으로 드러내는 일에 익숙하지 않다. 계약과 거래가 빈번한 일의 특성상 표정을 얼굴에 드러내지 않는 포커페이스를 미덕으로 여기는 분야도 많다.

강의가 많은 변호사 전광훈가명·53세 님은 목소리에 대한 관심이 높았다. 이전에도 스피치학원과 성우학원, 보컬학원 등을 거치며 목소리 훈련을 받은 경력이 있었다. 강의할 때 청중들이 지루해하는 것 같아 고민이라고 했다. 상담을 진행하며 목소리와 말투를 진단해 보니 그 이유를 짐작할 수 있었다. 우선 얼굴에 표정이 없었다. 말에 활기가 없고 나른한 느낌이었다. 경상도 사투리를 쓰고 있었고 입의 움직임이 적었으며 조음 기관인 입술과 혀끝에 탄력이 없었다. 목 발성도 고쳐야 할 습관이었다. 하지만 목소리 자체는 구강이 넓어 울림이 좋았고 미성이었다.

앞에서 다루었지만 강의하며 다양한 수강생을 대하다 보면 말투에도 일정한 유형이 있다는 사실을 알게 된다. 이 경우는 "넷!"하는 힘찬 말투가 아니라 "네…"하는 힘없는 말투이다. 상대를 기운 빠지게 해서 더 이상 대화에 집중하지 못하게 한다. 날카롭고 공격적인 말투는 상대를 밀어내는데, 완전히 상반되는 이런 말투 또한 상대를 밀어낸다. 그런 점들을 모두 고려한 끝에 광훈 님의 수업은 보이스 스타일링 훈련을 통해 자신감을 찾고 보다 적극적이며 탄력 있는 표정과 말투를 갖추는 것으로 목표로 삼았다.

강의는 순조롭게 진행되었다. 본인도 매 과정 성실하게 임했고 모르는 부분은 적극적인 질문을 통해 해결해나갔다. 5강을 진행할 때쯤엔 말하기 호흡이 체화되어 호흡이 편안해지는 단계에 이르렀다. 강의 진행 후 비포 애프터를 비교해보니 키워드를 중심으로 한 자간 좁혀 말하기 실력이 향상되었다. 조음 기관의 움직임도 활발해져서 발음이 명확해졌다. 다만 아직 톤이 목에 걸려있고 목 발성의 습관이 남아있었다. 그에 대한 개선만 조금 더 필요해 보였다.

하지만 6강에서 본격적인 감정 마주하기 훈련이 진행되자 이제까지의 순항에 브레이크가 걸리기 시작했다. 다른 때보다 훨씬 긴장한 모습을 보이더니 비포가 마치 딱딱한 로봇처럼 느껴졌다. 의도 담아 말하기가 끝난 뒤 느낌 추가 단계에 들어갔을 때다. 그가 감정 표현의 어려움을 호소해왔다. 평상시 말에 감정을 넣어 표현해본 적이 없다는 것이다. 예전 다른 곳에서 성우 지망 수업을 들을 때도 딱 이 지점, 즉 대화하는 연기 훈련에서 그만두었다고 한다.

거칠게 몰아붙이는 게 정답은 아니란 생각에 일단 수업을 중지했다. 편안한 분위기에서 감정을 주제로 서로의 생각을 공유했다. 강요로 인해 오히려 조금은 열려있을지도 모를 감정 표현의 문을 완전히 닫게 만드는 것도 바람직하진 않다는 판단이었다. 이후 광훈 님에 대한 강의는 남은 과정이 진행되는 동안 감정 훈련 대신 낭독 훈련을 통해 차츰 느낌을 표현해나가는 것으로 바꾸었다. 아직 마음의 준비가 안 되었으니 재수강을 하면 그때 감정 훈련을 하고 싶다는 본인의 의견을 반영한 것이다.

수강자들이 매 강의를 통해 성장하듯 보이스 스타일링을 가르치는 우리 역시 성장을 거듭한다. 전광훈 님을 대상으로 한 강의는 '감정 표현'의 섬세한 측면에 대해 다시 한번 생각하는 계기가 되었다. 감정이란 쉽게 다가가 순간적으로 그 벽을 깰 수 있는 단순한 것이 아니다. 오랜 시간에 걸쳐 조심스럽게 문을 두드리듯 보다 심리적이고 안정적인 접근이 필요하다.

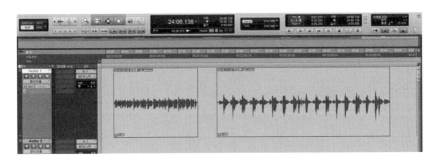

●● 왼쪽은 보이스 스타일링 강의를 받기 전 파형, 오른쪽은 강의를 받은 후의 파형이다.
변화가 거의 없는 딱딱한 음성이 보다 부드럽게 변화된 것을 알 수 있다.

상담과 비포 음성 녹음을 통해 자신의 목소리와 말투, 평소 말하는 방식에서 개선해야 할 점을 발견했다면 그다음은 호흡 연습으로 들어간다. 말하기 호흡과 동그라미 호흡, 포물선 대화에 관한 내용은 앞장에서 살펴보았다. 말하기 호흡을 통해 자신의 호흡 리듬을 찾고 동그라미 호흡이 어느 정도 체화되면 본격적인 '제대로 말하기'를 위해 생각하고 말하기 방식을 배우고 낭독 훈련에 들어가게 된다.

생각하고 말하기란 제대로 된 말하기의 순서와 절차, 방법을 담은 말하기의 지침이며 방법론이다. 생각하고 말하기는 말 그대로 '생각을 먼저 하고 말을 한다'는 의미이다. 생각이 말로 표현되는 과정을 떠올려보자. 사람이 어떤 콘텐츠를 보고 그것을 말로 표현하기 위해서는 먼저 그 콘텐츠의 내용을 자신의 생각과 의도로 바꾸는 과정이 필요하다. 내용에 어떤 의도가 담겨있는지, 그에 대한 내 생각은 어떤지, 내 의도를 제대로 표현하기 위해서는 어떤 부분을 강조해 말할 것인지 등, 콘텐츠에 대한 분석을 하고 전달력을 고민하게 된다. 내용에 대한 느낌이 있다면 표정이 변할 것이다. 그다음엔 태도 변화나 행동이 뒤따른다. 이때 말은 맨 마지막에 오는 것이다. 그래야 말에 생명력과 진정성이 깃들게 된다.

예를 들어 유튜브 동영상 대본 설정 상 눈앞에 펜이 하나 떨어져 있다고 하자. 그에 대해 유튜버가 "어, 펜이 왜 여기 떨어져 있지?"라는 대사를 연기해야 하는 상황이다. 만약 펜을 보자마자 아무 생각 없이 "어, 펜이 왜 여기 떨어져 있지?"라고 말한다면 어떻게 될까. 그 경우의 말은 즉각적인 신체 반응일 뿐이다. 영혼도 진정성도 느껴질 수 없다.

펜을 보면 먼저 생각을 통해 그 펜이 떨어져 있는 이유가 궁금해질 수 있다. 의아함 같은 느낌도 생겨난다. 펜에 얽힌 개인적인 사연이 떠오를 수도 있다. 그런 생각과 느낌이 있은 후에 펜을 집어 드는 행동을 하며 "어, 펜이 왜 여기 떨어져 있지?"라고 말해보자. 똑같은 대사지만 전혀 다른 느낌이 들 것이다. 전자에는 말하는 사람의 반사적 리액션 외에 아무것도 담겨있지 않다. 하지만 후자에는 말하는 이의 생각과 느낌, 행동이 모두 들어가 있다. 펜이 떨어져 있다는 상황에 대한 말하는 이의 꾸밈없는 진정성이 담긴 것이다. 유튜브 시청자에게도 당연히 후자 쪽이 임팩트 있게 다가간다.

제대로 말하기란 그런 순서대로 말하는 것을 의미한다. 그런데 사람들은 보통 말이 맨 앞에 온다. 전달력이며 느낌이며 행동을 다 무시하고 생각하면서 말을 한다. 아니면 말부터 하고 생각하는 경우도 있다. 특히 성격이 급한 사람일수록 말이 맨 앞에 온다. 말의 순서가 완전히 뒤바뀐 삶을 살고 있는 것이다. 그러다 보니 말에 진심이 담기지 않는다. 말에 진정성을 담는다는 것은 그 말이 갖는 의미와 뉘앙스에 대한 내 생각과 느낌, 태도 변화를 고스란히 반영한다는 이야기이다. 말에 앞서 생각과 느낌이 선행되어야 한다. 말의 순서를 바로잡아 제대로 말할 수 있게 해주는 말하기 방식이 생각하고 말하기이다.

생각하고 말하기는 키워드 찾기, 의도 담기, 느낌 추가하기, 그림 그리기의 네 가지 단계로 이루어진다. 각각의 단계에 대해 알아보자

▶ 생각하고 말하기의 4단계

❶ 키워드 찾기

키워드는 문장 속에서 내가 강조하고 싶은 말이다. 우리는 주로 문장의 주체 역할을 하는 체언명사, 대명사, 수사을 키워드로 잡으며 주체의 움직임과 상태, 성질을 표현하는 용언동사, 형용사을 키워드로 할 때도 있다. 관계언인 조사는 체언에 따라붙는 보조적 의미이므로 강조하지 않는다. 용언이 활용할 때 변하는 부분인 어미보다는 변하지 않는 부분인 어간에 말뜻이 깃들어있으므로 어미에도 강세를 두지 않는다. 조사나 어미를 강조하면 말에 이상한 '쪼'가 생긴다.

보이스 스타일링에서 키워드 찾기는 중요한 작업이다. 키워드만 강조해도 말에 포인트가 생기기 때문이다. 예를 들어 "저기 사과가 있다"라는 문장에서 키워드는 '저기'와 '사과'이다. 키워드를 무시하고 문장을 읽으면, "저기이 사과가아 있다아" 같은 어중간한 말이 되어버린다. 그러나 키워드를 강조해서 읽어보면 "저기 사과가 있다"처럼 명확하게 '저기'와 '사과'라는 말이 귀에 들어온다. 바로 이런 것이 키워드의 힘이다. 키워드를 강조하면 문장의 의미를 명확하게 전달할 수 있다. 키워드 찾기 훈련을 많이 하다 보면 문장 속의 키워드가 매직아이처럼

떠오르게 된다.

키워드는 문장 속에서 중심이 되는 체언이나 용언을 찾으면 된다. 키워드를 찾고 나면 육하원칙에 의한 문장 분석을 해야 한다. 문장 분석은 키워드를 중심으로 연관된 단어를 하나의 의미 군(群)으로 묶어줌으로써 문장이 말하고자 하는 바를 알아내는 과정이다. 우리말은 영어와 달리 목적어나 보어 뒤에 서술어가 온다. 끝까지 들어봐야 무슨 의미인지 파악할 수 있다. 하나의 문장을 한눈에 파악하기 위해서는 맨 끝부분부터 살펴보는 것이 효율적이다. 그런 이유로 문장 분석은 문장의 끝에서부터 거꾸로 올라오며 이루어진다. 육하원칙으로 문장을 분석하며 시작점에 도착하면 결국 '언제, 어디서, 누가, 무엇을, 어떻게, 왜'라는 내용이 드러나면서 문장 전체의 면모를 알 수 있다.

문장 분석을 통해 주요 부분이 파악되면 쓸데없는 강조를 피할 수 있기 때문에 문장을 말하는 사람도 편리하고 듣는 사람도 편안해진다. 또한 문장 전체를 머릿속에 확실하게 각인시키는 효과가 있다. 텍스트를 내려놓아도 상대를 향해 방금 분석한 문장을 말해줄 수 있다.

❷ 의도 담기

키워드 찾기와 문장 분석이 끝나면 문장 전체를 한 번에 쭉 읽게 된다. 문장 분석을 하는 이유를 다른 측면에서 생각해보자. 이는 문장에 대한 내 생각과 의도를 갖기 위해서이다. 주어진 문장 속의 의미를 내 것으로 만들기 위해 문장의 뜻을 살피고 그에 대한 나만의 가치 평가, 판단 등의 필터를 거쳐 내 생각으로 만드는 과정이 문장 분석이다. 문장에 대한 내 관점과 생각이 생기는 것이다. 문장을 낭독할 때가 아니라 상대와 대화를 나누는 상황이라면 상대의 말에 대해 답

변하기 전, 상대가 지닌 의도에 대한 내 생각을 정리해보는 단계이다.

말은 먼저 생각이 있고 난 후 이루어져야 진정성을 담을 수 있다. 생각하고 말하기를 실천하기 위해서는 문장의 핵심 의미인 키워드 찾기와 함께 문장 분석이 이루어져야 한다. 그러한 과정을 거치면 내 생각이 생긴다. 문장을 이해할 때 생겨난 그 생각은 내가 말로 전달할 때는 '의도'가 되어 말에 스미게 된다. 의도란 내 의지가 담긴 생각이란 의미이다. 낭독에 있어서의 의도는 문장을 읽어 상대에게 전하려고 하는 내 뜻과 생각이다. 만약 의도 없이 말한다면 그야말로 '아무 생각 없이' 말하는 꼴이 된다. 의도가 담겨야 비로소 살아있는 말이 된다.

내 생각에 의해 내가 파악한 의미를 전할 때, 상대에게 진짜 내 말을 하게 된다. 상대의 눈을 보며 뜻을 전하고 진심으로 내 말을 이해해주길 바란다. 나도 모르게 평소 내 몸에 체화되어 있는 나의 말투로 상대에게 구어체의 말을 들려주는 자신을 발견할 것이다. 말을 하며 상대가 내 말을 이해하고 있는지 살펴보고 말의 속도를 조절하게 된다. 문장 분석을 마치고 그에 의해 파악된 생각을 바탕으로 내 의도를 담아 상대에게 말의 내용을 전달하면 문장의 의미가 명확하게 전달된다. 키워드 찾기부터 의도 담기까지는 말의 '전달력'을 확보하기 위한 단계이다.

❸ 느낌 추가하기

문장의 정확한 의미 전달만으로 말의 효용이 끝나는 건 아니다. 각각의 단어는 의미뿐 아니라 고유의 뉘앙스를 갖는다. 가령 '행복'이나 '사랑' 같은 단어는 말 자체만으로도 따뜻한 어감을 지닌다. 반대로 '불행', '증오'는 어두운 느낌이 든다. 말맛이라고도 표현할 수 있는 각자의 느낌이 있는 것이다.

그러나 내가 문장 속의 단어를 읽어 다른 이에게 전달할 때는 단어 자체의 느낌만으로는 부족하다. 원래 있던 문장을 내 식의 생각으로 해석하여 내 의도를 담듯, 내가 갖는 단어에 대한 나만의 느낌을 담아 전해야 말이 살아난다. 남들이다 아는 단어의 뉘앙스에 내가 느낀 감정을 추가하여 표현해야 한다. 그래서 '느낌 추가하기'이다. 느낌 추가하기를 다른 말로 하면 '연기'라고 할 수 있다. 유튜버는 전달력 외에 말에 느낌을 담는 연기까지 가능해야 한다.

❹ 그림 그리기

어떤 단어는 너무 추상적이어서 선뜻 상대의 가슴에 와 닿지 않을 수도 있다. 위에 예로 든 '행복', '사랑' 등은 모두 실체로 보여줄 수 없는 관념어이다. '서러움', '이상' 같은 단어도 마찬가지이다. 그러한 단어들의 느낌을 상대에게 전할 때는 눈에 보이거나 손에 잡힐 것처럼 좀 더 구체적인 묘사가 필요할 수 있다. 예를 들어 '행복'에 대한 느낌을 전하기 위해서는 상상 속에서 갓 구운 빵의 따뜻하고 폭신한 감촉과 방금 우려낸 핸드 드립 커피의 고소하고 달큰한 향을 그려볼 수 있다. '그리움'이란 단어에서는 빛바랜 낡은 사진 한 장 속의 희미한 얼굴을 그릴 수 있다.

글에서 오는 느낌을 내 시선이 이동하여 내가 직접 보고 듣고, 손끝의 감촉으로 느낀 그대로 그림을 그려서 상대에게 전달해야 한다. 느낌은 무형이지만 그림으로 그리면 구체화, 형상화된다. 보이지 않고 잡히지 않는 것을 눈앞에서 피부에 느껴지는 것으로 만들어준다. 상대에게 그림으로 그려서 전하는 이런 모든 과정이 선행된 후 말하기는 맨 마지막에 와야 하는 것이다.

생각하고 말하기가 이해되었다면 낭독 훈련에 들어가 보자. 낭독 훈련은 무엇일까. 그리고 왜 해야 하는 걸까. 우선 낭독에 대해 생각해보자. 말을 잘하기 위해서는 연습이 필요하다. 그러나 일상 속에서 실제 사람을 상대로 말하기 연습을 한다는 건 쉽지 않은 일이다. 사람과 대화를 나눈다는 것 자체가 말의 실전이기 때문이다. 따뜻한 소통이 이루어져야 할 사람과 사람 사이의 대화를 전쟁과 비교하는 게 어떨까 싶다. 하지만 포화가 난무하는 전쟁터에서 사격 연습을 시작할 수는 없다. 프라이팬 위에 고기가 타고 있는데 소스 만드는 법을 익히고 있는 것도 낭패다. 마찬가지로 라이브 방송 날짜가 당장 한 시간 뒤로 다가왔는데 그제야 말 잘하는 법을 훈련하기 시작한다면 어떨까.

그에 대한 좋은 해결책으로 우리는 낭독이라는 방법을 택했다. 낭독이란 문장을 소리 내어 읽는 것이다. 텍스트를 보고 읽으며 호흡의 날숨에 말을 얹는 법과 상대를 배려하는 말하기를 훈련한다. 전달력 강화를 위해 발음과 말투를 교정하고 단어와 문장에 내 의도를 담아 전달하며 느낌을 추가하는 연습을 한다. 그것이 낭독 훈련이다.

낭독 역시 말하기의 일환이기 때문에 '생각하고 말하기' 방식을 적용하여 이루어지게 된다. 이제 본격적인 낭독 훈련에 들어가 보자. 낭독에 들어가기 전 몇 가지 주의를 기울여야 할 사항들이 있다. 우선 낭독 훈련을 하는 이유를 잊지 말아야 한다. 낭독 훈련은 '말하기'를 위한 연습이다. 낭독 자체를 위한 것이 아니다. 그런 만큼 낭독의 모든 과정을 누군가와 대화한다고 생각하며 진행해야 한다.

두 번째로 생각하고 말하기의 첫걸음인 키워드 파악과 문장 분석은 말을 할 때 상대의 말을 잘 듣고 그 의도를 파악하는 것과 같은 과정이다. 이때 머릿속이 잡념으로 가득 차 있다면 문장의 뜻을 제대로 알 수 없다. 머리를 비우고 문장에만 집중해야 한다. 그래야 내가 읽는 말에 진정성이 담긴다.

세 번째, 연습하는 과정에서는 상대에게 말하는 것처럼 문장의 어미를 바꿔서 읽어도 괜찮다. 되도록 일상에서 대화를 할 때와 같은 자신의 말투로 표현한다. 이런 과정을 거친 후 마지막에 어미만 문장 속의 것으로 바꾸어도 그 느낌이 그대로 살아있게 된다.

네 번째, 우리말 단어에는 장음과 단음의 구별이 있다. 음의 길이에 따라 뜻이 달라지므로 단어의 장음과 단음을 구별해서 읽으면 보다 정확한 의미 전달이 가능하다. 아래 표를 참고하자.

장음	단음
말: 言語	말馬
눈: 雪	눈眼
밤: 栗	밤夜
배: 倍	배梨
돌: 石	돌生日
발: 簾	발足
손: 損	손手
벌: 蜂	벌罰

장음	단음
가: 장假裝	가장家長
부: 자富者	부자父子
선: 수選手	선수先手
항: 수享受	항수鄕愁
말:다 그만두다	말다 물에 풀다
패:다 장작을 쪼개다	패다 이삭이 나오다
묻:다問	묻다埋

이런 사항들을 염두에 두고 한용운의 시 '행복'을 예문으로, 생각하고 말하기 방식에 의한 낭독을 해보자. 우선 키워드를 찾는다. 그다음 한 문장씩 거꾸로

낭독 시 유의할 점

❶ 낭독은 읽기 자체가 아니라 말하기를 위한 훈련임을 잊지 말자.

❷ 문장을 읽기 전 잡념을 비우고 문장에만 집중할 것.

❸ 연습할 때는 상대에게 말하는 것처럼 대화형으로 어미를 바꿔 읽는다.

❹ 단어의 장음과 단음을 구별해서 읽으면 보다 정확한 의미 전달이 가능하다.

읽으며 문장 분석을 한다. 그리고 키워드를 중심으로 묶인 단어를 자간을 좁히면서 읽는다. 여기서는 과정의 편의상 생각하고 말하기 방식에서 전달력을 위한 과정인 키워드 찾기와 의도 담기까지의 과정에 한정하여 낭독을 해볼 것이다. 느낌 추가와 그림 그리기는 전달력이라는 기본이 완성된 후 이루어지는 것이기 때문이다. 실제 보이스 스타일링 강의 과정도 이런 순서로 이루어지고 있다.

처음부터 한 문장씩 키워드를 찾고 문장 분석을 해보자.

"나는 당신을 사랑하고, 당신의 행복을 사랑합니다."

이 문장에서 키워드는 '나', '당신', '사랑', '행복'이다. 이를 중심으로 맨 뒤에서부터 자문자답형의 질문과 답변을 해본다. 사랑합니다. 무엇을? 행복을. 누구의 행복을? 당신의 행복을. 누구를 사랑하고? 당신을 사랑하고. 누가? 내가. 이런 문답이 끝나면 키워드를 꾸며주는 단어나 구절의 자간을 좁혀 한 번에 읽는다. 예

예문을 이용한 낭독 연습

낭독 시 유의사항을 염두에 두고 아래 예문을 읽어보세요.

행복

한용운

나는 당신을 사랑하고, 당신의 행복을 사랑합니다.

나는 온 세상 사람이 당신을 사랑하고

당신의 행복을 사랑하기를 바랍니다.

그러나 정말로 당신을 사랑하는 사람이 있다면,

나는 그 사람을 미워하겠습니다.

그 사람을 미워하는 것은 당신을 사랑하는 마음의 한 부분입니다.

그러므로 그 사람을 미워하는 고통도 나에게는 행복입니다.

만일 온 세상 사람이 당신을 미워한다면,

나는 그 사람을 얼마나 미워하겠습니까.

만일 온 세상 사람이 당신을 사랑하지도 않고 미워하지도 않는다면,

그것은 나의 일생에 견딜 수 없는 불행입니다.

만일 온 세상 사람이 당신을 사랑하고자 하여

나를 미워한다면, 나의 행복은 더 클 수가 없습니다.

그것은 모든 사람이 나를 미워하는 원한의 두만강이 깊을수록

나의 당신을 사랑하는 행복의 백두산이 높아지는 까닭입니다.

를 들면 "당신의 행복을 사랑합니다"에서는 '당신의 행복을'을 하나로 묶어 읽는 것이다. 이제 다음 문장을 분석해보자.

"나는 온 세상 사람이 당신을 사랑하고

당신의 행복을 사랑하기를 바랍니다."

먼저 키워드를 찾아보자. '나', '세상', '사람', '당신', '사랑', '행복' 등이다. 그다음, 문장을 거꾸로 살펴보며 문장 분석을 해본다. 바랍니다. 뭘 바라지? 사랑하기를. 뭘 사랑하지? 당신의 행복을. 뭘 사랑하고? 당신을 사랑하고. 누가? 사람이. 그것도 어떤 사람? 온 세상 사람. 누가? 내가.

분석이 끝나면 같은 의미 군으로 묶인 문장을 쭉 이어서 읽어나가면 된다. 이때, 마치 상대에게 말하는 것처럼 문장의 어미를 바꾸거나 자신만의 말투로 바꿔 읽는 것이 바람직하다. 예를 들어 이런 식이다. "근데 난 온 세상 사람이 당신을 사랑하고 당신의 행복을 사랑하기를 바라." 그렇게 연습을 하고 나면 낭독 녹음을 할 때 다시 원 문장의 어투대로 돌아와 읽는다 해도 대화의 느낌이 그대로 남게 된다. 그런 과정을 통해 문장을 단순히 읽는 게 아니라 상대와 대화하는 듯한 낭독이 가능해진다. 그다음 구절들도 키워드 찾기와 문장 분석을 통해 끝까지 읽어보도록 한다.

시청자를 위한 일상에서의 감정 훈련

생각하고 말하기 방식의 '느낌 추가하기'는 솔직한 감정 표현에서 시작된다. 유교문화권인 우리는 내가 가진 감정을 밖으로 표출하지 않은 게 미덕이었다. 김소월의 시 '진달래꽃'의 마지막 구절에는 그러한 우리의 인식이 고스란히 담겨있다.

"나 보기가 역겨워 가실 때에는 죽어도 아니 눈물 흘리오리다."

슬프지만 겉으로 슬픔을 드러내지 않겠다는 의미이다. 한자성어로 애이불비 哀而不悲라 불리는 이 표현은 국어시험의 단골 메뉴여서 우리에게 널리 알려졌다. 국어 노트에는 '슬픔을 체념으로 승화했다'는 설명이 꼬리표처럼 붙어있던 기억이 난다. 만약 소월이 이별의 슬픔을 펑펑 우는 것으로 표현했다면 그의 시는 예술의 차원으로 격상되지 못했을 것이다. 심지어 한 화가는 "눈물은 가장 저급한 슬픔의 표현 수단"이라며 감정을 밖으로 드러내는 걸 경계하기도 했다.

이런 일반적인 특성 때문에 보이스 스타일링 강의 중 말에 감정 싣기, 즉 느낌 추가 과정을 어렵게 여기는 사람도 있다. 말에 감정 싣기는 사람의 본능적인 욕망과 정서인 오욕칠정을 통해 내 내면에 잠재된 감정을 이끌어내고 밖으로 표현함으로써 나만의 음색과 감성을 찾는 과정이다. 말에 느낌을 싣기 위해 필요한 것이 감정 훈련이다.

▶ 방송 말하기를 위한 감정 훈련

여기서 함께 생각해봐야 할 단어가 있다. 감성과 감수성이다. 우리는 감정에 대해서는 억압되어야 할 그 무엇으로 여기는 반면, 감성이나 감수성에 대해서는 호의적이다. 꽃을 보고 아름다움을 못 느끼고 비가 내려도 울적해지지 않는 사람이 주변에 있다면 "감성이 무디다", "감수성이 덜하다"며 손가락질을 한다. 감성과 감수성이 풍부한 것은 밖으로 표출되고 드러내도 좋은 장점이라는 인식이 있다. 유교의 첨병인 선비들도 시서화로 감성과 감수성을 아낌없이 표현하며 살았다.

감정과 감성, 감수성은 어떻게 다른 걸까? 감정感情은 어떤 일이나 현상에 대하여 일어나는 마음이나 느끼는 기분을 말한다. 감성感性은 자극이나 변화를 느끼는 성질, 또는 세상의 자극을 나의 오감으로 받아들여 자각하는 인식 능력이다. 그에 비해 감수성感受性은 외부 세계의 자극을 받아들이고 느끼는 성질이다. 감성과 비슷한 뜻으로 쓰일 때도 있지만 주로 자극에 대한 민감도를 말할 때 사용된다.

각각의 단어가 갖는 뜻을 음미해보면 약간의 개념 차이가 발견된다. 특히 감성은 감정보다 '느끼는 주체' 개념이 더 많이 포함되어있다. 즉, 보이스 스타일링에서 중요시하는 '내가 주체가 된' 감정과 느낌에 보다 가깝다고 할 수 있다. 낭독 훈련을 할 때 '의도 담기'가 문장에 담긴 작가의 생각을 내 생각으로 인식하여 바꾸는 방식인 것처럼 '느낌 추가하기'는 단어 고유의 뉘앙스만으로는 충족시키기 힘든 나만의 느낌을 말에 담는 것이다.

감수성과 감성의 베이스도 실은 감정이다. 감정 훈련을 하면 감정을 불러일으키는 세상과 사물에 대한 감수성이 향상된다. 그 결과 감성이 풍부해지며 말에 느낌을 싣는 일도 어렵지 않다. 유튜버는 이 과정을 집중적으로 훈련해야 한다. 사람의 마음을 사로잡는 것은 이성적인 논리보다 감정과 감성에 의한 심정적 공감이기 때문이다. 또한 앞에서 얘기한 것처럼 유튜버는 전달력 외에 말에 느낌을 담는 연기가 필수이다.

감정 훈련은 따로 시간을 내지 않는다 해도 일상 속에서 충분히 행할 수 있다. 우리는 보이스 스타일링 과정에서 감정 훈련을 위한 몇 가지 유용하고 효과적인 방법을 제시하고 있다.

첫 번째는 감정 단어를 통한 훈련법이다. 우리가 일상에서 많이 느끼는 감정은 기쁨, 노여움, 슬픔, 사랑이다. 이에 관련된 단어를 생각나는 대로 적어본다. 예를 들면 기쁨은 웃음, 미소, 행복, 만족감, 환희, 함박웃음 등을 들 수 있다. 노여움은 분노, 화, 짜증, 혐오, 불쾌감, 폭력, 광기 같은 단어가 떠오른다. 슬픔을 불러일으키는 단어로는 이별, 눈물, 오열, 외로움, 절망, 나락, 상실 등이 있다. 사랑은 첫사랑, 러브레터, 그리움, 호감, 존경, 재회, 일체감 등의 단어가 생각날 것이다. 길을 가다가도 문득 좋은 단어가 생각나면 나만의 감정 단어 리스트에 추가해보자. 목록에 적힌 감정 단어가 많을수록 풍부한 느낌의 자산이 쌓이게 된다.

그렇다면 감정 훈련을 통해 얻은 다채로운 느낌을 구체적으로 어떻게 표현해야 할까. 생각하고 말하기 방식을 떠올리면 이해가 쉽다. 우선 내 머릿속에 감정 단어를 떠올린다. 단어 자체가 갖는 뉘앙스에 추가하여 내가 지닌 그 단어에 대한 느낌을 상상해본다. 사랑에 관련된 단어라면 사랑을 느끼던 순간의 애잔한 추억을 떠올려도 좋다. 그리고 가능하면 그런 느낌을 눈에 보이고 손에 잡히는 구체적인 그림으로 형상화해본다. 그런 다음 동그라미 호흡에 실린 말에 느낌을 담는 것이다. 말을 하기 전 그 표현과 관련된 표정이나 행동이 앞서면 말에 진정성이 실리며 더욱 임팩트 있는 연기가 가능하다. 예를 들어 슬픔을 표현할 때는 먼저 슬픈 표정이 고조되고 눈물이 고여 흘러내리며 말을 하는 식이다.

두 번째는 몸을 이용한 감정 훈련법이다. 사람의 목소리는 시작점에 따라 담기는 느낌과 음색이 달라진다. 복식호흡을 이용한 동그라미 호흡을 하되 소리의 시작점을 달리하면 각각 다른 느낌의 말을 실을 수 있다. 사람의 몸에서 소리가 시작되는 부분은 머리와 목, 가슴, 배의 네 부분으로 나뉜다. 이중 머리에서 시작되는 소리를 두성이라고 한다. 정확하게는 입술 윗부분에서 나는 소리이다. 목에서 나는 소리는 성대 소리이다. 입술 아래부터 어깨 부분에 걸쳐 나는 소리를 말한다. 가슴에서 나는 소리를 흉성이라고 한다. 어깨부터 가슴까지에서 시작되는 소리이다. 마지막으로 뱃소리는 가슴 아래 배 부분에서 시작되는 소리이다. 연기를 전공하며 특히 음성 훈련에 치중했던 선호제의 경험담을 통해 각 소리의 특징을 알아보자.

저의 연기 스승님은 소리를 중시하는 분이었습니다. 그분께 들은 이야기에 의하면 인도 배우들은 소리를 일곱 단계로 나눠서 배운다고 합니다. 발끝에서 나는 소리, 배에서 나는 소리, 가슴에서 나는 소리, 목에서 나는 소리, 입에서 나는 소리, 비음과 두성, 그리고 마지막으로 사람의 소리가 아닌 영혼의 소리를 연습합니다.

제대로 된 배우라면 그 일곱 가지 소리 중 실질적으로 훈련이 가능한 네 가지 소리를 반드시 다룰 줄 알아야 한다는 게 그분의 지론이었습니다. 그래야 어떤 역할을 맡든 자유자재로 꺼내 쓸 수 있다는 말씀이었죠. 네 가지 소리는 몸의 중심에 힘을 실어주는 뱃소리, 사람의 마음을 따뜻하게 움직이는 흉성, 호흡이 섞이지 않은 냉철한 목의 소리인 목소리성대 소리, 신경이 예민해지는 소리인 두성입니다.

사람의 목소리를 들으면 상대가 소리를 내는 지점과 동일한 부위의 세포가 자극을 받습니다. 같은 진동수를 지녔기 때문입니다. 목의 소리를 들으면 목이, 배의 소리를 들으면 배가 울리는 경험을 할 수 있습니다. 실제로 사람들은 힘을 많이 쓰는 사람, 혹은 운동하는 이들을 만나 말을 나누면 배가 찌릿거리는 느낌을 받습니다. 항상 몸을 사용하는 습관에 의해 배의 중심이 꽉 잡혀있기 때문이죠.

흉성은 가슴의 소리입니다. 따뜻한 특성이 있습니다. 그래서 가슴에서 말하는 것 같은 흉성을 들으면 사람의 마음이 움직이게 됩니다. 말하는 이의 마음이 상대에게 느껴지고 허물없이 친근하게 다가갈 수 있습니다. 냉철하고 이성적인 목소리를 구사해야만 하는 의사나 변호사 같은 직업의 사람들은 대부분 가장 편안하고 효율적인 목의 소리를 사용합니다. 그런 목소리를 들으면 듣는 사람 역시 목 부분이 자극됩니다. 예민한 소리인 두성은 신경이 예민하거나 신경증적인 증상을 지닌 이들이 주로 사용하는 목소리입니다. 두성을 들으면 머리가 아파집니다. 사람들이 지나치게 고음인 목소리를 오래 못 듣는 이유입니다.

능숙한 연기자가 되기 위해서는 그 네 가지 목소리를 모두 구사해야 합니다. 호된 훈련을 거듭한 탓에 몸에 익숙해졌고 훗날 제 연기에 든든한 밑바탕이 되었습니다. 그런데 동그라미 호흡을 체화하며 신기한 일치점을 발견했습니다. 동그라미 호흡이 그 네 가지 목소리를 다 가지고 있었던 것입니다. 복부의 단전까지 들어와서 시작되는 호흡이 흉성을 거쳐 목의 소리까지 갑니다. 만약 비음의 특성을 지녔다면 머리의 소리인 두성을 포함하여 입으로 나옵니다. 동그라미 호흡을 행하면 제가 연기공부를 하며 그토록 매달렸던 발성법을 저절로 터득하게 되는 것입니다.

비음의 경우는 가끔 써주면 재미있고 애교가 깃드는 장점이 있지만 계속 들으면 짜증이 나고 질리게 마련입니다. 비음이 심한 사람들이 동그라미 호흡을 하면 음성이 담백해지면서 울림 있는 듣기 좋은 목소리로 변합니다. 동그라미 호흡은 개인이 지닌 목소리의 특성 중, 단점은 개선시키고 장점만 끌어오는 좋은 방식이라는 사실을 새삼 느낍니다. 또한 동그라미 호흡 안에서 어떤 감정과 느낌을 갖고 어떤 몸짓과 표정을 짓느냐에 따라 수많은 발성법이 가능하다는 점을 알 수 있습니다.

이처럼 동그라미 호흡의 시작점에 따라 달라지는 목소리 특성을 접목하면 내 몸을 이용한 감정 표현이 가능해진다. 그 외에 상상을 통해서도 감정 훈련을 할 수 있다. 또한 드라마나 영화 속의 한 장면을 떠올리는 간접경험에 의한 감정 훈련도 가능하다. 계절이 오고 가는 모습, 눈이 오고 비가 내리는 풍경에서 감정을 느끼는 자연 변화에 의한 감정 훈련도 많은 도움이 된다.

05

방송을 위한 실전 훈련

지금까지 먼 길을 걸어 실전의 문턱에 도착했다. 우리는 이미 호흡법을 익히고 생각하고 말하기와 낭독 훈련, 콘텐츠에 느낌을 불어넣기 위한 감정 훈련을 모두 마쳤다. 복습 차원에서 보이스 스타일링의 이전 과정을 다시 한번 돌이켜보자. 앞에서는 말하기 호흡과 동그라미 호흡, 포물선 대화를 주로 원리와 이론의 측면에서 설명했으니 여기서는 보다 실전과 가깝게 이해해보자.

보이스 스타일링의 시작은 말하기 호흡이다. 호흡이 나올 때 조음 기관을 활용해서 내가 하고 싶은 말을 얹게 된다. 목에 힘을 전혀 주지 않고 내 호흡집에서 나오는 온전한 내 호흡에 내 말을 싣는 것이다. 폭포수처럼 쏟아져 나오는 호흡에 말이란 돛단배를 띄우는 것과 같다. 말하기 호흡을 연습하는 과정에서 내 호흡의 리듬을 알게 되고 내 목소리를 찾게 된다.

보이스 스타일링의 핵심인 동그라미 호흡은 **"스-"**라는 호흡의 소리와 함께 연습한다. 동시에 손을 사용해서 동그라미를 그려준다. 소리를 내는 이유는 날숨이 호흡기에서 나오고 있는 것을 나 자신이 느끼기 위해서이다. 사실 **"스-"**라는 소리는 중요한 게 아니다. 호흡의 리듬을 찾기 위해 쓰는 도구일 뿐이다. 호흡에 저항을 주어 내 호흡이 나온다는 걸 명확하게 느낄 수 있게 해주는 장치인 것이다. 같은 무성음인 **"흐-"**로 소리를 내도 상관없지만 **"흐-"**는 한 번에 숨이 쏟아져 나오기 때문에 호흡을 조절하기가 어렵다. 손으로 그리는 동그라미는 내가 호흡에 집중하는 동안 내 의식과 몸을 컨트롤하기 위한 것이다. 그처럼 호흡이 동그라미를 그리면서 상대방을 감싸듯 돌아 내 호흡집으로 다시 돌아오는 것이 동그라미 호흡의 원리이다.

호흡이 상대방을 감싼다는 것은 상대방과 눈을 맞추고 내 말을 들을 준비가 되어있는지 확인하면서 상대의 호흡을 읽은 후 다시 내게로 돌아온다는 의미이다. 그 과정에서 상대에 대한 배려가 시작된다. 내 호흡이 상대의 호흡을 느끼고 돌아오는 동안 말하는 타이밍도 조절할 수 있다. 서로가 상대의 감정과 느낌을 받아 그에 대해 답을 할 수 있는 끊임없는 원형의 대화가 이루어진다. 내가 그린 동그라미와 상대가 그린 동그라미가 만나며 진정한 공감과 소통을 이루는 것이 바로 포물선 대화이다.

이제 드디어 생각하고 말하기 방식으로 유튜브 대본을 보고 말을 하며 느낌을 추가하는 방법을 알아보자. 우선 건강한 내 목소리로 연기할 프로그램의 콘셉트를 정한다. 전달력을 높이기 위해 장음과 키워드 체크는 필수이다. 대본을 녹음할 때는 유튜버 자신이 대본 속 상황에 맞게 이입되어야 한다. 다급하면 다급하게, 느리면 느리게, 재미있는 상황이라면 재미있게 표현한다. 느낌을 줄 때와 그렇지 않을 때의 구분은 대본의 문장에서 느껴지는 자연스러운 분위기에 맞춰 이루어져야 한다. 조금 더 느낌을 주고 싶으면 호흡, 감탄사나 웃음소리, 형용사, 부사 등의 표현을 극대화하기도 한다. 이는 주로 성우들이 실제 녹음현장에서 사용하는 방식이다. 대본이 주는 느낌과 동떨어진 상황에서 시도하면 작위적이어서 불편함을 줄 수도 있다. 하지만 어떤 경우든 머뭇거리지 말고 거침없이 표현하는 것이 좋다.

느낌 추가, 즉 연기를 할 때는 전달력을 우선적으로 갖추고 느낌, 표정과 태도, 제스처가 선행된 후 맨 마지막으로 말이 와야 한다는 사실을 명심하자. 사람들에게 연기를 하라고 하면 느낌 추가의 진짜 의미를 모른 채 연기를 위한 연기를 한다. 연기는 일상에서 벗어난 말투, 혹은 가식적인 표정이나 동작처럼 인위적인 말과 행동이라 착각하기 때문이다.

연기를 지망하는 한 제자가 있다. 그 친구의 비포 애프터를 비교하며 '연기를 위한 연기'가 어떤 느낌인지, 느낌 추가하기 훈련 후 달라진 '진짜 연기'가 어떤 것인지 그 차이를 비교해보자. 왼쪽이 훈련 전 파형, 오른쪽이 훈련 후의 파형이다.

느낌을 추가하기 전과 후가 확연하게 달라졌다는 걸 잘 알 수 있을 것이다. 사실 이 친구는 성우 지망생이고 공채 합격을 꿈꿀 만큼 소리가 괜찮은 편이다. 훈련 후 달라진 소리를 들으며 우리는 한결같이 '이러면 붙는다'라는 확신이 들었다. 하지만 안타깝게도 대부분의 유튜버들은 비포처럼 연기를 위한 연기를 한다.

아래는 유튜브 요리 동영상을 위한 대본이다. 생각하고 말하기의 방식대로 대본을 분석한 후 느낌을 추가하며 말로 옮겨보자.

우선 처음 세 문장의 키워드를 찾고 문장 분석을 해보자.

SCRIPT 요리방송 대본 읽어보기 _ 짜장 떡볶이

안녕하세요~, 보이스 스타일링 가정 만찬의 김나연입니다. 오늘은요, 제가 직접 개발한 비장의 요리 레시피를 공개할까 하는데요. 그전에 너무 감사한 댓글이 있어서 잠깐 소개해드릴게요. "저번 시간에 같이 만들어본 할머니표 만두 있잖아요, 보이스 스타일링 님이 알려주신 대로 요리했더니 가족들이 너무 좋아했어요!"라고 요리사랑 님이 댓글 남겨주셨어요. 너무 감사합니다. 여러분들이 제 채널 보시고 맛있는 음식 가족 분들과 함께 드신다면 보이스 스타일링의 더욱더 유익하고 알찬 레시피는 계속 업데이트되는 거 아시죠? 좋아요는 후추, 구독은 소금, 댓글은 고춧가루! 조금씩 탁탁 뿌려주세요~.

오늘 함께 만들어볼 요리는 바로 한국인이 좋아하는 분식, 떡볶이입니다. 아~, 떡

"안녕하세요~, 보이스 스타일링 가정 만찬의 김나연입니다.

오늘은요, 제가 직접 개발한 비장의 요리 레시피를 공개할까 하는데요.

그전에 너무 감사한 댓글이 있어서 잠깐 소개해드릴게요."

문장의 키워드는 '안녕', '보이스 스타일링 가정 만찬', '김나연', '오늘', '저', '개발하다', '비장', '요리 레시피', '공개', '전', '감사', '댓글', '소개'이다. '안녕하세요~' 뒤의 두 번째 문장부터 거꾸로 문장을 분석해보자. 무엇의 김나연? 보이스 스타일링 가정 만찬의 김나연 분석이 끝났으면 이를 같은 의미 군으로 묶어 자간을 붙여서 말한다.

볶이는 다들 만들 줄 아신다고요? 하지만 이건 좀 다른 떡볶이거든요. 오늘 만들어 볼 떡볶이는 바로 해장 떡볶이입니다. 일단 맛이 상상이 잘 안 가시죠? 그 설레는 마음 잠시 꾹꾹 눌러 놓고 일단 재료부터 살펴볼게요. 제일 중요한 떡! 떡은요, 가장 얇은 떡볶이용 떡이 좋아요. 그래야 육수를 빨리 머금거든요. 그다음은 무 반 개, 그리고 양배추 4분의 1쪽, 넓적한 오뎅 두세 개, 고추장과 고춧가루, 마지막으로 가루 춘장 말고 엑기스 춘장을 준비해주세요. 아, 육수는 뭘로 내냐고요? 육수는 소화, 숙취에 도움을 주는 무로 낼 거예요. 그럼 먼저 무와 양배추를 먹기 좋은 식감으로 잘라 줍니다. 제 오랜 경험으로는 얇은 떡볶이 크기와 모양으로 썰어주시는 게 가장 좋아요. 그래야 먹기 좋거든요.

"안녕하세요, 보이스 스타일링 가정 만찬의 김나연입니다."

이 부분은 프로그램을 여는 첫인사말이므로 경쾌하고 활기찬 기분을 말에 담는다. 아침 햇살 가득한 창의 커튼을 활짝 열어젖히는 그림을 그리며 이야기 하면 말에 더욱 구체적인 느낌이 깃든다.

다시 세 번째 문장을 끝에서부터 거꾸로 분석해보자. 공개한다. 무엇을? 요리 레시피를. 어떤 레시피? 직접 개발한 비장의 요리 레시피. 누가? 내가. 그것도 언제? 바로 오늘. 이 문장 역시 꾸며주는 말과 키워드를 하나로 묶어 자간을 좁히며 말해본다.

"오늘은요, 제가 직접 개발한 비장의 요리 레시피를 공개할까 하는데요."

이 문장을 말할 때는 '직접 개발한 비장의 요리 레시피'에 수수께끼 같은 궁금증과 호기심의 느낌을 실어본다. 깊고 깊은 궁중의 수라간 창고 안에서 발견된 먼지 가득한 요리 비책을 마음속으로 그려보자. 시청자에게 소수의 선택된 사람들에게만 공개되는 비법을 엿볼 수 있다는 기대감과 만족감을 줄 것이다.

네 번째 문장도 분석해보자. 소개해드릴게요. 무엇을? 너무 감사한 댓글을. 언제? 그전에. 분석이 끝나면 연관된 단어들끼리 묶어서 문장을 쭉 이어서 말한다.

"그전에 너무 감사한 댓글이 있어서 잠깐 소개해드릴게요."

이 문장의 핵심은 '감사한 댓글'이다. 시청자를 향해 정말로 소중하고 감사하다는 진심을 담아 따뜻하게 말해본다.

　이런 방식으로 대본의 나머지 부분도 각각의 단어와 구절을 더욱 맛있게 표현할 수 있도록, 자신만의 느낌을 담아 구체적으로 그림을 그려서 말해보자. 문장을 읽는 것처럼 대본을 읽어 내리는 게 아니라 항상 시청자와 대화하고 있다는 사실을 잊지 말아야 한다. 또한 억지로 대본 속의 대사를 암기하지 말자. 영혼 없이 읽게 된다. 내 머릿속에 들어올 만큼만 문장 분석을 마친 후 대본을 내려놓고 상대에게 말을 하도록 한다. 문장 분석을 하면 대본 속 대사가 이미 내가 해야 할 말로 머릿속에 들어와 있기 때문에 굳이 외우지 않아도 기억이 난다. 키워드를 찾을 때 사전을 참고하여 장단음까지 함께 표시해놓으면 보다 완벽한 전달력으로 시청자에게 다가갈 수 있을 것이다.

각종 훈련의 반복으로
보이스 스타일링을 완수하라

이전 장에서 우리는 보이스 스타일링의 기초라고 할 수 있는 내 호흡 찾기와 동그라미 호흡, 포물선 대화를 차례대로 연습했다. 이번 장에서는 생각하고 말하기, 낭독 훈련, 일상에서의 감정 훈련을 통한 느낌 추가하기 등, 유튜브 방송 실전에 필요한 여러 가지 훈련을 완수했다. 배운 내용을 되살펴보며 요점을 정리하고 의도와 느낌을 담아 유튜브 대본을 읽어보자.

생각하고 말하기

생각하고 말하기란 생각을 먼저 하고 말을 한다는 의미의 제대로 된 말하기 방식이다. 키워드 찾기, 의도 담기, 느낌 추가하기, 그림 그리기의 네 가지 단계로 이루어진다. 키워드 찾기는 키워드 중심의 문장 분석으로 문맥을 파악하고 문장 속의 생각을 내 생각으로 가져오는 과정이다. 그 과정을 통해 낭독을 하거나 말을 할 때 내 의도를 담을 수 있다. 키워드 찾기와 의도 담기, 두 개의 과정은 전달력을 기르는 훈련 과정이다. 전달력 훈련을 마치면 말에 나만의 느낌을 담는 느낌 추가하기 과정이 이어진다. 상대에게 내 느낌을 구체적인 그림으로 형상화하여 들려주는 그림 그리기 과정까지 끝나면 비로소 제대로 된 말하기 훈련이 완성된다.

낭독 훈련

낭독은 문장을 소리 내어 읽는 방법이다. 생각하고 말하기 방식대로 이루어진다. 낭독 훈련은 '말하기'를 위한 연습이다. 낭독 자체를 위한 것이 아니기 때문에 낭독의 모든 과정은 누군가와 대화를 하는 것처럼 진행해야 한다. 평소 말할 때처럼 어미를 바꾸거나 자신의 말투로 표현하는 것이 바람직하다. 의미의 명확한 전달을 위해 단어의 장단음을 지켜 읽는 것도 필수이다.

감정 훈련을 통한 느낌 추가하기

말에 감정을 싣는 느낌 추가하기는 자신의 내면에 잠재한 감정을 이끌어내어 표현함으로써 나만의 음색과 감성을 찾는 과정이다. 감정 훈련은 말에 느낌을 싣기 위해 감수성을 키우고 감성을 풍부하게 하는 일상 속의 훈련이다. 감정 단어를 통한 훈련법, 몸을 이용한 훈련법, 상상을 통한 훈련법, 간접경험을 통한 훈련법, 자연의 변화를 통한 훈련법 등이 있다.

생각하고 말하기 방식으로 다음의 대본을 읽어보자.

◀ 아래의 예문을 보이스 스타일링 방식으로 읽어 보세요

안녕하세요, '김나연의 보이스톡톡' 보이스 스타일링 마스터 김나연입니다. 여러분, 목소리에 관심 많으시죠? 그런데 과연 어떤 목소리가 좋은 목소리일까요? 이병헌 목소리? 한석규 목소리? 네, 몇몇 연기자들이 떠올려지시죠? 그런데 이 분들은 목소리의 색깔은 달라도 공통점이 하나 있는데요, 그건 바로 말을 잘한다는 겁니다.

그럼 말을 잘한다는 건 어떤 걸까요? 유창하고 크게 또박또박 말하는 거? 유려하고 세련되게 말하는 거? 아닙니다. 말을 잘한다는 건 건강한 나의 목소리로 담백하고 솔직하게, 나의 생각을 진정성 있게 표현한다는 거예요. 그러니까 한마디로, 목소리가 좋다는 건 나의 목소리로 내 생각을 잘 말하는 거예요.

그럼 저와 함께 좋은 목소리로 말 잘하는 법을 간단하게 연습해 보죠. 내 호흡을 통해 나오는 울림이 있는 내 목소리로, 강세를 줘야 하는 중요한 단어인 키워드를 중심으로 음절의 간격을 좁혀서 말해줍니다. 여기서 중요한 것은 단순히 잘 읽는 게 아니라 상대방에게 진짜 말을 하는 거죠. 그러면 자연스러운 말이 됩니다.

예를 들어 "보이스 스타일링은 내 인생을 바꾼다"라는 문장이 있습니다. 이 문장에서 키

워드를 찾아보죠. 키워드는 '보이스 스타일링', '내', 그리고 '인생'입니다. 그다음 이 키워드를 중심으로 자간을 좁혀서 말합니다.

보이스 스타일링은 내 인생을 바꾼다.

어떠세요? 잘 들리시죠? 이렇게 키워드를 중심으로 자간을 좁혀서 말하면 내가 말하고자 하는 바를 명료하고 정확하게 말할 수 있습니다. 그리고 쓸데없는 강조가 없기 때문에 담백하고 진정성 있게 말을 할 수 있게 되는 것입니다. 어렵지 않죠? 저와 함께라면 여러분도 좋은 목소리의 주인공이 될 수 있습니다. 지금까지 보이스 스타일링 마스터 김나연이었습니다. 다음 시간에 또 봬요!

콘텐츠에 어울리는 당신의 목소리를 찾아라

PART 6

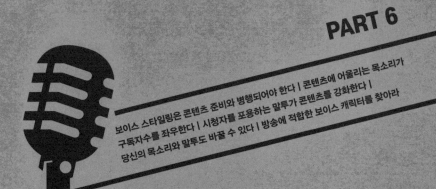

보이스 스타일링은 콘텐츠 준비와 병행되어야 한다 | 콘텐츠에 어울리는 목소리가
구독자수를 좌우한다 | 시청자를 포용하는 말투가 콘텐츠를 강화한다 |
당신의 목소리와 말투도 바꿀 수 있다 | 방송에 적합한 보이스 캐릭터를 찾아라

'콘텐츠에 어울리는 목소리'란 내 목소리가 어느 콘텐츠에 어울릴지 매치하라는 의미가 아니다. 콘텐츠의 증류와 성격에 맞는 목소리를 연기해내야 한다는 뜻이다. 그러기 위해서는 내 목소리를 찾는 게 우선이다. 보이스 스타일링은 호흡에 생각과 느낌을 담은 말을 실어 나를 표현하고, 상대와 공감과 소통을 이루는 과정을 통해 세상과 하나가 될 수 있는 제대로 된 말하기 방식이다.

01

보이스 스타일링은 콘텐츠 준비와 병행되어야 한다

영상에 대해 전혀 몰랐던 유튜버 지망생이 영상 촬영법을 배우게 된다면 적어도 영상에 관해서는 어느 정도 자신감이 생길 것이다. 편집을 공부한다면 또 편집에 대해서만큼은 안도감을 확보한다. 그러나 말은 어떻게 할 것인가. 말주변이 좋아 그럭저럭 프로그램을 끌고 나가는 재주조차 없다면 단기 속성 스피치 기술이라도 배워야 할까. 하지만 유튜브는 1~2년 이상 꾸준히 이끌어 가야 승부를 볼 수 있는 플랫폼이다. 내 말과 말투가 아닌 남의 것으로 오래 버티긴 힘들다. 끝없이 변신을 거듭해야 살아남는 유튜브 생태계에서 이미 전형화된 말의 기술만으로 살아남긴 어렵다. 보다 유연성 있게 매 상황에 대처할 수 있는 본질적인 말하기 방식을 체득할 필요가 있다.

많은 사람들이 유튜브를 하기 위해 책자를 사본다. 유튜브 개설에 관한 경험담과 정보를 담은 선배 유튜버들의 채널도 구독한다. 그런 경로를 통해 계정을 개설하고 수익을 창출하는 법, 영상 촬영과 편집에 관한 내용을 배울 수 있다.

구독자수를 늘리는 편법을 가르쳐주는 곳도 있다. 카메라와 조명기구, 마이크 등 장비에 대해 조언하는 채널도 적지 않다. 하지만 제대로 말하는 법에 대해서는 아무도 가르쳐주지 않는다.

카메라 앞에 서서 말을 한다고 생각해보자. 막막하지 않은가. 어떤 유튜버는 앞에 대본이 담긴 휴대폰 앱을 놓고 줄줄 읽는다. 많은 유튜버들이 실제로 그런 방식으로 방송을 운영하고 있다. 그러나 시청자는 생각보다 예민하다. 자신들을 향해 시선이 가 있지 않은 유튜버의 말이 제대로 귀에 들어올 리가 없다. 또 다른 유튜버는 말실수투성이 멘트로 방송을 진행한 후 편집 단계에서 엄청난 분량의 촬영 분을 잘라버린다.

보이스 스타일링을 목소리와 말투에 장착하면 그럴 필요가 없다. 대본을 외우거나 보고 읽지 않아도 된다. 자신의 방이나 사무실 같은 개인 스튜디오 녹화의 경우라면 몇 번의 촬영으로 약간의 편집을 거쳐 그대로 올리는 게 가능할 수도 있다. 이것은 실제 경험담에서 비롯된 이야기이다. 우리 두 사람 중 선호제의 이야기를 들어보자.

▶▶⏸ 선호제 성우의 보이스 스타일링 이야기

보이스 스타일링을 체화시킨 후 오독이 없어졌습니다. 사실 저는 초독에 약한 성우였습니다. 대본을 처음 읽을 때 한 줄, 두 줄, 세 줄이 넘어가면 슬슬 마음이 불안해졌습니다. '왜 안 틀리지? 지금쯤 때가 됐는데' 이런 생각이 들었죠. 그러다 틀리면 마음속으로 '아, 틀렸다' 하고 그제야 호흡을 한 번 합니다. 그리고 '다시 또 시이작!' 하며 다음 문장을 읽곤 했습니다. 지금은 그런 일이 없습니다.

저는 그게 독서량의 문제라고 생각했습니다. 안 읽은 편은 아니지만 어릴 때 좀 더 많이 책을 못 본 게 후회스러웠습니다. 책 읽으라고 강요하지 않았던 부모님을 원망하기도 했습니다. 하지만 그게 아니었어요. 키워드 찾기 연습을 계속하다 보니 처음 보는 문장인데도 문장의 중심이 되는 단어가 매직아이처럼 툭툭 떠오르기 시작했습니다. 우리말은 주어가 앞에 있고 목적이나 보어가 다음에 온 후 서술어가 맨 뒤에 위치합니다. 끝까지 읽어봐야 뜻을 알 수 있습니다. 보이스 스타일링의 생각하고 말하기 훈련은 우리말의 그러한 특성에 기초하여 먼저 문장의 키워드를 찾아낸 후 거꾸로 읽기를 통해 문맥을 한눈에 파악합니다.

요즘은 아무리 처음 보는 문장이라도 키워드가 저절로 눈에 띄면서 문장의 뒷부분부터 눈길이 갑니다. 동사나 형용사 같은 서술어를 먼저 봅니다. 그리고 앞의 주어를 보면 이 문장이 무슨 뜻인지 바로 알 수 있습니다. 문장 파악이 빨라지니 마음의 여유가 생겼습니다. 느낌 넣기도 훨씬 편합니다.

보이스 스타일링을 습득하기 이전에는 일단 문장을 다 읽은 후 느낌을 어떻게 잡을 것인지, 어디서부터 고조시킬 것인지 계산하고 나누었어요. 숨 쉬는 곳까지 일일이 체크했었습니다. 지금은 그러지 않습니다. 따로 적어둘 필요가 없습니다. 한 번만 봐도 다 보입니다. 동그라미 호흡에 의해 호흡이 계속 동그랗게 돌아가니 숨에 쫓긴다든지 숨을 쉬는 위치를 인위적으로 잡지 않아도 됩니다. '여기서는 약간 포즈를 줘야지' 같은 생각도 없어졌습니다.

마치 일상에서 사람들과 이야기하듯 시청자와 대화를 나누면 됩니다. 물론 낭독이나 연기를 하기 전에 문장을 미리 한 번 보아두는 게 좋아요. 하지만 부득이하게 그렇지 못한 상황이라 해도 떨리지 않고 유연하게 대처할 수 있습니다. 아무리 어려운 글이 나오고 생전 처음 보는 문장이라 해도 낯설어하거나 당황하지 않습니다.

연기에 들어가면 내 목소리가 더 잘 들리면서 내 호흡이 느껴지는 순간이 있어요. 그러면 거기서 한 번 더 느낌 쪽으로 들어가 볼 수 있습니다. '느낌을 좀 더 끌어올려볼까. 어, 여기선 자제를 해볼까.' 그처럼 느낌을 운용하는 것이 자유자재로, 혹은 순간적으로 이루어질 수 있으니 연기에 대한 두려움이 없어졌습니다. 무엇보다 목소리 연기가 굉장히 재미있습니다. 문장을 보면 낭독하거나 말하고 싶은 의욕이 넘칩니다.

앞 장에서 이야기한 것처럼 일상도 달라졌습니다. 화가 없어졌어요. 남을 험담한다든지 저의 언짢은 기분을 표현하는 일도 거의 없어졌습니다. 그런 마음이 들 때는 동그라미 호흡을 몇 바퀴 순환시키면 됩니다. 그러면 마음이 가라앉으며 스스로의 감정을 제어할 수 있는 여유가 생깁니다.

영상 콘텐츠에 시간과 공을 투자한다면 음성 콘텐츠에도 당연히 같은 비율로 신경을 기울여야 한다. 유튜버의 의도를 전하는 가장 직접적인 방법은 목소리와 말로 이루어지는 멘트이기 때문이다. 영상과 음악, 혹은 영상과 자막만으로 이루어지는 콘텐츠는 그리 많지 않다. 대부분의 유튜버가 말로 승부를 보고 있다. 그런 상황에서 목소리와 말을 무신경하게 내버려둘 수는 없다. 촬영법, 편집기술을 배우는 콘텐츠 준비 단계에서 보이스 스타일링도 함께 시작하는 것이 옳다.

그것이 당연하고 효율적이다. 가장 이상적이다. 그러나 만약 이런 단계 없이 콘텐츠를 시작했다 해도 늦지 않았다. 콘텐츠를 준비하는 틈틈이 보이스 스타일링을 배워나가면 된다. 콘텐츠 따로, 보이스 스타일링 따로가 아니다. 느낌의 자유로운 적용이 필수인 유튜버에게 보이스 스타일링은 콘텐츠의 일부이다.

첫 술부터 잘할 수는 없다. 그래도 일단 시작하자. 모든 게 시행착오를 거쳐 나아진다. 우리도 보이스 스타일링이 체화되기까지는 1년 이상이 걸렸다. 영상을 실제로 찍어봐야 촬영기술이 는다. 편집도 직접 이것저것 시도하다 보면 디테일한 기법 구사에 능해진다. 보이스 스타일링도 마찬가지이다. 연습할수록 점차 몸에 익어가며 유튜브 창작의 든든한 밑받침으로 자리하게 될 것이다. 그에 따라 콘텐츠의 품질도 나날이 상승한다. 변신이 필요할 땐 원하는 스타일에 따라 느낌을 바꿔 담으면 된다. 책의 맨 앞에서 강조한 것처럼 보이스 스타일링이 추구하는 바는 유튜브 성공 비법과 밀접하게 맞닿아있다. 보이스 스타일링을 훈련하다 보면 백만 구독자 달성이라는 꿈의 지점에도 접근하게 된다. 보이스 스타일링은 유튜브 성공의 핵심적인 비결 중 하나이다.

02

콘텐츠에 어울리는 목소리가 구독자수를 좌우한다

유튜브에는 워낙 다양한 종류의 콘텐츠가 업로드되기 때문에 장르를 구분하는 게 쉽지 않다. 한 채널 안에서도 메인 콘텐츠와는 다른 장르의 서브 콘텐츠 방송이 함께 이루어지고 있다. 한 가지 콘텐츠만으로는 오래 지속하기가 힘들기 때문이다. 전문가들 역시 사회적 변화와 그에 따른 시청자의 관심사 변화에 맞춰 콘텐츠 포맷을 다양화하는 등 유연한 대처가 필요하다고 말한다.

'콘텐츠에 어울리는 목소리'란 내 목소리가 어느 콘텐츠에 어울릴지 매치하라는 의미가 아니다. 콘텐츠의 종류와 성격에 맞는 목소리를 연기해내야 한다는 뜻이다. 그러기 위해서는 내 목소리를 찾는 게 우선이다. 보이스 스타일링은 호흡에 생각과 느낌을 담은 말을 실어 나를 표현하고, 상대와 공감과 소통을 이루는 과정을 통해 세상과 하나가 될 수 있는 제대로 된 말하기 방식이다. 내 목소리와 말, 나의 특성과 성향을 더욱 나답게 만들어주어 누구든 자기 안의 개성과 장점을 발견하고 강화할 수 있게 해 준다.

보이스 스타일링의 첫 단계는 전달력이다. 일단 들려야 한다. 그래야 내 의도를 상대에게 제대로 전할 수 있다. 두 번째는 콘텐츠에 맞는 나만의 느낌을 꺼내어 표현하는 단계이다. 일반적으로는 전달력 단계만으로 충분할 수 있지만 유튜버라면 느낌을 담아 연기까지 가능한 두 번째 단계도 훈련해야 한다.

보이스 스타일링을 통해 자기 목소리를 찾고 전달력을 갖춘 후 느낌 추가하기 훈련을 받으면 전방위적인 느낌 담기, 즉 목소리 연기가 가능해진다. 스스로에 대한 확고한 자신감과 함께 목소리로 커버할 수 있는 연기의 스펙트럼이 넓어지기 때문이다. 내 목소리와 딱 맞는 콘텐츠를 찾지 않아도 다양한 콘텐츠의 내용과 상황에 맞는 느낌을 연기해낼 수 있게 된다. 동일한 콘텐츠 내에서도 다양한 장르, 여러 버전의 목소리 변주가 가능하다.

이 책 속에서 "유튜버는 캐릭터 연기가 필수이다"라고 줄곧 말해온 이유가 여기 있다. 유튜버는 콘텐츠 내에서 여러 가지 캐릭터를 연기해야 할 필요가 있다. 직접적인 캐릭터 연기가 포함되지 않은 콘텐츠라 해도 각각의 콘셉트와 장르에 따라 그에 맞는 느낌을 담는 유연한 대처력이 있어야 한다.

예를 들어 뷰티 채널에 제품 리뷰 동영상을 올린다고 가정해보자. 화장품도 고가 라인부터 저가 라인까지 다양한 제품군이 있다. 고가 라인 카테고리와 저가 라인 카테고리를 채널 내에 따로 분류해놓을 수도 있다. 그럴 경우 고가 라인과 저가 라인을 똑같은 목소리로 소개한다면 뭔가 아쉬운 면이 있지 않을까.

어쩌면 뷰티 유튜버 자신도 콘셉트 변화에 따른 코디네이션의 필요성을 느끼고 있을지 모른다. 센스 있는 뷰티 유튜버라면 제품 이미지에 걸맞은 메이크업, 패션, 조명 등에 신경을 쓸 것이다. 그렇게 모든 게 다 갖춰진 상황에 목소리만 안 어울린다면 어떨까. 목소리와 말투가 유튜브 콘텐츠에 대한 시청자의 인상을 좌우한다는 내용을 되살려보자. 콘셉트와 목소리의 언밸런스가 구독자에게 미칠 영향은 충분히 상상 가능하다. 뷰티 채널을 애청하는 구독자 층은 패션 센스, 메이크업 센스 같은 스타일에 민감한 유형이다. 배고픈 건 참아도 촌스러운 건 못 참는 성향일 수 있다. 고가 라인이라면 고급스러운 느낌의 목소리, 저가 라인은 경쾌하고 가벼운 느낌으로 가야 한다.

영화 리뷰 채널 역시 상황에 맞는 느낌 추가가 필요하다. 다뤄야 할 장르가 다양하기 때문이다. 로맨틱 코미디라면 사랑스럽고 경쾌한 목소리가 어울린다. 액션은 힘 있고 박진감이 넘쳐야 한다. 호러물을 따뜻하고 감미로운 목소리로 다룰 수는 없다.

현재 캐릭터 연기가 가장 활성화되어 있는 분야가 게임 유튜브이다. 캐릭터 연기는 대도서관, 도티 등 연기에 능한 파워 유튜버들에 의해 게임 채널의 전범이 되었다. 앞으로도 게임 유튜버가 되려면 연기가 가능해야만 할 수도 있다. 아이부터 어른, 노인에 이르기까지 다양한 역할을 내 목소리로 구사해야 한다. 좀 더 아이디어를 내서 성대모사도 끌어올 수 있을 것이다.

강연 유튜버야말로 연기자가 되지 않으면 안 된다. 무대 위의 연기자처럼 청중을 향해 다양한 느낌이 실린 말로 공감을 이끌어내야 한다. 애니 더빙 유튜버라면 더 말할 것도 없다. 책 낭독 유튜버는 바로 내 앞에 있는 사람을 보고 대화하듯 자신의 의도와 느낌을 전하고 텍스트에서 느낀 감성을 시청자에게 구체적인 그림으로 그려줘야 한다.

이처럼 다양한 내용과 콘셉트, 장르에 따라 다른 음성으로 그에 맞는 느낌을 담아낸다면 콘텐츠의 품질 상승은 당연한 결과이다. 콘텐츠와 전달력, 느낌이 하나가 되는 완벽한 프로그램을 만들 수 있다. 가슴에 파고드는 진정성 있는 목소리로 느낌을 전하는 전천후 유튜버가 될 수 있다면 구독자의 마음을 사로잡는 건 시간문제일 것이다.

03

시청자를 포용하는 말투가
콘텐츠를 강화한다

동그라미 호흡을 통해 시청자를 배려하고 포물선 대화로 소통하는 법에 대해 배웠다. 하지만 동그라미 호흡이 몸에 완전히 익숙해지지 않은 상태에서는 생각과 몸이 따로 갈 수 있다. 막상 카메라 앞에 앉으면 뭘 어디서부터 적용해야 할지 몰라 머릿속이 하얘지는 경우도 있을 것이다. 대본을 쓰기는 썼는데 통째로 외워서 말할 것인지, 카메라 뒤편 벽에 붙여놓고 엿볼 것인지, 프롬프터 앱을 사용해 간편하게 읽을 것인지 애매하기만 하다.

어떤 경우든 자신이 편한 방법을 사용하는 게 최선이다. 이제까지 해왔던 방식이 있다면 그대로 고수해도 된다. 하지만 반드시 피해야 할 것이 있다. 대본을 보고 읽는 것이다. 유튜브 채널을 보면 답답할 때가 있다. '콘텐츠도 좋고 소리도 좋은데 왜 말하기 훈련을 안 할까. 벽 보고 혼자 얘기하는 게 아니라 듣는 사람이 있다는 걸 알 텐데 왜 대본을 읽기만 할까.'

대본을 읽는다는 것은 상대가 없는 말하기를 하고 있는 것이다. 진짜 말하기가 아니다. 시청자가 봐주길 원하고 콘텐츠를 만드는 것임에도 시청자를 배제하는 행위이다. 그런 와중에 시청자를 감싸 안는다는 건 생각할 수조차 없다. 카메라 앞에 앉기에 앞서 차분히 이제까지 배워온 내용을 돌이켜보자. 보이스 스타일링의 전 과정을 그대로 적용해서 몸에 체화한다면 이런 고민은 할 필요가 없다. 보이스 스타일링을 목소리와 말투에 장착하면 생각하고 말하기를 통해 무슨 이야기인지도 모르고 대본을 읽게 되진 않는다. 하지만 아직 익숙하지 못하다면 아무리 좋은 방식이라 해도 머릿속에서만 뱅뱅 맴돌고 있을지 모른다.

그럴 때는 한 가지만 기억해두자. 그런 상황을 피할 수 있는 가장 좋은 비결은 대화형 말투이다. 상대와 일상 속에서 대화를 하는 것처럼 대본을 자신의 말로 표현하면 된다. 그리고 말을 하기 전 무엇을 말할지에 대해 먼저 생각하자. 대본을 읽는 사람들의 특징은 생각하면서 말을 하는 것이다. 그렇게 되면 말도 꼬이고 생각도 정리가 안 된다. 남의 말도 안 들리고 내가 무슨 말을 하는지도 모른다. 누군가 써준 대본으로 무작정 읽는 사람도 있다. 즉흥적인 느낌과 말솜씨에만 의존하는 경우도 있다.

말에 의도가 없으면 듣는 사람에게는 의미 없는 아무 말 대잔치로 들릴 뿐이다. 반대로 느낌만 가지고 말을 하면 느낌만 들린다. 실체는 없고 분위기만 들리는 것이다. 느낌은 말에 의도가 담겨 명확한 전달력이 갖춰진 후에 따라와야 한다.

대화형 말투에는 많은 것이 포함된다. 우선 대화를 하기 위해서는 상대가 있어야 한다. 유튜브 동영상처럼 상대가 눈에 보이지 않는다 해도 마음속으로 상대를 가정하게 된다. 대본 위에 쓰인 문어체의 말을 내 말투로 바꾸어 상대에게 들려줘야 하기 때문에 본인부터 내용을 완벽하게 이해해야 한다. 이해를 바탕으로 말에 자신이 생각한 바를 담아 상대에게 말을 하게 된다. 상대가 내 말을 좀 더 재미있게 혹은 이해하기 쉽게 받아들일 수 있도록 느낌을 담아 표현하기도 한다. 내가 전하려고 하는 바를 상대가 더 구체적으로 체감할 수 있게 직유나 은유 같은 이미지를 그리며 말로 표현한다.

이렇게까지 절실하게 내 말을 전하려는데 거기 진심이 깃들지 않을 리 없다. 상대에 대한 배려와 소통이 실종될 리 없다. 상대를 배려하는 동그라미 호흡, 따뜻한 상호 교류로 소통과 공감을 이루는 포물선 대화, 생각하고 말하기 같은 보이스 스타일링의 원리와 방식이 모두 상대와 눈을 맞추고 나누는 진정한 의미의 '대화' 속에 함축되어 있는 것이다. 대화는 현실 속에서 보이스 스타일링을 구현하는 최적의 방식이다. 우리가 열심히 보이스 스타일링에 대해 설명해온 것도 어쩌면 상대와 제대로 대화하는 법, 대화를 통해 소통과 공감을 이루는 법을 전파하고 싶은 의도였는지 모른다.

실력이 뛰어난 성우들은 다큐멘터리 내레이션을 할 때도 시청자에게 자연스럽게 말을 건네며 대화에 들어간다. 그러나 본능적인 감일뿐, 그것이 어떤 의미인지 알고 하는 사람은 그다지 많지 않을 것이다. 대화형 말투가 지닌 놀라운 힘을 보이스 스타일링처럼 심층적, 철학적, 과학적으로 설명해낸 음성이론이 아직까지는 없기 때문이다.

생각하고 말하기를 통한 대화형 말하기는 유튜버를 말의 고수로 만들어준다. 시청자를 배려하며 포용하는 따뜻한 말투로 조근조근 말을 걸 수 있게 해준다. 여기에 차츰 동그라미 호흡이 체화되어 가면서 상대를 향한 선의의 에너지가 보태진다면 날이 갈수록 콘텐츠가 갖는 소통과 공감의 힘도 강력해질 것이다.

04

당신의 목소리와 말투도 바꿀 수 있다

긴 설명이 이어지는 과정에서 여러 가지 개념과 방식이 공존한다고 착각할 수 있지만 보이스 스타일링은 간단한 두 개의 핵심 개념만 기억하면 된다. 첫 번째는 호흡과 발성, 발음이 하나로 묶인 동그라미 호흡이다. 두 번째는 생각하고 말하기의 순서대로 먼저 머릿속에 의도를 담은 후 느낌을 실어 말하면 된다. 자신이 느낀 바를 그림으로 그리듯 전하면 더 완벽한 말하기가 가능해진다.

정말 그것만으로 목소리와 말투가 바뀌는 게 맞을까. 목소리는 그렇다 치고 말투는 좀 더 정교하고 강제적인 교정이 필요하지 않을까. 아마도 그런 의문을 지닌 독자가 있을지 모르겠다. 그런데 정말 바뀐다. 동그라미 호흡으로 말을 하고 보이스 스타일링의 체계적인 훈련 과정을 밟다 보면 목소리와 말투가 마치 다림질이라도 한 것처럼 반듯하게 펴진다. 신기하게 여겨지는 사람도 있겠지만 보이스 스타일링 이론의 측면에서 살펴보면 합리적이고 당연한 결과이다.

목이 억눌린 소리, 톤을 높여 말하는 습관, 혀 짧은 소리, 콧소리, 목쉰 소리 등 잘못된 자세와 호흡, 발성, 발음으로 인한 목소리와 말투의 비정상적인 형태는 날숨에 말을 싣는 제대로 된 호흡법과 올바른 자세의 말하기만으로도 고쳐진다. 자신 없이 기어들어가는 말투, 기운 없는 말투 등은 자기 호흡과 리듬을 찾는 순간 자신감이 깃들며 사라진다.

동그라미 호흡으로 자신을 다스리고 상대를 배려하면 남을 무시하는 말투, 가르치려는 말투, 상처 주는 말투 등이 저절로 고쳐진다. 지나치게 빠른 말투, 생각 없는 말투, 영혼 없는 말투, 이상한 '쪼'는 동그라미 호흡의 체화와 생각하고 말하기를 통해 확실히 없어진다. 심지어 사투리가 교정되기도 한다. 포물선 대화를 통해 목소리와 말투에 긍정의 에너지가 깃들며 인간관계가 개선되는 경우도 있다.

▶️ 진정한 프로로 가는 길

현재로서는 김나연과 선호제, 우리 두 사람이 보이스 스타일링의 최대 수혜자라고 할 수 있다. 다른 사람들에게 강의를 하려면 우리 자신이 늘 동그라미 호흡을 가까이하지 않으면 안 된다. 그러다 보니 이제는 완전히 체화되어 둘 다 그 효과를 톡톡히 누리고 있다. 특히 선호제의 경우는 사회적 성취에 있어서 보이스 스타일링 전과 후가 괄목하게 달라진 측면이 있다. 다시 예를 들어 보자.

선호제는 성우로서의 연기 외에 광고 쪽에서 활발한 활동을 하고 있다. 간간이 영화 예고편도 녹음해왔다. 그런데 보이스 스타일링을 체득한 이후 영화 예고 의뢰가 부쩍 늘었다. 선호제의 목소리로 예고편을 찍으면 영화가 대박이 나는 경우가 많기 때문이다. 300만 관객이 든 우리 영화 〈마녀〉를 비롯해서 500만 관객을 동원한 미국 영화 〈아쿠아 맨〉을 녹음했다. 최근 국내 음악 팬들의 복고적인 감성을 자극하며 선풍적인 인기를 끌었던 〈보헤미안 랩소디〉 예고편도 선호제의 목소리이다.

물론 한 편의 영화가 수많은 관객을 확보하기 위해서는 기획 제작부터 배급 홍보에 이르기까지 숱한 사람들의 노고가 있어야 한다. 하지만 예고편 역시 무시하지 못할 한 요소일 것이다. 비약이겠지만 동그라미 호흡과 포물선 대화를 통해 목소리에 담긴 진정성이 전파를 타고 불특정 다수의 관객들에게 폭넓은 기대감을 불러일으킨 결과일지도 모를 일이다. 물론 우리 자신은 그런 면을 확신하고 있다. 보이스 스타일링의 효과를 체험한 당사자들이기 때문이다. 우리뿐 아니라 보이스 스타일링을 훈련하면 누구든 긍정적인 기운의 확산을 실제로 경험한다.

그것은 이제까지 이 책을 읽어온 사람들 모두에게도 해당되는 말이다. 이 책의 독자는 유튜브의 A부터 Z까지가 모두 궁금한 유튜버 지망생이거나 시작은 했지만 앞길이 막막한 초보 유튜버일 수 있다. 꾸준히 해오기는 했는데 성장이 정체되어 더 이상 구독자수가 늘지 않는 답답한 심경의 중급 유튜버일 수도 있다. 성공이라는 경지에 올랐지만 그 자리를 유지할 적절한 관리법을 찾는 파워 유튜버도 간혹 있을 것이다. 우리가 길고 긴 길을 걸어 여기까지 온 것은 어쩌면 그들에게 이런 말을 해주고 싶어서였는지 모른다.

"보이스 스타일링을 통해 당신의 목소리와 말투도 바꿀 수 있다. 그리고 그 효과는 당신이 예상하는 그 이상일 것이다."

05

방송에 적합한 보이스 캐릭터를 찾아라

자, 이제부터는 지금까지 배워온 보이스 스타일링이 진가를 발휘할 때다. 동그라미 호흡을 기반으로 생각하고 말하기의 순서에 따라 각 채널의 콘셉트와 장르에 맞는 느낌을 불어넣어 보자. 보이스 스타일링은 우선 나를 찾고 내가 하는 말에 진정성을 담아 상대와 공감과 소통을 이루는 제대로 된 말하기 훈련법이다. 동그라미 호흡과 포물선 대화, 생각하고 말하기 방식을 통한 '나의 정체성이 담긴 진정성 있는 말하기'와 '상대를 배려하는 따뜻한 소통과 공감'이야말로 보이스 스타일링이 추구하는 제대로 된 말의 방식이라고 할 수 있다.

어떤 보이스 캐릭터를 연기하든 그러한 두 가지 측면을 염두에 두고 바로 앞에 앉아 말을 나눈다는 느낌으로 다가간다면 시청자의 마음을 사로잡는 나만의 목소리와 말투를 만들 수 있을 것이다. 그렇다면 각각의 콘텐츠에 따라 어떤 느낌을 추가하는 게 좋을까. 다음에 적은 내용들을 참고해보자.

▶ 마음을 사로잡는 파워 리뷰어의 비결

시청자가 원하는 것은 상업성이 배제된 솔직한 리뷰어의 제품 사용 후기이다. 친구에게 있는 그대로의 사용 소감을 들려주듯 친근하면서도 꾸밈없는 말투가 정답이다. 동시에 신뢰성 있고 분석적인 말투까지 갖춘다면 금상첨화. 과장된 긍정이나 반대로 근거 없는 험담, 지나치게 유려한 말투는 금물이다.

▶ 대리 포만감과 함께 귀도 채워주는 먹방 유튜버

먹방 유튜버의 생명은 맛있는 음식에 목숨 건 듯 탐닉하는 표정과 말투. 방송 끝까지 목소리와 말투에 생기를 유지하며 '어쩜 이렇게 맛있을 수가!'하는 첫맛의 기쁨을 간직해야 한다. 특히 톡톡 터지는 소리, 바삭거리는 소리, 아사삭 씹히는 신선한 소리 등, 다양한 식감을 소리로 표현하고 간간이 그에 대한 감탄사의 리액션을 곁들이면 시청자의 귀에 대리 만족의 기쁨과 함께 정서적인 만족감도 선사할 수 있다.

▶ 뷰티는 우아하고 럭셔리하게, 또는 경쾌하고 발랄하게

메이크업 제품 리뷰는 스타일도 감각도 시류에 예민한 세련된 직장 선배나 친언니, 친구의 이미지를 떠올리며 벤치마킹해도 좋다. 하지만 제품에 따라 이

중 전략이 필요할 때도 있다. 고가 라인은 우아하고 럭셔리하게, 할리우드 스타나 유럽 왕실의 일원이 된 것처럼 도도한 느낌을 담는다. 저가 라인은 주사용층인 10대~20대 초반을 겨냥하여 경쾌하고 발랄하게 간다. 메이크업 영상은 메이크업 아티스트처럼 전문성 있는 어휘를 사용하고 자신감 있는 말투로 거침없이 진행한다.

▶ 영화는 다이내믹한 감정이 생명이다

차분하고 서정적인 영화는 촉촉하게, 가족물은 따뜻하고 정감 있게, 코믹물은 익살스럽게, 비극적인 로맨스는 처연하게, 역사물은 담담하거나 때로 비장하게, 심리스릴러는 안개에 싸인 듯 미스터리한 느낌을 목소리에 담아보자. 영화 리뷰는 각 장르에 딱 맞는 다이내믹한 감정을 실어야 시청자에게 강한 인상을 줄 수 있다.

▶ 음악은 디제이 화법

성시완이나 전영혁의 라디오 시절을 떠올려보자. 역대 별밤지기들의 음성과 전기현이 들려주던 세상의 모든 음악을 기억해보자. 심야의 적적함, 혹은 저녁 퇴근길의 나른한 애상에 잠긴 청취자에게 오랜 친구처럼 조용히 말을 걸어오던 DJ들의 차분하고 감성적인 음성은 시청자에게 사람 냄새나는 아날로그의 힐링

으로 다가갈 것이다. 반대로 콘텐츠의 장르에 따라 힙합 DJ의 들뜨고 감각적인
클럽용 디제잉 멘트를 구사해야 할 때도 있다.

▶ 여행으로 감성 채워주기

낯선 거리에서 스쳐 지나간 잊히지 않는 이국인의 눈빛, 아무도 잠들지 않는
맨해튼의 심야 술집, 마을 입구부터 와인향이 물씬 풍겨오는 생테밀리옹의 오래
된 성벽, 나무들의 정령에 홀린 홋카이도의 깊은 숲…. 누구에게든 가슴에 남은
여행지의 시린 풍경이 있다. 훌쩍 떠나고 싶은 시청자의 여행 본능을 자극하고
감성의 언어로 추억을 잡아낼 수 있는 섬세한 떨림이 깃든 목소리가 필요하다.

▶ IT는 전달력이다

먼저 치밀한 사전 조사와 심층 분석으로 제품의 사양과 특징, 이슈를 잡아내
는 것은 기본. 업계 동향, 소비 트렌드, 타제품과의 비교 분석을 기반으로 한 나
만의 관점과 판단으로 시청자에게 가이드라인까지 제시한다면 완벽한 얼리어
답터가 될 수 있다. 이때, 논리 정연한 의도 담기, 타이트한 용어 선택과 전문용어
에 대한 정확한 발음이 필수적으로 받쳐줘야 한다. IT 아이템 리뷰는 전달력이
생명이기 때문이다.

▶ 생활은 밝고 편안하게 감싸줘라

따사로운 햇살이 쏟아져 들어오는 겨울 오전의 거실, 갓 세척돼 나온 접시의 부드러운 온기, 잘 마른 새 침대 시트와 베갯잇에서 언뜻 느껴지는 섬유 린스의 잔향, 갓 지은 포실포실한 흰밥의 위안을 연상해본다. 일상의 소소한 기쁨이 묻어있는 밝고 잔잔한 음성으로 시청자의 감각을 편안하게 감싸주어야 한다.

▶ 패션은 감각과 트렌드를 읽고 말하라

비즈니스 룩이든 데일리 룩이든 시청자를 이끄는 패션리더가 되기 위해서는 프레타포르테의 시즌 동향은 물론 오트 쿠튀르의 디자인 경향에도 민감해야 한다. 또한 패션 메카인 뉴욕, 파리, 런던, 밀라노, 도쿄의 최신 유행템을 눈여겨 보자. 명품 니즈가 강한 청담동과 영 캐주얼 중심지 동대문의 핫한 트렌드를 읽고 다가올 시즌을 제대로 예측할 줄 알아야 시청자의 마음을 사로잡는다. 의상을 보여줄 땐 런웨이 위의 모델이 되었다는 기분으로 스튜디오나 야외 촬영 공간을 카리스마로 장악해보자. 명품 언박싱 리뷰는 자신감 있는 목소리와 시크한 말투가 키포인트. 하지만 현실적인 코디 조언엔 옆집 언니처럼 친근하고 살뜰한 느낌을 담는다.

▶️ 가전은 정확한 정보와 설득으로부터

시청자의 지갑을 열게 할 만큼 설득력을 지니려면 세밀하고 정확한 정보가 기본이 되어야 한다. 기존 제품들에서 시청자가 불편해했던 점을 상기시켜 먼저 공감대를 형성하면 내 의도를 이야기하기가 수월해진다. 유튜버 자신도 같은 가전을 쓰는 생활인의 입장에서 좋은 면은 좋고 나쁜 면은 나쁘다고 말할 수 있는 솔직, 담백, 합리적인 말하기가 무엇보다 필요한 분야가 가전이다.

▶️ 책 읽기, 도서 소개는 내 아이에게 하듯이

아이에게 책 내용을 들려줄 때는 요점과 핵심을 쉽게 풀어 전하게 된다. 강요에 의한 거부감이 들지 않도록 친근하고 편안한 말투로 옛날이야기를 들려주듯 다가가야 한다. 또한 책에 대해 상상하고 호기심을 느낄 수 있도록 적절한 여백의 시간도 확보해줘야 한다. 시청자도 마찬가지이다. 단, 아이든 시청자든 책 내용을 너무 세세히 전해서 스포일러가 되는 건 삼가야 한다.

▶️ 교육은 눈높이와 전문성이다

시청자가 유튜브에서 교육 채널을 찾는 이유는 잘 모르는 분야에 대한 실질적 도움을 얻기 위해서이다. 책이 아니라 동영상을 찾는 행동 속에는 좀 더 쉽게 이해하고 싶은 마음이 내재되어있다. 하지만 모르는 것을 더 모르게 하는 경우가 있다. 전문가 자신의 눈높이에서 일방적으로 가르치려는 태도를 지녔을 때이다. 진짜 전문가일수록 표현이 쉽다. 지나친 전문용어를 내려놓고 시청자의 눈높이에서 함께 배우고 성장한다는 자세와 말투를 지녀야 한다.

▶ 육아는 보물창고 속 도깨비처럼

잘나가는 육아 채널에는 '전투' 혹은 '전쟁'이란 이름이 붙어있는 경우가 많다. 채널에서 보여주는 아이와의 일상은 상상을 초월할 정도로 뒤죽박죽이다. 쓰레기투성이의 거실, 설거지거리가 차고 넘치는 싱크대, 식사시간마다 벌어지는 아이와 엄마의 숨바꼭질, 재워놓고 뒤돌면 반짝 깨는 아이 때문에 다크 서클이 내려앉은 엄마 아빠의 눈…. 그런데도 시청자는 재미있다. 언제 어디서 튀어오를지 모를 아이들의 기발한 리액션이 동영상 곳곳에 숨어있기 때문이다. 시청자의 허를 찌르는 보물창고 속 도깨비 같은 느낌을 목소리와 말투에 담아보자. 엉뚱하고 예측 불가능한 말일수록 시청자의 개그감을 자극하기 마련이다.

▶ 정보를 슬쩍 귀띔하며 호기심을 자극하는 과학 실험 채널

일상생활 속에서 누구든 한 번쯤 해봤을 상상을 과학적 근거가 담긴 실험으로 구현해 보여주는 것이 과학 실험 채널의 전형적인 콘셉트이다. 과학적 사실이 뒷받침되기 때문에 아무리 유치한 상상도 '볼 만한 가치'가 있는 영상으로 승화된다. 과학 실험 유튜버는 목소리와 말투를 통해 호기심을 자극하고 과학 정보를 전하는 두 가지 느낌을 한 번에 보여주어야만 한다. 하지만 과학 정보를 다룬다 해도 과학 공부를 하자는 것이 목표는 아니다. 호기심의 충족에 더 무게가 실려 있다. 과학 정보는 양념이다. 호기심과 장난 가득한 소년의 느낌을 담아 멘트를 진행해보자. 과학 정보는 슬쩍 귀띔하는 정도까지만. 하지만 과학적 사실을 말할 때는 똘똘한 말투로 전달력을 갖춰야 한다.

7장에는 다양한 장르별 실전 대본과 함께 각각의 콘셉트와 장르에 어울리는 느낌을 담아 직접 녹음한 우리 두 사람의 유튜브 동영상 멘트가 실려 있다. 동그라미 호흡과 포물선 대화를 기반으로 한 생각하고 말하기 방식의 느낌 추가하기, 즉 연기가 어떤 것인지 주의 깊게 들어보자. 실전에 많은 도움이 될 것이다.

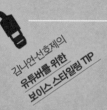
보이스 이펙트는
시청자와 함께 나누어라

보이스 스타일링을 훈련하면 목소리와 말투가 바로잡히며 자신의 정체성이 담긴 보이스 캐릭터를 확립할 수 있다. 그로 인해 일상과 일, 인간관계 등에서 긍정적인 변화가 나타나게 된다. 동그라미 호흡이 체화될수록 그 효과는 더욱 커진다. 우리는 이것을 보이스 이펙트라고 부른다. 보이스 이펙트는 개인적인 효과에서 그치지 않는다. 콘텐츠로 나누는 대화를 통해 시청자에게도 좋은 영향을 준다. 시청자는 보이스 스타일링으로 편안해진 유튜버의 콘텐츠에서 마음의 평안을 얻는다. 유튜버의 보이스 이펙트로 인한 시청자의 힐링은 다시 여러 형태의 피드백으로 유튜버의 콘텐츠에 역반영된다. 유튜버와 시청자 사이의 선한 공감과 대화는 구독자수의 상승과 함께 점점 더 넓은 공감대를 형성하며 사회 전체로 퍼져나간다. 결국 유튜버 개인에게서 출발한 보이스 스타일링이 시청자의 정신과 몸을 치유하고 사회 전체에 공감과 소통의 확산을 부르는 보이스 이펙트로 작용하는 것이다.

콘텐츠를 통해 시청자와 보이스 이펙트를 함께 나누기 위한 방법을 정리해보자.

🎧 시청자와 함께 보이스 이펙트 나누기

① 콘텐츠 준비 과정에서 촬영, 편집 등과 함께 보이스 스타일링을 배우기 시작한다.
② 일상 속에서 동그라미 호흡을 꾸준히 연습하여 체화시킨다.
③ 콘텐츠에 생각하고 말하기 방식의 의도와 느낌을 담아 시청자와 대화를 나눈다.
④ 구독자 상승과 함께 더 많은 사람들과 보이스 이펙트를 나눈다.

실전!
구독자를 사로잡는
방송 목소리 &
녹음 솔루션

PART 7

유튜버를 위한 보이스 스타일링 실전 맞춤형 솔루션 | 홈 레코딩을 이용하여 우리

집 스튜디오로 꾸미기 | 마이크 사용법 & 내 몸 효과음으로 나도 프로 성우!

동그라미 호흡을 기반으로 생각하고 말하기의 순서에 따라 각
채널의 콘셉트와 장르에 맞는 느낌을 불어넣어 보자. 보이스 스
타일링은 우선 나를 찾고 내가 하는 말에 진정성을 담아 상대와
공감과 소통을 이루는 제대로 된 말하기 훈련법이다.

01

유튜버를 위한 보이스 스타일링
실전 맞춤형 솔루션

이번 챕터에서는 다양한 장르별 채널에 따른 대본을 제시한다. 각 대본은 보이스 스타일링 방식으로 김나연, 선호제 두 성우가 직접 녹음하여 홈페이지에 올려놓았다. 실전에 참고해보자. 지금까지 훈련한 보이스 스타일링 내용을 바탕으로 자신이 직접 대본을 읽고 녹음해서 들어보자. 그리고 김나연, 선호제 성우의 목소리로 녹음된 대본을 읽고 자신의 것과 비교해보자. 채널별 특성을 염두에 두고 두 저자의 녹음 파일을 듣는 것만으로도 도움이 될 것이다.

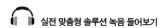 **실전 맞춤형 솔루션 녹음 들어보기**

각 대본은 김나연, 선호제 두 성우의 음성으로 직접 녹음한
보이스 스타일링 방식의 녹음 파일로 들을 수 있습니다.
'보이스 스타일링 - 김나연의 보일러'를 검색하거나
홈페이지 voiler.modoo.at 를 방문하면 들을 수 있습니다.

영화 리뷰
소재 영화 <극한직장>

안녕하세요? 보이스 스타일링 영화 읽어주는 남자 선호남입니다. 오늘은 대중들의
빡빡한 현실 속에 큰 웃음을 선사한 가뭄의 단비 같은 영화를 하나 소개해드리려고
합니다. 요즘 극장가의 지각 변동을 몰고 온 영화죠. 바로 <극한직장>에 대해 알아보
겠습니다. 일단 이 영화가 왜 이렇게 큰 이슈를 일으키고 있는지 먼저 살펴봐야겠죠?
제가 생각할 때 가장 큰 이유는 바로 이 영화의 장르라고 생각되는데요. 일단 영화
는 시작부터 다릅니다. 그냥 웃깁니다. 과장된 표정과 몸짓, 말도 안 되는 상황, 남발
하는 슬로 모션 등 마치 판타지 장르 같아 보이기까지 합니다. 그런데 중요한 것은 관
객이잖아요? 이 영화를 보는 관객들이 웃는다는 것입니다. 그것도 아무 생각 없이요.
또한 이 영화는 설날이라는 특수를 발판 삼아 가족 단위로 관객들을 끌어들이기 시
작한 것이죠. 이 흐름은 입소문을 타고 순풍에 돛 단 듯 항해를 시작합니다. 그리고
한국영화 관객 동원 수 역대 2위라는, 제작자들조차 예상하지 못했던 기적을 만들어
냈죠.

드라마 리뷰
소재 넷플릭스 드라마 <킹덤 >

많은 영화 장르 중에서 호러는 대중적인 사랑을 받거나 성공하기 힘든 장르 중 하나
죠. 그런 호러 장르의 소재 중에서도 핵폭탄 중에 핵폭탄이라고 불리는 소재가 있습
니다. 그것은 바로 '좀비'라는 소재인데요. 자…, 좀비 마니아들은 좋아요, 구독 누를

준비하시고요, <킹돔> 속으로 떠날 준비되셨나요? 일단 <킹돔>은 현대물이 아닌 조선이라는 시대적 배경으로 '사극+좀비'라는 독특한 영화적 배경을 만들어냈습니다. 여기에 이미 검증된 드라마 작가와 영화감독이 거대 자본 안에서 뭉쳤죠. 미리 말씀드리지만 결과는? 네, 매우 성공적이었습니다. 국내에서보다는 해외에서 더 극찬을 하며 유명 좀비 드라마 <요킹 데드>를 뛰어넘는 수작이라는 평가를 받았죠.

SCRIPT ## 맞춤형 솔루션 ② 먹거리 · 맛집 리뷰 & 쿡방 채널

먹거리 리뷰

소재 캘리포니아 나파밸리 와인

"한 잔의 와인은 영혼을 녹여주는 마법이다"라는 말이 있죠. 그래서 그런지 항상 중요한 자리나 격식 있는 자리에는 와인이 빠지지 않는 것 같아요. 와인 하면 대부분의 사람들은 일단 프랑스를 떠올리는데요. 오늘은 저 보이스 스타일링 나연 킴이 미국을 여행하며 맛있게 먹은 와인이 있어 소개해드릴까 해요. 미국 서부지방을 여행하다가 알게 된 지역이 있어요. 바로 낭만과 바다로 유명한 캘리포니아 주에 위치한 나파(Napa)와 소노마(Sonoma)입니다. 이곳은 특별히 포도 재배 농장에서 직접 이런저런 와인을 맛볼 수 있고 와인 제조 과정을 볼 수 있는 와이너리가 있는데, 와인 좋아하시는 분이라면 꼭 한 번 와보시면 좋을 것 같아요. 물론 저는 와인을 잘 모르지만 이곳 와인은 일단 뭐랄까… '와, 맛있다!'라는 생각이 들게 하더라고요. 자, 그럼 물 건너온 이 나파 와인을 오픈해서 한번 따라 볼게요. 이 색깔이 보이시죠? 일단 굉장히 진하고 끈적해 보이는데요. 제가 시음을 한번 해보겠습니다. 음…

먹거리 리뷰

소재 남북통일염원 만두

네, 한 40분 정도 기다리다가 들어왔는데요, 뭐 그냥 내부는 보시는 것처럼 특별한 건 없어요. 좀 오래된 맛집 같은 느낌 정도? 그럼 이제 메뉴판을 잠시 보겠습니다. 여기 만두가 그냥 일반 만두 맛이 아니라 북한 맛이 난다는데요. 근데 대체 북한 맛이 뭘까요? (흐흐) 저는 만둣국을 시켜보겠습니다. 근데 여기 보시면 좀 웃긴 게 메뉴판에 '나중에 통일돼서 북한 친구랑 같이 오면 만두 무제한 제공'이라고 돼 있네요. 센스가 참⋯, 남북통일 만둣국입니다! 비주얼 상당하죠? 음⋯, 반찬도 정갈하고. 김치가 아주 매운 편인데요, 생강 맛이 좀 강하네요. 독특합니다. 만둣국은 맛이 상당히 진해요. 근데 사골 베이스가 아니라 해산물 베이스네요. 멸치, 새우, 다시마 향도 좀 나고 꽤 진해요. 네 그리고 제일 중요한 만두는⋯.

다이어트 식품 리뷰

소재 바이바이 티

다이어트가 필요한 곳이라면 어디든 달려갑니다. 생생 다이어트 공유 채널 보이스 스타일링 다이어터 호두까끼입니다! 오늘은 정말 정말 신박한 아이템을 공개해볼까 합니다. 이미 강남에서 알 사람은 다 안다고 해서 청담동 아줌마 차라고 불린다고도 하는데요. 바로 '바이바이 티'입니다. 이름이 참⋯, 제 마음을 대변하는 것 같은데요. 정말 살이랑은 바이바이 하고 싶어요. 복용법도 아주 간단해요. 하루 한 번 아침에 공복으로 드시고요, 차가운 물에 타서 원샷도 오케이. 아니면 따뜻한 물에 타서 진짜 차 마시듯이 홀짝홀짝 마셔도 오케이. 참 쉽죠? 무엇보다 화학적 첨가물이 전혀 포함되어 있지 않은 자연식품이기 때문에 건강을 해칠 일도 없다는 거. 진짜 대박 아니에요? 단 부작용이 좀 있는데요, 설사를 유발하거나 두통이 생기거나 속이

메스껍고 울렁거릴 수는 있대요. 저도 일주일 정도는 고생했었는데요, 2주 차부터는 괜찮았어요. 너무 힘드시면 쉬었다가 다시 시도해보시는 것도 좋은 방법입니다.

SCRIPT 맞춤형 솔루션 ③ 과학 실험 채널

생활 속의 과학 실험
소재 빨대의 원리

궁금한 건 못 참아. 알려줘 생활 속 과학아!! 안녕하세요, 생활 속에 쏙쏙 숨은 과학의 원리를 직접 실험하며 알려드리는 보이스 스타일링 사이언스픽션입니다! 오늘은 무엇을 파헤칠 것이냐! 바로바로 옛 추억이 듬뿍 들어있는 야쿠르트 아줌마! 야쿠르트 주세요~, 야쿠르트 없으면 요쿠르트 주세요~. (하하하) 네~, 오늘의 실험은 바로 이 야쿠르트를 빨대로 3초 안에 빨아 마실 수 있을까? 없을까? 그것이 문제! 아니…, 실험 대상이 되겠습니다. 자, 일단 제가 도전을 한번 해보겠습니다. 시이이잭! 음! 음! 흡! 헥헥헥…. 엥? 6.3초? 아, 이거 자존심 너무 상하는데요. 이 야쿠르트 하나를 3초 안에 빨아먹기 왜 이렇게 힘든 걸까요? 그 이유는 바로 공기의 압력! 기압 때문인데요, 이 기압이란 무엇이냐. 이 기압에 관한 자세한 설명은 다음 동영상에서 공개해드리겠습니다!

먹거리 리뷰
소재 코스트코 뉴욕 스트립 스테이크 6근(3킬로그램)

안녕하세요~, 보이스 스타일링 양갱입니다. 오늘의 먹방은 코스트코 뉴욕 스트립 스테이크입니다. 일단 3킬로그램을 준비했고요. 인분으로 따지면 1인분에 200 정도로 하고 대충 한 10인분 정도 되겠네요. 네, 정말 행복하네요. 보고만 있어도. 이미 제가 불판을 좀 달궈놨고요. 버섯이랑 양파를 미리 좀 올려놨습니다. 먼저 600그램짜리 두 개를 올려놓겠습니다. 와, 이 소리 들리세요? 제 미각이 살아나는 소리입니다. 위가 위를 먹으려고 하네요. 빨리 구워져라~! 이거 혹시 마블링 보이세요? 너무 많이 익으면 안 되니까 이제 뒤집어주고 소금이랑 후추를 좀 뿌리고요. 야, 이게 두께가 사랑스럽네요. 한 3센티? 3센티는 충분히 될 것 같아요. 그럼 반대편이 익는 동안 저는 소스를 미리 뿌려놓고, 아 오늘을 위해서 스테이크용 나이프를 구매했습니다. 다이써에서 3000원 주고. 네, 근데 이거 거의 무기네요. 여하튼 고기는 아주 잘 썰릴 것 같아요. 네, 대충 된 거 같으니까, 이제 시식을 해보겠습니다. 자 썰고…, (크크) 진짜 잘 썰리네요. 오, 피 피 피 나온다. 이거 거의 레언데요~. 자, 이제 제 입으로… 음~~~ 음~~~. 이게 이게 일단 육즙이 입안으로 쫙 퍼지는데…, 담백하면서…, 피 비린내? 약간 그 고기 특유의 향이 가득해요. 음…, 괜찮은데? 왜 뉴욕 스트립이란 이름이 붙은지는 모르겠는데 어쨌든 잠시 아메리칸이 된 기분이었습니다. 다음엔 보스턴 스트립에 도전해볼까? (크크) 시청해주셔서 감사합니다! 스테이크 꿈꾸세요~.

먹거리 리뷰
소재 외국인도 좋아하는 한국인의 소울푸드 1탄

안녕하세요. 배불뚝이 호자예요. 오늘 먹을 음식은요. 한국인의 소울푸드인 삼겹살 2킬로그램과 보글보글 된장찌개입니다. 맛있는 엄마표 김치랑 흰쌀밥도 준비했어요. 잘 먹겠습니다. (삼겹살 한 입 먹으면서) 음~, 역시 이 맛이야! 겉은 바삭하면서 속은 촉촉하고 쫄깃쫄깃한 게 씹는 맛이 너무 좋아요! 고소한 기름이 입안에 쫙 퍼지는 이 황홀함… 말해 뭐합니까. 여러분 다 아시죠? 다 아는 맛이 제일 무섭잖아요. 상상이 막 되니까 미치겠잖아요~~. 구운 김치도 먹어볼게요. 음~~, 기름이 쫙 스며들어서 너무 고소해요. 찌개도 한 입. (후루룩) 와, 조금 느끼할 뻔한 걸 바로 잡아주네요. 너무 개운해요. 찌개는 이렇게 밥에 쓱쓱 비벼서 먹어야 제 맛이죠. 음~, 여기에 구운 김치 한 점! 음~, 너무 맛있어. 어떡해… 근데 한식은 진짜 물리지를 않으니까 그게 더 무서운 것 같아요. 전 피자나 파스타도 좋아하지만 먹다 보면 느끼하니까 많이 먹지는 못하거든요. 한…, 피자 한 판 정도? (흐흐흐) 아, 도저히 안 되겠다. 저 이제 설명은 멈추고 먹방에 집중할게요. (흐흐)

SCRIPT ## 맞춤형 솔루션⑤ 게임 채널

게임 리뷰 프롤로그
소재 정통 SRPG <왕이 돼 봐라> 전격 리뷰

뜨는 게임! 핫한 게임! 은 모조리 파헤치는 '보이스 스타일링 배터리 나갈 때까지'입니다. 오늘 소개해드릴 게임은 정말…, 유튜브에 지겹도록 광고가 나와서 짜증이 난다

는 그 모바일 게임! 진짜 자꾸자꾸 나와서 '좋아, 내가 한 번 해 줄게'라는 마음을 먹게 만든다는 바로 그 모바일 게임! <왕이 돼 봐라!>입니다. 고대 임금의 생활을 체험하고 금전, 명예, 권력을 휘두르며 문객과 후궁 미녀의 도움을 받아 한 단계 한 단계 성장하는 방식입니다. 벼슬길을 방해하는 악인을 응징하고 탐관오리를 체포하여 감옥에서 교육하고 백성에게 약탈해온 자원들을 몰수하여 다시 백성에게 돌려주는 착한 관료가 될 수도 있고, 다른 강한 유저와 동맹을 맺어 우정을 쌓고 연맹전을 진행할 수도 있답니다. 이런 획기적인 소재와 자극적인 게임 진행 방식에도 악평을 하는 유저들도 많다고 합니다. 그 이유는 바로 '저 레벨' 시기에 상당히 귀찮은 노동을 많이 해야 한다는 점과 너무 과한 광고, 저급한 게임성, 앞뒤가 안 맞는 한글화, 비슷비슷한 이벤트 등이 있다고 하는데요.

 게임 방송 진행
소재 45초 핵전쟁에서 살아남기!

45초! 핵전쟁 게임! 지금 바로 가보도록 하겠습니다! 저는 잘하기 때문에 짜르봄바. 매우 어려움 난이도로 가보도록 하죠. 자, 빨리 챙기죠! 구급약, 트럼프도 챙겨가죠. 이거 없으면 재미가 없어서 살아남을 수 없어요~. 아, 여기 물도 챙겨가고~. 통조림 중요하죠, 통조림~. 그리고 이거, 이 하모니카. 이거 불면 정신건강에 좋다고 알고 있거든요? 자, 이런 식으로 챙겨갑니다. 그리고 엄마, 지도까지 챙기고요. 아, 물 하고 식량 더 챙기고요~. 이런 기본적인 필수품들 중요합니다. 매우 어려움 모드는 진짜 필요한 게 많아요. 여기 체스판도 챙기고, 총도 한 정 챙겨갑니다. 아, 그리고 아들하고 딸 어딨나? 여기 아들 먼저 데리고, 도끼 가져갑니다. 빨리빨리! 시간 없는데? 그리고 빨리! 구급상자, 딸, 그리고 방독면. 마지막으로! 물, 식량, 책! 아, 하나만 더! 물 하고, 식량 두 개, 플래시! 빨리 들어가야 되는데, 아악! 넘어지면 바로 코앞인데…. 와, 이게 터지네? 괜찮아요! 원래 이런 겜은 다시 몇 번 정도 해줘야 또 재밌거든요? 다시 바로 갑니다!

화장품 리뷰
소재 올리브 올드 유리알광택 오일립 추첨템

안녕하세요~, 사랑스런 나를 가꾸는데 꼭 필요한 뷰티 필수템만을 소개해 드리는 '아직도 없다고요? 보이스 스타일링 뷰티링링'입니다! 겨울은 정말 피부 관리하기 너무 어려워요. 추워서 히터 틀면 금세 건조해지고…. 아무리 발라도 제대로 보습하기 쉽지 않죠? 특히나 건조해지면 저 같은 경우에는 입술이 가장 예민하게 반응하더라고요.

그렇다면 진짜 입술 가뭄 탈출법은 없는 걸까요? 그래서 오늘은 제가 유리알 광택 입술을 지켜주는 필수템을 가지고 나왔어요. 바로바로 어딕티드 프렌치 립오일 입니다! 저는 은은한 로즈향을 선택했는데요. 사용 방법은 아주 간단합니다. 각질이 일어난 입술에 립오일을 톡톡톡 적셔주면 끝~! 끈적임은 노노! 촉촉한 립으로 금세 바뀌었죠? 그다음 그 위에 취향에 맞는 매트립을 발라주면? 촉촉 탱글한 입술 완성! 자, 다시 한번 보여드릴게요. 립오일을 각질 위에 투명하게 발색해주고, 그 위에 매트립으로 마무리. 핑크빛 생기 광채 가득한 입술 완성입니다. 끈적임 없이 보습감 최고예요~. 은은한 장미향이 퍼지는 유리알 광택 입술. 어렵지 않죠?

메이크업 정보
소재 싹싹 오일폼으로 명품피부 만드는 꿀팁

안녕하세요. 보이스뿐만 아니라 피부도 좋은 여자, 김나연입니다. 오늘은 우리가 화장하면 꼭 하는 일 중의 하나죠. 클렌징하는 방법에 대해 알려드릴 거예요. 그런데 진한 화장을 지울 때는 2중, 3중으로 지우니까 여러 제품을 쓰게 되잖아요. 그런 번거로움 없이 딱 하나만 있어도 진한 화장을 지울 수 있는 2 in 1 제품이죠. 바로 오일폼인데요. 사용법만 확실히 알아도 탱탱하고 밝은 피부를 만들 수 있는 꿀팁이니까 잘 보셨다가 따라 해 보세요.

먼저, 세안하기 전 손부터 깨끗이 씻어준 뒤에 오일폼을 충분히 짜주세요. 그다음 오일을 얼굴 전체에 골고루 묻혀주고 T존에서 U존 순서로 롤링하며 마사지해주세요. 이때, 블랙헤드나 화이트헤드가 많은 콧망울, 턱, 양볼을 더 많이 롤링해주시면 좋답니다. 각 부위별로 5초 정도씩 꾹꾹 눌러주면 얼굴 탄력과 안색까지 개선시켜줄 수 있어요. 자, 이제 오일이 거품으로 변신하는 순간이에요. 오일이 묻은 손에 물을 묻히고 양손을 비벼 거품을 풍성하게 만들어주세요. 이제 이마, 코, 콧볼, 턱, 양볼 순으로 안쪽에서 바깥쪽으로 원을 그리며 클렌징해주세요. 피지와 유분 때문에 더 신경 쓰이는 부위가 있다면 모공 브러시를 이용하시면 딥 클렌징이 가능해요. 이제 미지근한 물로 씻어줄 텐데요. 이때 거품이 남아있지 않도록 꼼꼼하게 씻어주세요. 빡빡 씻으면 오히려 탄력도 약해지고 상처도 날 수 있으니, 살살 씻어주셔야 해요. 다 씻었으면 수건으로 가볍게 톡톡 닦아주시고, 수분이 날아가기 전에 잽싸게 기초화장품으로 얼굴에 수분을 채워주는 거 잊지 마세요! 뻔하지만 매일 꾸준히 하시면 저처럼 피부만큼은 미인으로 거듭나실 수 있어요. 다음에도 좋은 정보로 여러분 찾아뵐게요. 안녕~.

SCRIPT **맞춤형 솔루션 ⑦ 패션 채널**

패션 브랜드 리뷰
소재 멋을 아는 남자, STCO 블루 홍대점 방문기

안녕하세요? 뒤늦게 패션에 눈을 뜬 남자, 보이스 스타일링 뒷북입니다. 지금 여기

가 어디냐면요, 대한민국에서 가장 젊은이들이 많이 모이는 곳. 바로 홍대입니다. 제가 오늘 홍대를 온 이유는 바로 STCO 블루라는 남성복 매장을 방문하기 위해서인데요. 옷에 좀 관심이 있는 남자분들은 한 번쯤은 들어보셨을 브랜드죠. STCO. 네, 대한민국에 몇 안 되는 남성 전문 패션 브랜드입니다. 20대 후반에서 30대 중반 정도의 남성분들에게 가성비 좋다고 입소문도 나고 그래서 인지도도 꽤 있는 토종 브랜드인데요. 그 STCO에서 운영하는 멤버십 매장 STCO 블루 홍대점을 찾아왔습니다. 자, 그럼 들어가 보겠습니다. 안녕하세요? 네, 저 STCO 블루 회원가입을 좀 하고 싶어서 왔는데요. 보면은, 와…, 진짜 굉장히 싸네요. 본래 가격에서 30%는 기본이고…, 50이나 60% 이상 하는 제품들도 굉장히 많아요. 음~, 네, 그리고 디자인도 꽤나 모던하고 심플한데, 일단 재질이 나쁘지 않아서 믿고 구입하셔도 되겠단 생각이 드네요. 아주 고가의 브랜드를 따라갈 수는 없겠지만 가격을 고려한다면 대학을 졸업하고 직장생활을 시작하시는 분들이 부담 없이 스타일을 내볼 수 있을 것 같아요.

스타일링

소재 통통한 몸이 10킬로그램씩이나 빠져 보이는 스타일링법

안녕하세요. 보이스 스타일링 패션킴입니다. 제가 항상 저의 패션 브이로그만 보여드리다가, 오늘은 여러분들에게 도움이 되는 스타일링 팁을 가져왔어요. 저희가 사실 완전 날씬한 몸매라면 어떤 옷이든 소화할 것들이 많았겠지만, 조금만 건강해 보여도 옷을 입을 때 뭔가 제약들이 계속 생기게 되잖아요. 예를 들어 상체비만이다, 그러면 점점 몸을 많이 감추고 어두운 색의 옷만 입게 되죠. 내 살을 감추려고요. 근데 그 스타일링만이 꼭 좋은 방법이다? 그건 아니에요. 차라리 나의 다른 부위를 부각시켜 단점을 커버하는 방법이 있는데요. 하체를 더 노출하는 미니스커트나 화려한 패턴의 하의를 입어 상체에서 하체로 시선을 분산시키는 거예요. 아니면 가슴 파인 부분이

좁고 깊게 파인 V넥을 입어서 좀 더 날씬한 효과를 줄 수 있어요. 상의가 밝더라도 상의보다 하의를 더 밝은 색으로 가주면 훨씬 날씬해 보이는 스타일링이 가능해요.

SCRIPT 맞춤형 솔루션 ⑧ 언박싱·디지털 기기 리뷰 채널

언박싱

소재 자부라 엘리트 스포츠 블루투스 이어폰

안녕하세요? 오늘 소개해드릴 제품은 완전 무선 이어폰, 블루투스로 연결되는 이어폰인데요. 이름은 자부라 엘리트 스포츠입니다. 일단 제가, 보시는 것처럼 같은 회사 제품의 넥밴드형 이어폰을 쓰고 있는데요. 자부라는 일단 음질만큼은 흠잡을 데가 없어요. 아주 만족하면서 쓰고 있는데, 아무래도 지금 이건 목에 거는 넥밴드 형식이다 보니 가끔 불편할 때가 있거든요. 그래서 오늘은 그런 불편함을 완전히 없앤 이 자부라 엘리트 스포츠를 개봉해볼까 합니다. 자, 꺼내보겠습니다. 상당히 직관적인 디자인이네요. 자, 빼서, 음…, 단단해 보이는 구성이네요. 그럼 일단 거치대 박스에 이어폰을 넣어보겠습니다. 오, 불이 들어오네요. 충전이 되는 거죠? LED가 깔끔하게 들어옵니다. 그리고 충전 케이블이 들어있고, 네, 그리고 이어팁을 끼어보겠습니다. 제가 귀가 큰 편은 아니고요, 중간 정도인데…, 음, 괜찮네요. 편안해요. 약간의 무게감이 느껴지긴 하지만 거슬리는 정도는 아니고요. 다시 빼서, 자, 버튼들을 한번 눌러볼까요? 플러스 마이너스가 있는 걸 보니까 볼륨 같네요. 그리고 전원 그리고 연결 버튼이 있고요. 여기 있는 센서가 심박 수를 측정하는 장치 같아요. 그럼 이제 귀에 끼어 볼게요. 위에서 아래쪽으로 눌러주면서 끼고요.

디지털 기기 리뷰
소재 유튜버의 필수품 카메라와 마이크

안녕하세요, 유튜브를 시작하는 분들을 위해 꼭 필요한 꿀팁만을 알려드리는 보이스 스타일링의 유튜브 톡톡입니다. 오늘은 그 두 번째 시간인데요. 저번 첫 번째 시간에서는 유튜브가 무엇이며 누가 유튜브를 보는가? 그리고 유튜브로 나는 무엇을 할 것이며 무엇을 얻을 것인가에 대해 얘기를 나눠봤었죠? 오늘은 이제 두 번째 시간인데요. 오늘은 그냥 막연한 이론이 아니라 간단한 실습을 보여드리면서 강의를 진행해보려고 해요. 유튜브는 뭐죠? 네, 바로 동영상이죠. 유튜브는 동영상으로 이루어져 있어요. 동영상은 뭐죠? 영상과 소리죠. 그래서 유튜브를 하려면 영상과 음성을 알아야 해요. 어쩔 수 없어요. 필수예요. 하지만 걱정하지는 마세요. 갑자기 내가 전문 카메라도 사고 방송용 마이크도 사고…, 그래야 하는 게? 아닙니다. 그냥 여러분이 지금 보고 계시는 핸드폰만 있으면 돼요. 그거면 여러분이 만들고자 하는 콘텐츠의 80%는 만들 수 있다고 보시면 됩니다.

맞춤형 솔루션 ⑨ 자동차 채널
SCRIPT

자동차 시승기
소재 테슬란

지난 몇 년 전부터 엄청난 이슈를 몰고 온 뒤 꾸준히 주목받고 있는 자동차 브랜드가 있습니다. 짧은 역사임에도 다양한 도전과 혁신적인 상품으로 세계인의 마음을 훔친 자동차 브랜드죠. 그리고 현존하는 가장 친환경적인 기업 '테슬란'입니다. 민첩하고 매끄러운 외모, 바람조차 숨을 죽일듯한 정숙함, 그리고 주위를 압도하는 포스까지. 요즘 이 차가 지나가면 다들 '저 차 뭐야?'라고…, 해본 경험 다들 한 번쯤 있으시죠? 그런 핫한 차를 제가 드디어 시승해보았는데요. 일단 처음 이 차를 만났을 때 든 생각은…, 대략 난감이었습니다. 왜냐하면 이 차가 운전자도 없이 자기 스스로 제가 있는 곳으로 왔거든요. 마치 고전 미드 <나이트라이더>의 '키트'처럼요. 정말입니다. 저는 그냥 바보처럼 서 있을 수밖에 없었어요. 상상이 되세요? 혼자 나를 찾아 운전해온 차가 제 앞에 섰고 나는 이 차를 타야 되는데 문 여는 방법을 모른 채 서 있고…. 비웃지 마세요. 테슬란을 만나는 순간 이건 여러분한테 닥칠 일이거든요.

생활용품 리뷰
소재 나이끼 캐주얼 슈즈 추천

생활에 필요한 필수템만 추천하는 필템공주 보이스 스타일링 물욕입니다. 요즘처럼 날씨가 오락가락할 때는 마음도 오락가락하죠. 항상 날씨에 흔들리지 말아야지 하고 마음먹어도 집 밖으로 나가는 일이 쉽지 않더라고요. 님들은 어떠세요? 마음 팍 잡고 외출도 하고 산책도 하는 게 좋잖아요? 바로 그 산책에 필요한 필수템을 소개해드리려고요. 바로 '나이끼'에서 새로 나온 캐주얼 슈즈 '에어막스2019'입니다. 아직 국내에는 정식으로 수입되진 않았지만 저에겐 필수템인 만큼 어마존을 통해 발 빠르게 구매를 했는데요. 자, 포장을 뜯고. 음…, 언제 봐도 세련돼 보이는 나이끼 로고입니다. 자, 드디어 상품을 꺼내 볼게요. '에어막스' 시리즈는 뭐 워낙 유명하지만 이번

신제품은 디자인이 많이 편안해졌더라고요. 짜잔! 음~, 보이시죠? 일단 항상 눈엣가시 같았던 투박한 봉제선이 보이지 않아요! 덕분에 캐주얼이 아니라 격식을 갖춘 세미 정장에도 잘 어울릴 것 같아요. 제가 인터넷 상으로 봤을 때는 색상이 6종류였고, 저는 언제나 그렇듯이 핑크를 선택했는데요, 사진보다 좀 더 눌러주는 느낌이랄까? 발랄하면서도 차분한 느낌이 같이 드네요. 맘에 듭니다.

SCRIPT **맞춤형 솔루션 ⑪ 취미 · 레저 채널**

콜렉팅

소재 VHS 방식 비디오테이프 수집기

안녕하세요~, 세상엔 진기한 물건들이 너무나도 많습니다. 물건은 쓰고 버리는 거다? 물건이 뭐가 중요하냐? 네…, 맞습니다. 하지만 이 물건이라는 건 때론 인생에 재미를 주기도 하고 또 어떤 물건들은 인생의 의미를 더해주기도 하죠. 그리고 또 어떤 물건들은 오래된 추억…, 향수를 자극하기도 합니다. 수집할 꺼리가 너무나도 많은 이 세상! 안녕하세요, 저는 세상의 모든 물건들을 찾아 인디아나 존스처럼 살고 싶은 '보이스 스타일링 모으쟈'입니다. 저는 오늘 서울 변두리에 폐업점포의 비디오가게에서 아주 귀한 영화들을 알뜰하게 모셔왔는데요. 여러분들 다들 이거 아시죠? VHS, 일명 '비디오테이프'입니다. 오늘 제가 업어온 레어템 3개만 소개해 드릴 텐데요. 첫 번째, 바로 톰 형의 〈톱건〉입니다. 뭐 영화에 대해서는 언급하지 않고 넘어갈게요. 근데 진짜 톰 형 반칙이네요. 진짜…, 그리고 두 번째 비디오는 바로 이겁니다. 〈우레매〉, 그것도 1탄이죠. (크흐흐) 그냥 뿌듯합니다. 우레매 모르시는 분들은 그냥 패쓰~. 자, 그리고 마지막 세 번째는 <쥐라기 공원>인데요. 정말 쇼킹했죠. 이거 극장에서 봤을 때 전 그냥 지렸습니다. 자…, 이제 이 비디오들을 제 수집장에 이렇게 보이도록 놓겠습니다. 흠흠~, 아주 좋네요. 그들이 드디어 쉴 곳을 찾은 듯 아주 편안하게 안착했습니다.

클라이밍 소개 및 체험
소재 클라이밍 체험기

일단 클라이밍을 하기 위해선 허리에 로프를 연결하는 하네스라는 안정장치를 차야 하고 클라이밍 슈즈를 신어야 합니다. 웬만하면 맨발로 신어야 하고 마치 제2의 피부와도 같이 밀착되게 신어야 해요. 그래야만 감각이 살아나거든요. 그런 다음 2인 1조가 되어 한 명이 밑에서 로프를 잡아주고 한 명은 올라가는 거예요. 이게 제가 해보니까 글쎄…, 힘이랑은 큰 상관이 없더라고요. 실제로 나이 드신 분들도 꽤 하세요. 단순히 근력으로 하는 게 아니라 퍼즐을 맞추듯 나의 경로를 생각해야 하고 다리와 팔, 어깨, 손가락, 허리 등등 온몸의 감각을 다 써야 해요. 진짜 이건 전신운동이야… 높이 올라갈수록 땀도 엄청나요. 굉장히 집중해야 해서 집중력도 생길 것 같고 또 어느 정도 담력도 생기는 것 같아요. 그리고 무엇보다 그 성취감. 캬~.

SCRIPT 맞춤형 솔루션 ⑫ 여행 채널

여행 정보
소재 추억과 낭만을 품은 보트의 도시 소살리토

미국 투어 오늘은 그 7번째 시간인데요, 오늘 저와 함께 떠나볼 곳은 샌프란시스코에서 골든 게이트 브릿지를 지나면 바로 만날 수 있는 항구가 아주 인상적인 작은 소도시 소살리토입니다. 이름부터가 뭔가 소살리토…, 아기자기하고 낭만적이지 않나요? 이곳의 첫인상은 일단 평화롭다입니다. 단지 다리 하나 건넜을 뿐인데 샌프란시스코에서 100만 리는 떨어진 곳 같이 시골마을처럼 조용하고 평화롭습니다. 뭐 물론 여행객들이 많아서 좀 북적이긴 하지만요. 일단 높은 건물은 전혀 없고요. 차도 많이 다니지 않습니다. 또한 부둣가를 걸을 수 있는 산책로가 아주 잘 되어있어요. 그리고 부두에는 수천 개는 되어 보이는 요트들이 정박되어 있습니다. 참…, 여기서 좀 자괴감이 들더라고요. 다 개인 요트 같아 보이는데… 아, 이 많은 요트 중에 내 껀 없구나…. 세상엔 정말 부자들이 많다라는 생각이 들더라고요. 이곳의 가장 큰 특징은 바로 아기자기한 개인 레스토랑과 샵들이 옹기종기 모여 있다는 거예요. 찬찬히 둘러보는 재미가 쏠쏠하답니다. 그러다가 바닷가가 보이는 레스토랑에서 분위기 잡고 싱싱한 해산물에 와인 한 잔 해도 좋아요~.

트레킹
소재 금오도 비렁길 투어

대한민국 방방곡곡~, 숨은 자연을 찾아 여행하는 나그네 보이스 스타일링 방랑자입니다. 제가 이번에 다녀온 곳은 정말 아름다운 섬. 제2의 제주도로 급부상하고 있다는 여수 금오도입니다. 금오도는 여수에서 돌산 다음으로 큰 섬이고요. 여수는 제주의 둘레길처럼 비렁길이 유명한데요. 비렁이라는 말은 절벽의 옛말이라고 합니다. 예부터 사람들은 산을 가로지르기 힘들었기 때문에 이처럼 절벽 길을 이용해서 왕래를 했다고 하는데, 그 길을 현재는 관광 트레킹 코스로 개발한 것인데요. 왼쪽으로는 산이 위치하고 오른쪽으로는 끝없는 바다가 펼쳐진 풍경이 감탄을 자아내게 만드네요. 보시는 것처럼 금오도의 가장 큰 특징 중 하나는 산과 바다가 공존하고 있다는 것입니다, 그래서 사시사철 각기 다른 매력을 뽐낸다고 해요. 또한 금오도는 물이 깨끗한 것으로도 유명한데, 비렁길을 걷고 마시는 약수물은 정말 온몸을 적셔주듯 시원하고 맛있었습니다. 참, 금오도에는 또 유명한 게 있는데요, 그것은 바로 돌담. 근데 여기 금오도 돌담은 제주의 돌담과는 좀 다릅니다. 뭐가 다른지 눈치채셨나요?

SCRIPT **맞춤형 솔루션 ⑬ 댄스 채널**

댄스

소재 탱고 도전기

안녕하세요, 보이스 스타일링의 춤바람입니다. 오늘 제가 도전해 볼 댄스는 바로 이름만 들어도 열정이 느껴지는 탱고입니다. 아‥, 잠시 인터뷰를 좀 해볼게요. 어이구, 땀 좀 닦으시고요, 굉장히 멋졌습니다. 잘 봤습니다. 근데 지금처럼 탱고를 추려면 어느 정도 배워야 하나요? 네? 7년 차시라고요? 히?!

와‥, 갑자기 소름이 돋네요. 그래도 도전은 일단 해봐야겠죠? 저는 개인적으로 이 탱고! 하면 영화 <여인의 향기>에서 맹인 역으로 나온 알 파치노가 추던 탱고 장면이 가장 먼저 떠오르는데요. 일단 그런 탱고는 접고‥, 기초부터 한번 배워보겠습니다. 아‥, 이거 진짜 어렵네요!! 아‥, 제가 웬만한 댄스는 좀 금방 감을 잡는 편인데‥, 이거는 좀 다르네요. 일단 스텝이 볼 때는 진짜 쉬워 보였는데, 만만치가 않아요. 휴‥, 이게 보니깐 거의 남자가 리드를 다 해야 되네요. 남자가 기둥이고 여자는 그 기둥에 매달려있는 깃발 같은 느낌이에요. 와, 장난 아니네. 리드를 잘해주는 남자와 추면은 여자는 눈을 감고도 춘다고 하네요. 그리고 이 탱고는 프리재즈처럼 거의 기본

스텝을 중심으로 즉흥적으로 춤을 추는 거더라고요.

SCRIPT **맞춤형 솔루션 ⑭ 키덜트 채널**

키덜트

소재 드라곤볼 덕충

얼마 전에 일본과 북미에서 대박 난 드라곤볼 새로운 극장판 보셨나요? 전 진짜 눈물 흘리면서 봤는데요. 진짜 실사 씹어 먹는 그 전투신은 역시 아직 드라곤볼은 죽지 않았다는 사실을 깨닫게 했습니다. 저는 극장 나오면서 바로 피규어 샵으로 달려가서 이번에 존멋으로 등장했던 '브로콜리'와 초사이언 블루 그란디스타 '우지터'를 구매했는데요. 진짜 가슴이 뜁니다. 진짜 멋있어요. 제조사는 뭐 다들 아시는 반프레스트인고요, 당연히 마데인 차이나. 그리고 재질은 PVC와 ABS로 되어 있습니다. 저는 그럼 박스를 열어볼게요. 자, 조심히⋯, 그냥 직접 보세요. 대박입니다. 자⋯, 우지터도 꺼냈습니다. 드라곤볼은 이 극대화된 근육이 진짜 매력적이에요. 그리고 전 이 초사이어인 블루 머리색이 참 좋네요. (흐흐) 눈빛도 좋고. 네, 이제 이걸 다른 친구들 옆에, 여기다가? 아니, 여기다가 놓는 게 좋겠네요. 네~, 좋네요. 아주. 제가 다음번에는 드라곤볼의 연대기에 대해서 한번 쭉 다뤄보려고 하거든요? 그때 제가 가지고 있는 해적판 만화책도 같이 보여드릴게요.

SCRIPT 맞춤형 솔루션 ⑮ 반려동물 채널

반려견 패션
소재 중고 브라더 홈 미싱으로 다롱이 맞춤옷 제작

안녕하세요! 다롱언니예요, 오늘은 좀 색다른 정보를 가지고 찾아왔는데요~. 제가 몇 달 전부터 고민해오던 미싱기를 중고로 구입했거든요. 그래서 오늘은 바로 그 미싱기를 살펴보려고 합니다. 갑자기 웬 미싱기냐 하시는 분들도 있을 텐데요. 제가 쓰려고 산 거 아니고요, 우리 다롱이 옷을 직접 만들어보려고 이번에 큰 맘 먹고 구매를 해봤습니다. 다롱이가 피부병이 자꾸만 심해져서…, 온몸이 상처 투성이에요…. 이것 보세요. 아무리 두꺼운 옷을 입혀놔도 우리 다롱이한테는 다 크니까 남는 공간 사이로 자꾸 긁어서 점점 상처가 심해져요. 그래서 다롱이 발이 들어가지 않도록 다롱이 몸에 딱 맞는 옷을 만들려고 구입했습니다. 중고시장에서 10만 원에 구입했는데요, 정가는 16만 원 정도 하더라고요. 일단 포장은 아주 튼튼하게 되어있네요. 브랜드는 뭐, 당연히 브라더입니다. 미싱 하면 브라더죠. 옛날에는 혼수용품으로 무조건 이 브라더 미싱기를 가져갔다고 하더라고요.

SCRIPT **맞춤형 솔루션 ⑯ 낭독 채널**

낭독

소재 낭독에 대하여 - 사설 편

안녕하세요~, 대한민국의 올바른 낭독문화를 열어가는 보이스 스타일링 낭독톡톡 김나연입니다. 벌써 제가 이 채널을 시작한 지 3개월 가까이 되어 가는데요, 그동안 너무나 많은 분들이 관심을 가지고 지켜봐주시고 응원해주셔서, 벌써 구독자수가 1만 명을 넘었습니다. 너무너무 감사드립니다. 오늘은 사설을 낭독하는 법에 대해서 같이 공부를 해볼까 합니다. 여러분은 '사설' 하면 가장 먼저 어떤 생각이 드시나요? 네, 맞아요. 딱딱하다, 어렵다, 수능 생각난다 등등, 편안한 생각이 드는 건 아니죠. 네, 사설이 어려운 건 사실이지만 사설 낭독을 매일 꾸준히 하다 보면 낭독 실력이 하루가 다르게 발전하는 것을 느끼실 수 있을 거예요. 그리고 발음도 좋아지고, 호흡도 굉장히 길어지고, 또한 다양한 시사 상식까지 함께 얻을 수도 있답니다. 어려운 만큼 얻는 것도 많죠? 자, 그럼 제가 예문으로 준비한 사설을 보면서 하나하나 공부를 해볼게요. 일단 낭독을 할 때에는 자세를 체크하고요, 그리고 자신의 호흡을 찾아야죠? 이제 이 단계는 많이 익숙해지셨죠?

낭독

소재 낭독에 대하여 - 시 낭송 편

시 낭송에서 가장 중요한 것은 나의 느낌이에요. 예를 들어 4행에 있는 '강아지'를 보시면 대부분 귀엽다, 사랑스럽다, 지켜주고 싶다, 만지고 싶다, 안아주고 싶다, 이런 감정이 드시잖아요? 네, 바로 그런 느낌입니다. 내가 가지고 있는 느낌. 그리고 또 계

265

속 연습 과정에서 스멀스멀 올라온 나만의 감정들! 바로 이 느낌을 억지로 더하거나 빼지 말고 있는 그대로 표현하는 거예요. 시 낭송에서 이 부분은 굉장히 중요해요. 시 낭송의 핵심이라고 보시면 됩니다. 왜 옛날 시 낭송 스타일은 이렇잖아요, "아~~, 님은 갔습니다~~." 어떠세요? 굉장히 억지스럽죠. 마치 낭송자가 상대에게 감정을 강요하는 거 같지 않나요? 아주 이상한 리듬으로 만들어진 감정에 빠져서 이렇게 낭송했었죠. 우리 낭독톡톡 구독자분들은 이제 이게 왜 어색하고 잘못된 것인지 아실 거예요. 네~, 각자 자기의 호흡으로 자연스럽게 말을 해야죠. 감정도 내가 시에서 느껴지는 만큼만 표현하는 거예요. 그래야 낭송을 하는 사람도 듣는 사람노 온전하게 공감대를 형성할 수 있어요. 그러고 나서 충분히 상대방이 내 낭송을 듣고 생각하고 느낄 수 있는 시간을 주는 거죠. 아시겠죠? 자 그럼 4행을 한번 다 같이 낭송해봐요. 사랑하는 상대방이 바로 앞에 있다고 생각하며 말을 하세요. 그리고 내 생각, 내 의도, 내 느낌을 명확하게 가지고 그림을 그리면서 낭송해봅니다.

02

홈 레코딩을 이용하여
우리 집 스튜디오로 꾸미기

스튜디오를 꾸미는 것은 일반인들에겐 어렵고 막막한 일이다. 비용 또한 만만치 않다. 하지만 녹음의 원리를 이해한다면 적은 비용으로도 그럴싸한 나만의 스튜디오를 꾸미고 홈 레코딩으로 좋은 소스를 받아낼 수 있다. 홈 스튜디오 만들기는 크게 공간을 구성하고 마이크를 구입한 후 세팅하는 세 단계로 나눌 수 있다. 그 원리와 꿀팁을 간략히 소개해본다.

룸 어쿠스틱이란 공간 안에서의 소리가 자연스럽게 들릴 수 있도록 알맞은 처방을 하는 것을 의미한다. 공간은 그 크기, 벽체의 두께, 재질 등에 따라 특성이 각기 다르다. 그에 따라 동일한 마이크, 스피커, 오디오 인터페이스 등의 장비를 사용하더라도 녹음 작업이나 모니터링 시 수음되는 소리, 출력되어 들려지는 소리가 달라진다. 그렇다면 최소한의 비용과 노력, 주변에서 흔히 사용하는 도구를 활용하여 간단하게나마 룸 어쿠스틱을 만드는 방법에 대해 알아보자.

▶ 흡음하기

❶ 폴리에스테르 흡음재 (음향판)

홈 레코딩의 대중화, 층간소음의 대두로 인해 폴리에스테르 흡음재는 손쉽게 구할 수 있게 됐으며 그 종류 또한 다양하다. 대체적으로 규격화된 사이즈, 다양한 형태 및 색상으로 넓은 표면적에 설치하기 적합하며 가격 또한 많이 저렴해졌다. 일반적으로 홈 레코딩, 모니터링 시 발생하는 플러터에코중·고음역대의 특정 주파수가 남아 '윙'하는 소리가 나는 현상를 없애는 효과가 있으며 구매 후 DIY가 가능하여 자신만의 감각으로 공간연출을 할 수 있다. 그런 이유로 라이브 방송 시 배경으로 적합하다.

❷ 커튼, 옷가지, 카펫

시중에서 흔히 접할 수 있는 흡음재 대부분은 폴리에스테르를 재료로 한다. 따라서 폴리에스테르를 재료로 한 커튼, 옷가지, 카펫 등은 모두 흡음재로써의 역할을 할 수 있다. 저음역대의 부밍Booming: 실내에서 낮은 주파수 성분이 간섭을 일으켜 울리는 소리을 막아주는 효과는 크지 않지만 중·고음역대에서의 효과는 있으며 외부에서 유입되는 소리 등을 미약하게나마 막아 주는 효과도 기대할 수 있다. 녹음 환경이 드러나지 않는 내레이션 작업 시 주변에 옷을 걸어두자. 개인 옷 방이 있다면 그곳이 더욱 좋다. 카펫은 흡음 효과도 있지만 움직일 때 잡음이 나는 것을 막아주는 역할도 한다.

❸ 저음을 흡수해 주는 베이스트랩

아주 큰 공간이 아닌 이상 룸 어쿠스틱에 있어 대부분의 문제는 주로 저음역대의 부밍에 있다. 대부분의 유튜버들은 방에서 녹음을 진행하는데 작은 공간일수록 저역의 부밍이 많이 일어나며 이 현상이 심각하다고 생각된다면 설치를 추천한다. 물론 나지막한 소리의 내레이션 위주인 방송에서는 크게 느껴지지 않기 때문에 상황에 맞는 선택이 중요하다. 베이스트랩은 소리가 가장 많이 모이는 세 개의 벽면이 만나는 포인트구석에 설치하는 것이 효과적이다.

▶ 마이크 선택하기

마이크를 선택함에 있어서의 접근 방법은 너무나 많다. 선택의 기준, 활용도, 가격, 편의성 등 수많은 요소들이 존재하며 어떤 마이크가 가장 좋은가라는 질문의 답 또한 정해진 것이 없다. 가장 간단한 기준이 될 수 있는 것은 가격대가 높을수록 좋다는 것이다. 그러나 흔히 녹음 스튜디오 업계 표준 마이크로 불리는 Neumann U87은 일반적으로 구매하기는 어려운 가격대이다. 그렇다면 마이크의 종류와 유명 유튜버가 사용하고 있는 마이크를 간략히 알아봄으로써 자신이 갖추고 있는 환경에 적합한 마이크를 찾아보도록 하자.

자주 사용되는 마이크는 종류에 따라 크게 세 가지 정도로 분류된다.

❶ 다이내믹 마이크

다이내믹 마이크는 내구성이 강해 콘덴서 마이크에 비해 온도, 습도, 충격 등

환경의 영향을 덜 받는다. 또한 단일 지향성이라서 지향 각에서 발생하는 소리를 중심으로 받아 그 외의 소리가 많이 들어가지 않는다. 지향성마이크 진동판의 정면을 중심으로 전후, 좌우, 상하의 입체적인 360도 각 방향의 감도 감도가 콘덴서 마이크보다 떨어져 고음역대의 섬세한 소리에 둔감한 편이기 때문에 치찰음이 심한 사람에게는 장점으로 작용할 수도 있다.

❷ 콘덴서 마이크

콘덴서 마이크는 지향성이 다양하여 용도에 따라 지향성을 선택하여 사용할 수 있다. 또한 감도가 좋아 작고 섬세한 소리도 수음하며 ASMR 콘텐츠를 제작하는 유튜버나 먹방 유튜버들이 주로 사용한다. 예전에는 따로 파워를 공급하는 형식이어서 팬텀파워가 있는 장비가 필요했으나, USB타입의 마이크가 생기며 팬텀파워 없이 사용이 가능해졌다.

❸ 와이어리스 마이크

목 주변이나 타이 혹은 와이셔츠에 부착하여 사용하는 초소형 마이크이다. 송신기와 수신기로 나누어져 있으며 주파수를 동일하게 맞춰주면 송수신기 사이의 선 연결 없이 사용할 수 있다. 마이크 크기가 작아 얼굴을 가리지 않고 자유롭게 움직이며 사용할 수 있다. 또한 다양한 제스처를 취할 수 있어 촬영 시 좀 더 자연스러운 연출이 가능하다.

유명 유튜버들은 어떤 마이크를 이용할까?

보겸TV (먹방, 게임방송 위주의 유튜버)

야외 촬영 시 : 소니 무선마이크 UWP-V1 ● 60만 원 대

주파수 간섭이 적어 노이즈가 적다. 소리가 깔끔하게 녹음된다. 마이크 크기가 작아 얼굴을 가리지 않고 자유롭게 움직이면서 사용할 수 있다. 유튜버 영국남자가 사용하는 마이크이기도 하다.

실내 촬영 시 : 콘덴서 마이크 GH-M500 ● 7만 원 대

오디오 인터페이스가 필요 없는 마이크로, 가성비가 좋고, 마이크 볼륨과 에코를 마이크 레버로 조작할 수 있어 사용이 간편하다. 초보도 사용하기 어렵지 않아 막 유튜브를 시작하려는 사람들이 많이 구매하는 마이크이다.

제이플라 (커버송 콘텐츠 제작 유튜버)

콘덴서 마이크 MXL-2006 ● 10만 원 중반 대

저렴한 가격에 비해 노이즈도 적고, 미묘한 소리도 잘 잡아주어 가성비 좋은 마이크로 평가된다. 하지만 보컬 실력이 매우 뛰어나 마이크가 빛을 보는 케이스이다.

차밍조

콘덴서 마이크 아스톤 스피릿 ● 40만 원 대

3가지 지향성(단일지향성, 무지향성, 양지향성)을 선택하여 사용할 수 있으며 내장 팝 필터가 있는 마이크이다. 가격 대비 성능이 좋은 마이크로 평가되고 있으며 실질적으로 녹음된 사운드를 들어봤을 때 억지스럽지 않은 내추럴한 고음역대가 만족스러운 마이크이다.

오디오테크니카 AT2020 ● 10만 원 대

가격대에 무난한 성능을 가지고 있는 마이크이다. 팬텀파워가 지원되는 오디오 인터페이스가 있어야 사용이 가능하다.

라온 리

SAMSON Meteor Mic ● 7만 원 대

외관이 고급스럽게 생겼고 화면에도 예쁘게 잡힌다. USB타입으로 다양한 기기에 연결해서 사용할 수 있다. 자체 마이크 스탠드(접이식 다리)가 있어 마이크의 위치를 정하기 쉽다.

일반적으로 보컬, 보이스 녹음에서는 마이크를 입에서 약 10cm 아래나 위로 옮기고 입을 향하게끔 하여 설치한다. 이는 입에서 나는 노이즈와 콧소리를 감소시키기 위한 대중적인 방법이다. 팝필터 설치 시 마이크에 가까이 대는 것보다 주먹 한 개 정도의 여유를 주는 것이 좋다. 입과 팝필터의 사이의 간격 또한 마찬가지이다. 이는 절대적이라 할 수는 없으며, 녹음을 통하여 소리를 들어보고 소리의 명료성 확인과 함께 마이크와 입의 간격이 너무 가까울 때 생길 수 있는 근접 효과중,고음에 비해 저음이 증가하는 현상 발생 여부를 살펴 간격을 조정해야 한다.

▶️ 그 외 필요한 액세서리들

❶ 팝필터

마이크에 이물질이 들어가는 것을 막아주기도 하며 파열음 'ㅍ, ㅌ…'을 발음할 때 순간적으로 공기가 강하게 나오면서 생기는 이질적인 소리를 감소시켜준다. 급한 대로 철사 옷걸이를 사용하여 틀을 만든 후 스타킹으로 마감해서 만들 수도 있다.

❷ 리플렉션 필터

룸 어쿠스틱이 좋지 않은 방에서 녹음해야 할 때, 리플렉션 필터는 애초에 소리가 벽면에 도달하지 못하게 막아주는 장치이다. 반원 형태의 흡음 패널을 마이크 스탠드에 지지대를 고정시켜 설치하면 되는데, 설치 과정이 단순하며 흡음 효과가 좋다. 룸 어쿠스틱에 들어가는 비용이 부담스럽다면 리플렉션 필터를 사용하는 것도 좋은 방법이다.

'장비 빨'이라는 말이 있다. 무언가를 할 때 자신의 실력에 비해 비싼 장비를 쓰는 사람들의 허세를 비꼬는 말이다. 하지만 이는 아예 틀린 말은 아니다. 또한 장비란 쓰면 쓸수록 내 것이 된다. 처음 신발을 사서 신으면 어색하고 불편하지만 어느 순간 내 발에 꼭 맞게 된다. 장비와 내가 서로 맞춰지는 것이다. 큰 욕심을 부려 '장비 빨'을 세우라는 뜻은 아니다. 기본적으로 크리에이터로서 필요한 최소한의 장비에 대한 지식을 익히고 사용법에 익숙해져야 한다는 말이다. 그리고 필요성이 느껴질 때는 천천히 업그레이드를 시도하면 된다. 일단은 필요한 장비들과 환경을 구축하고 친해지는 시간을 가져보자.

기본적인 마이크 사용법만 익혀도 거리감과 볼륨감 등 퀄리티 좋은 효과를 낼 수 있다. 녹음 시 쓸데없는 NG를 줄일 수 있으며 질 좋은 결과물을 얻을 수도 있다. 이번 항목에서는 성우들이 녹음 시 사용하는 마이크 사용법을 알아보고 내 몸을 이용하여 간단한 효과음을 내는 꿀팁을 적어보려 한다. 이러한 요령들은 처음엔 어색하지만 하면 할수록 노하우가 생겨 실력이 나아진다는 점을 강조하고 싶다.

▶▶ 마이크 사용법

❶ 온마이크
마이크에 아주 가까이 다가가서 녹음하는 것을 온마이크를 쓴다고 한다. 온

마이크를 쓸 경우 실제로 듣는 사람과의 거리감을 줄힐 수 있어 시청자와 가까이 대화하고 있는 듯한 효과를 줄 수 있다. 또한 미세한 호흡소리까지 담을 수 있어서 마음을 움직이는 감동적인 콘텐츠에서 진정성을 전할 수 있다. 또한 볼륨감을 극대화할 수 있고 호흡으로 볼륨감을 조절할 수 있다는 장점이 있다. 단, 소리가 지저분해지거나 저음이 많이 흡음되어 자칫 지저분한 결과물이 나올 수 있다는 단점이 있다. 이때는 팝 스크린으로 어느 정도 지저분한 호흡의 흡음을 막을 수 있다. 이어폰이나 헤드폰을 착용하고 작은 소리까지 듣는 ASMR이나 맛있게 먹는 소리를 내야 하는 먹방 등이 온마이크를 쓰는 경우이다.

❷ 오프마이크

온마이크와 반대되는 개념이다. 말 그대로 마이크와 일정 거리를 두고 녹음하는 것으로 마이크와 입과의 거리를 자유자재로 바꾸며 거리감과 볼륨감을 조절할 수 있다. 아주 멀리 있는 사람에게 소리를 지르는 경우, 온마이크에서 큰 소리로 말하면 음성소스가 찢어지거나 소리만 클 뿐 먼 거리의 효과를 주기 힘들다. 그에 비해 오프마이크에서 멀리 던지듯 크게 소리를 지르면 실제로 멀리 있는 사람에게 말을 하듯 리얼한 효과를 줄 수 있다. 오프마이크는 이처럼 거리감과 공간감을 줄 수 있는 장점이 있지만 발성이 약하면 흡음이 잘 되지 않는다. 또한 발음이 명확하지 않으면 좋은 소스를 얻지 못한다는 단점이 있다.

❶ 입의 위치 조정으로 볼륨감과 거리감, 공간감 주기

앞서 언급한 온마이크와 오프마이크를 사용한다면 볼륨감과 거리감, 그리고 호흡 소리 등 여러 가지 효과를 리얼하게 극대화시켜 소스를 얻을 수 있다. 하지만 가만히 앉거나 서서 녹음하는 경우 외에 자신의 몸을 전후로 기울이며 거리감을 줄 수도 있다. 목을 90도 좌우로 돌렸다가 점점 마이크 쪽으로 평행시키며 녹음할 경우에도 거리감 및 공간감을 줄 수 있나. 많이 쓰이는 요령은 아니지만 멀리서 걸어오며 말하는 효과를 주고 싶을 때는 실제로 걸어오면서 녹음을 할수 없기 때문에 이 방법을 많이 쓴다. 기본적으로 쿵쿵거리는 발소리가 나지 않도록 두 발을 고정시킨 뒤에 허리, 목 등을 자유자재로 움직이면 많은 효과를 줄수 있다.

❷ 뮤트 시키기

핸드폰이나 스피커에 보면 '뮤트MUTE'라는 기능이 있다. 이 기능을 활성화시키면 소리가 나지 않고 무음상태를 유지한다. 이와는 좀 다른 의미지만 개념적으로 이와 비슷한 스킬이 있다. 바로 손바닥을 입술 앞에 5~10센티미터 정도 떨어뜨려 소리의 흐름을 방해하는 것이다. 이를 '뮤트시킨다'라고 표현하는데, 이렇게 하면 먹먹한 느낌의 소리 소스를 얻을 수 있다. 물속에서 말을 한다든지 마스크를 끼고 말할 때 목소리가 정확하게 들리지 않고 먹먹하게 들리며 발음도 약간 뭉개지는 것을 경험해본 적이 있을 것이다. 이와 같은 효과를 인위적으로 내고 싶을 때 사용하면 효과적이다. 물론 기본적으로 음향 프로그램을 잘 사용할 줄 아는 엔지니어들은 후반 믹싱 작업 때 컴퓨터로 뮤트 효과를 줄 수 있다. 그러나 이 방법을 이용하면 초보자라도 자신의 손바닥을 이용해서도 손쉽게 효과를 낼 수 있을 것이다. 에코 사운드를 얻기 위해 매번 동굴을 찾아가거나 뮤트 사운드를 얻기 위해 물속으로 들어갈 수는 없지 않은가.

❸ 신체적 접촉을 통한 효과음

무한한 상상력으로 자신의 신체를 활용한다면 다양한 효과음을 만들어 낼 수 있다. 예를 들어 누군가와 뽀뽀를 한다거나 딥키스하는 소리를 만들고 싶다고 가정하자. 그렇다고 직접 상대를 섭외해서 녹음할 수는 없다. 성우들도 그런 장면을 녹음할 때 물론 실제로 신체적 행위를 하지 않는다. 아주 그럴싸하게 만들어 낼 뿐이다. 방법은 간단하다. 자신의 손등을 사용해 상대 신체와의 접촉처럼 소리를 내는 것이다. 내 손등인데 어떠하랴. 다소 어색하긴 하겠지만 매우 리얼한 소스를 얻을 수 있다. 이밖에도 입술을 붙였다 떼며 '팝' 소리를 내거나 혀의 움직임을 적극 활용하여 재미있는 효과음을 만들어 낼 수 있다. 손바닥이나 기타 자신의 신체 부위끼리의 접촉으로도 박수나 타격 소리 등 수많은 사운드를 제작할 수 있다. 매번 언급하지만 처음엔 낯설다. 시작이 힘들고, 어색하다. 하지만 하다 보면 익숙해지고 노련미까지 생긴다. 한참 유행했던 신체적 ASMR 크리에이터들은 모두 이러한 과정을 거치고 이겨낸 사람들이다. 자신의 몸을 적극 활용해보자.

❹ 적극적인 움직임과 호흡을 통한 상태 만들기

적극적인 마음가짐과 자세는 좋은 결과물을 도출해 낼 수 있다. 이러한 진리는 다른 어떤 직업이나 창작활동에서도 마찬가지다. 특히 녹음할 때는 그 어느 때보다 적극적인 자세를 가지기를 권한다. 예를 들어 '배틀그라운드' 같은 FPS 게임방송을 한다고 치자. A라는 크리에이터는 가만히 앉아서 나긋나긋 방송을 하고 B라는 크리에이터는 들썩들썩 움직이며 흥분하고 때론 숨죽이며 속삭인다. 미친 듯이 달리고 총을 쏘는 호흡을 적극적으로 표현하기도 한다. 어떤 크리에이터의 방송이 더 재미있을까? 대답은 생략하겠다.

실제로 성우들도 녹음할 때는 100% 그 감정에 젖어 들어 몸 상태와 호흡을 만들어낸다. 화면에서 상대가 울면 나도 울고 뛰면 나도 뛰는 호흡이 된다. 심지어 죽어가면 나도 죽어가는 듯, 상상력으로 몸 상태를 만든다. 어찌 보면 이것은 기본 중의 기본이다. 유튜버는 연기자가 되어야 한다. 우리가 드라마나 영화 속 연기자들을 보며 공감하듯, 시청자의 공감을 이끌어내기 위해서는 그들처럼 적극적으로 빙의가 되어 다양한 상태를 표현해야 한다. 추운 것을 표현할 때는 이까지 부딪혀보고 더운 것을 표현할 때는 땀을 흘리는 상상으로 헉헉대 보자. 무서울 땐 숨죽여보고 물에 빠졌을 땐 어푸어푸 적극적으로 살려고 호흡해보자. 걸을 땐 걷고 뛸 땐 몸을 들썩이며 뛰는 호흡을 만들어보자. 싸울 땐 적극적으로 배에 힘을 주며 기합을 넣어보고 화가 날 땐 이마에 핏대가 설 때까지 상상하며 몸 상태를 만들어보자. 그런 연습을 하다 보면 당신은 어느새 상위 1% 유튜버가 되어있을 것이다.

❺ 성대를 사용한 효과음

목소리는 호흡이 성대를 울리며 만들어진다. 이때 성대를 활용하면 다양한 소리를 만들 수 있다. 유명 크리에이터들은 이미 이런 방법을 본능적으로 알아내어 백분 활용하고 있음을 발견한다. 성대는 근육이다. 운동을 열심히 하면 몸짱이 되듯, 쓰면 쓸수록 발달할 것이다. 가수들이 피나는 노력으로 창법을 바꿔 성장하는 것처럼 목소리도 바꿀 수 있다. 그러기 위해서는 우선 성대를 느껴보자. 목젖에 손을 대고 침을 삼켜보자. 뭔가 꿀꺽 넘어가는 그 목젖 뒤에 성대가 존재한다. 그 존재를 인지한 후 고음도 내어보고 저음도 내어보자. 가래를 모을 때처럼 성대를 긁듯이 긁으며 소리도 내어보고, 어린아이처럼 성대를 최대한 얇게 쬐어 소리를 내어보자. 이렇게 성대를 긁는 소리나 쬐는 소리는 천사와 악마, 할아버지와 아이, 착한 캐릭터와 나쁜 캐릭터 등 극과 극의 캐릭터를 소화해낼 때 아주 유용하고 효과적이다. 또한 실제로 물을 마실 때 목젖의 움직임과 물이 넘어갈 때의 소리를 기억해두었다가 상상만으로 그 상태를 만들고 소리를 내어보자. '꿀꺽'하는 소리는 먹방에서나 긴장상태 등을 표현할 때 의외로 활용도가 높다. 단, 성대를 자극하는 발성은 과하게 연습하면 목이 상할 수도 있다. 요리의 마지막 단계에서 조미료를 살짝 첨가하듯 필요할 때만 활용하길 바란다.

❻ 각종 감탄사와 의성어의 적극적인 활용

연기의 핵심은 무엇일까? 오랫동안 연기를 해온 많은 연기자들은 연기는 '호흡'이라고 단언한다. 이유를 설명하자면 끝도 없겠지만 호흡이 그만큼 중요함을 부정할 수는 없을 것이다. 그렇다면 반대로 이 호흡을 적극적으로 활용한다면 연기에 도움이 될 수 있지 않을까? 답은 예스다. 호흡을 적극 활용하라. 어떻게? 답은 감탄사이다. 호흡을 극단적으로 표현할 수 있는 것이 감탄사이며, 감탄사만큼 호흡과 나의 상태를 정확하게 일치시키는 방법은 없다. 감탄사를 적극 활용해보자. 화가 날 땐 적극적으로 화를 내고, 놀랄 땐 적극적으로 놀라고, 웃길 땐 적극적으로 웃고, 슬플 땐 적극적으로 울어라. 웃음, 울음과 같은 감정의 표현들은 모두가 호흡이다. 그리고 이러한 감정 표현들은 시청자의 마음을 가장 빨리 무너뜨리고 공감대를 형성할 수 있다.

의성어도 비슷한 맥락이다. 의성어 자체가 호흡이 될 수는 없지만 호흡이 뒷받침된 의성어들은 무한한 재미와 상상력을 더해 준다. "철컥!", "드르륵!", "두두 두두두!", "으아아악! 죽었다" 하면서 총을 쏘듯 방송하는 채널과, "자, 총을 쏩니다. 탕탕. 엥? 죽었네요" 하고 방송하는 채널. 당신은 어떤 방송을 보겠는가?

▶ 기타 효과음 만들기

❶ 주변 사물들을 이용해 효과음 만들기

이런저런 효과음이 많이 필요한 경우에는 효과음 묶음 세트를 구매하여 사용하는 것이 좋다. 그러나 필요한 효과음을 구할 수 없거나 더욱 리얼한 나만의 효과음을 만들어내야 할 때가 있다면 주변 사물들을 이용하여 소리를 창조해낼 수 있다. 방송국에는 효과음을 만드는 폴리 아티스트라는 전문가가 따로 있다. 녹음실 내에 마이크를 설치해놓고 각종 도구들을 이용해 문 닫는 소리, 낙엽소리, 눈 밟는 소리, 달그락거리는 그릇 소리, 밥 먹는 소리 등 실생활에서 들리는 수만 가지 소리를 만들어 소스를 얻어낸다. 그 과정은 상상을 초월할 정도로 기발하며 신선하다.

그런데 중요한 것은 그러한 과정이 복잡하지 않고 간단하다는 것이다. 영화에서 필요한 효과음 만들어 내는 폴리 아티스트 정지수 씨는 개가 주인공인 영화를 작업한 적이 있었다. 개가 산이고 들이고 뛰어다니는 장면이 수두룩하니 개의 발소리가 필요했다. 이것저것 시도하던 그는 결과적으로 고무장갑 끝에 클립을 붙여 바닥을 쓸어내리는 것으로 개 발소리를 창조했다고 한다. 또한 배변 보는 소리를 만들어내기 위해 고민 끝에 점토와 식빵, 바나나, 헤어젤, 케첩으로 효과음을 만들었는데 그 결과가 우리가 상상하는 그 소리와 제법 흡사했다고 한다. 이처럼 상상력을 발휘하여 세상에 하나뿐인 나만의 효과음을 만들어볼 수 있다.

❷ 동물소리, 다양한 캐릭터 및 생활 소음들

모방은 창조의 어머니라는 말이 있다. 어떤 것이든 자꾸 따라 해보고 반복하다 보면 그 과정 속에서 나만의 컬러를 가진 새로운 무언가가 탄생한다는 뜻이다. 생활하면서 접할 수 있는 수많은 소리들을 모방하고 연습하면 나의 소리 스펙트럼이 넓어지는 훈련 효과를 얻을 수 있다. 어렵고 난해한 무언가를 따라 하라는 것이 아니다. 집에 강아지나 고양이가 있다면 그들의 울음소리를 흉내 내어 보자. 동물들의 호흡을 느끼고 따라 해 보는 것만으로도 호흡과 연기 훈련에 엄청난 도움이 되기 때문이다.

TV에서 공룡 소리가 나온다면 그냥 지나치지 말고 따라 해보자. 어색해도 상관없다. 혹은 좋아하는 탤런트의 연기나 애니메이션의 캐릭터를 무작정 모방해보는 것도 좋다. 스포츠카가 지나가면 그 천둥 같은 엔진 소리도 표현해보자. 공사장의 덤프트럭 소리, 시끄러운 경적 소리, 비둘기가 구구 우는 소리 등, 주변에서 나는 소리들을 자꾸자꾸 따라 해보자. 그런 과정 속에서 호흡 훈련이 자연스럽게 이루어지고 표현력도 발전할 것이다. 그러면 어느새 마이크 앞에서 자연스럽게 여러 가지 소리들과 효과음을 내는 자신을 만날 수 있을 것이다.

▶ 깔끔한 소스를 얻는 꿀팁

❶ 입소리 줄이기

입소리란 입에서 나는 잡음을 말한다. 성우들이 녹음할 때 가장 애를 먹는 부분이다. 입안, 즉 구강 내부가 마르거나 녹음 전 무엇을 먹었는지 혹은 그 날의 컨디션에 따라 말할 때 입안에서 굉장히 많은 잡소리가 나기 때문이다. '쩝쩝', '쩍쩍', '짝짝', '짭짭', '찌리리', '킥', '짭' 등, 표현하기도 힘든 수많은 소리들이 난다. 거기다가 '꼬르륵' 소리, 옷깃 스치는 소리, 뼈 맞춰지는 소리 등, 녹음을 방해하는 온갖 소리들이 내 몸에서 난다. 물론 이런 소리들을 자극적으로 극대화시키는 ASMR 채널도 있다. 그러나 그것은 특정 목적을 위해 일부러 만들어낸 소리일 뿐이다. 일반적인 방송에서 잡다한 소리들은 시청자의 신경을 거슬리게 만들 수 있다.

완벽하게 입소리를 없앤다는 것은 사실상 불가능하다. 하지만 몇 가지 요령으로 최소화할 수는 있다. 먼저 녹음 전에는 커피나 녹차 같이 카페인이 들어간 음료는 피하도록 한다. 녹음 중간에도 마찬가지이다. 대신 몸에 좋고 목을 풀어줄 수 있는 따뜻한 물을 자주 마셔주면 좋다. 입소리가 아주 심한 경우에는 사과를 껍질 채 잘라서 조금씩 먹어주는 것도 좋다. 과학적인 근거는 정확하게 확인하지 못했으나 오래전부터 사과 껍질에 있는 성분이 입소리를 줄여준다고 알려져 있다. 이는 성우인 본인이 직접 체험했고 좋은 효과를 본 것이기에 믿어도 좋다. 또한 위의 모든 것이 귀찮거나 매번 사과 등을 섭취하기가 힘든 상황이라면 약국에서 파는 '마우스 린스' 제품들로 가글을 해보는 쉬운 방법도 있다. 이는 샴푸 후 머릿결을 부드럽게 만들기 위해 린스를 하듯 뻑뻑하고 마른 입안을 윤기 있게 만들어주는 효과가 있다.

❷ 팝핑 피하기

앞에서도 잠깐 언급했던 부분이다. 흥분해서 너무 크게 소리를 내거나 ㅂ, ㅃ, ㅍ, ㅁ… 등의 자음을 발음할 때 "퍽퍽"하는 팝이 흡음되면 깔끔한 소스를 얻기 힘들다. 때론 소스가 찢어져 아예 쓰지 못하는 경우가 생기기도 한다. 그럴 때는 어렵게 연기해서 얻은 소스인데 싫어 하늘이 무너진다. 팝핑을 피하기 위해서 팝필터를 꼭 챙겨 녹음하고 내 호흡의 힘을 파악해 흡음 시 마이크와의 거리가 얼마면 적당한지를 미리 알아놓는 것이 좋다.

이처럼 여러 가지 방법으로 다양한 효과음을 창조할 수 있다. 위에서 언급한 것 외에 상상력을 더해본다면 나만의 효과음을 만들어낼 수도 있다. 마이크와 내 몸은 쓰면 쓸수록 어색함이 사라진다. 연예인들도 데뷔할 때는 뭔가 좀 어색하지만 자꾸 대중에게 노출될수록 행동이 자연스러워진다. 이것을 우리는 '카메라 마사지'라고 부른다. 자주 카메라 앞에 서게 되면 자신도 모르게 자연스러운 몸가짐과 연기, 인터뷰를 할 수 있게 되는 것이다. 마이크도 마찬가지이다. 꾸준히 마이크를 사용하며 '마이크 마사지'를 받다 보면 여느 프로 성우 못지않은 녹음 실력을 갖추게 될 것이다.

보이스 스타일링은 콘텐츠에 호흡을 불어넣는 과정이다

보이스 스타일링 강의를 진행하며 느끼는 점은 수없이 많다. 하지만 가장 인상에 남는 것 하나를 꼽으라면 수강생들이 가지고 있는 저마다의 '소리 개성'이다. 어쩜 그렇게 모두 다를까. 어쩜 이리도 다들 매력적일까. 나는 수강생들이 말하기 호흡을 통해 진짜 자신의 목소리를 찾고 진정성 있게 제대로 말하는 스스로의 모습에 감탄하며 눈물을 흘릴 때, 형언할 수 없는 보람과 감사함을 느낀다.

내 마음속에는 보이스 스타일링으로 더 많은 사람들이 자신의 목소리를 찾고 제대로 말하길 바라는 간절함이 점점 커지고 있었다. 그런 간절함은 내게 보이스 스타일링에 대한 믿음과 확신을 넘어 신념을 심어주었다. 그 같은 신념에 의한 결과물이 첫 책인 《말의 품격을 더하는 보이스 스타일링》이었다. 기본 원리가 담긴 첫 책을 낸 후에는 실생활에서 보이스 스타일링을 적용할 수 있는 다양한 분야에 걸친 시리즈를 기획하고 있었다.

그러던 중 우연찮은 기회에 1인 크리에이터 모임을 운영하고 있는 곽경민 대표님을 소개받았다. 몇 차례 미팅 끝에 1인 크리에이터를 위한 보이스 스타일링 특강인 '인어공주 프로젝트'를 개설하게 되었다. 본문에서도 언급한 것처럼 프로젝트의 일원들은 대부분 블로그나 카페를 성공적으로 운영하다가 유튜브 등 1인 미디어 플랫폼으로 콘텐츠의 반경을 넓혀가는 이들이었다.

글과 사진으로 콘텐츠를 만들어가던 그들에게 종합 방송물인 동영상은 단단하고 높은 장벽 같은 것이었다. 무엇보다 말하기가 문제였다. 프로젝트의 제목대로 그들은 일단 입을 열어 말을 하면 물거품과 함께 다리가 사라져버리는 인어공주와 비슷했다. 좋은 콘텐츠를 지니고 있지만 제대로 말할 줄 몰라 안타까운 상황이었다. 보이스 스타일링이라는 최적의 해결책을 이미 알고 있는 나는 그들에게 꼭 도움이 되고 싶었다. 그리고 더 나아가 같은 고민을 안고 있는 수많은 1인 크리에이터들에게도 보이스 스타일링을 알려야겠다는 생각이 들었다.

현시대는 지상파나 케이블 같은 종합 방송사보다 1인 미디어를 원한다. 이미 수많은 크리에이터들이 유튜브 등을 통해 활발하게 활동하고 있다. 하지만 그들을 살펴본 결과, 영상 촬영 및 편집, CG, 음악과 음향효과에는 많은 공을 들이지만 정작 콘텐츠의 최종 퀄리티를 결정하는 목소리에 대해서는 의외로 무지하다는 사실을 깨달았다. 게다가 크리에이터들이 목소리나 말하기에 대한 정보를 얻을 수 있는 전문서적도 전무했다. 한평생 목소리만 공부하고 연구해온 나에게는 참으로 안타까운 현실이었다.

보이스 스타일링은 콘텐츠에 호흡을 불어넣는 과정이다. 호흡에 실린 내 생각과 느낌을 담은 말이 콘텐츠에 진정성을 깃들게 만들어준다. 크리에이터는 그러한 나만의 진정성을 콘텐츠의 내용과 장르에 맞게 표현할 줄 아는 목소리 연기자가 되어야 한다. 성우는 곧 목소리 연기자이다. 그들에게 필요한 것이 바로 성우인 우리가 하는 일인 것이다. 나는 보이스 스타일링의 이론과 훈련 과정, 그리고 성우로서의 경험과 노하우를 토대로 세상과 크리에이터들 사이에 목소리와 말하기, 연기로 연결되는 튼튼한 다리를 놓아주고 싶었다. 그래서 이 책을 만들게 되었다.

《말의 품격을 더하는 보이스 스타일링》이 보이스 스타일링에 관한 이론서였다면 이번 책은 보이스 스타일링의 실전편이다. 세상을 변화시키는 보이스 스타일링의 효과를 다룬 '보이스 이펙트' 시리즈의 첫 번째 책이다. 부디 이 책이 세상에 '이펙트'가 되길 소망해본다. 또한 보이스 스타일링의 창시자로서 내가 만든 동그라미 호흡이 유튜버들에게 스스로를 다스리고 콘텐츠의 품질을 높이는 기폭제가 되길 바란다. 그를 통해 시청자와의 소통과 공감이 이루어져 온 사회에 따뜻하고 선량한 기운이 널리 퍼져나갔으면 좋겠다.

사실 내게 '나가는 말'이란 글을 쓰는 것은 사치일 수 있다. 너무 많은 도움을 받으며 이 자리까지 왔기 때문이다. 내가 써야 할 책의 마무리 글은 아래에 있는 감사의 말씀이면 충분하다. 도움 주신 많은 분께 구구절절 감사함을 표현하고 싶지만 나는 깔끔하고 단순하고 명료한 게 좋다. 짧은 감사의 인사를 남기며 나가는 글을 마치려 한다.

보이스 스타일링이라는 쉽지 않은 길을 나를 믿고 함께 걸어준 수많은 수강생들, 이 책을 낼 수 있는 동기가 되고 힘이 되어준 1인 크리에이터 인어공주들, 아무것도 모르던 내게 마케팅이 무엇인지를 알게 해주신 고려대학교 이영현 교수님, 첫 책에 이어 두 번째 책도 함께 고민하고 기획해주신 북 코디네이터 정도준 대표님, 녹음이며 믹싱, 회의며 행사에 이르기까지 모든 일을 내 일처럼 도와준 장세윤 실장과 음향 엔지니어 나철주, 음향 엔지니어 육지훈, 그리고 레인보우 보이스 식구들께 마음 깊이 감사를 드린다. 또한 온라인의 여왕 보이스 스타일링 센터 김유연 홍보팀장과 궂은일을 마다하지 않고 언제나 발로 뛰고 챙겨주는 보이스 스타일링 센터 김은경 매니저, 동고동락해온 소중한 후배이며 공저를 흔쾌히 받아들여준 우리 보이스 스타일링 센터의 간판 보이스 스타일러 선호제 이사, 마지막으로 언제나 나를 믿고 응원해주는 사랑하는 나의 가족들에게 감사의 인사를 전하며 글을 마친다.

2019년 3월 31일
성산동 보이스 스타일링센터에서
성우 김나연

참고 논문

▶ 배지혜, 안익수, 배명진(2017). 한국배우 박보검의 발성 분석. 예술인문사회융합멀티미디어논문지, 7(8), 225-232.

▶ L. Bruckert, P. Bestelmeyer, M. Latinus, J. Rouger, I. Charest, G.A. Rousselet, H. Kawahara and P. Belin (2010). Vocal attractiveness increases by averaging. Current Biology, 20(2), 116-120.

▶ S.L. Valk, B.C. Bernhardt, F.M. Trautwein, A. Böckler, P. Kanske, N. Guizard, D.L. Collins and T. Singer (2017). Structural plasticity of the social brain : Differential change after socio-affective and cognitive mental training. Science Advances, 3(10), e1700489.